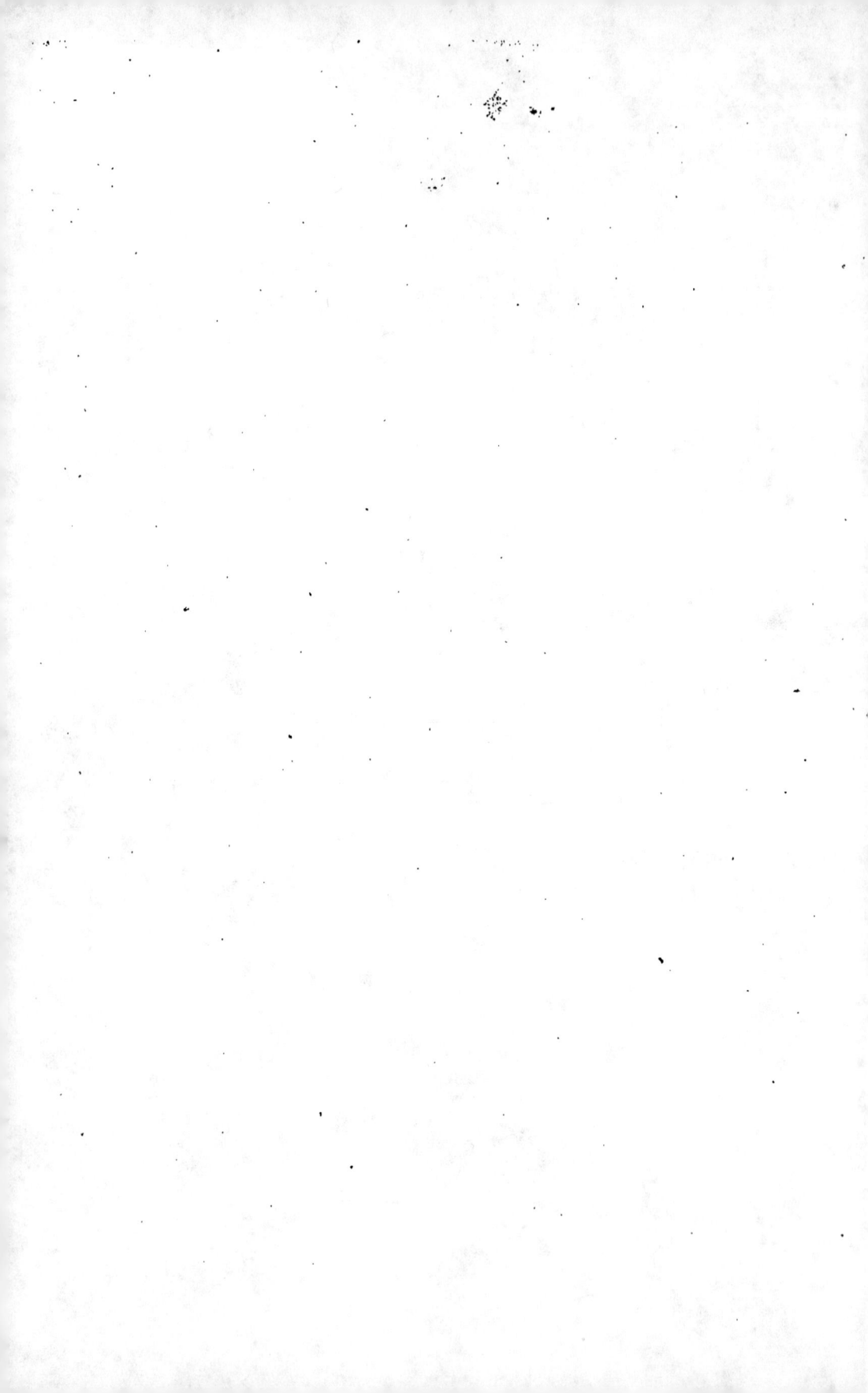

7932

# NOTICES
# BIBLIOGRAPHIQUES.

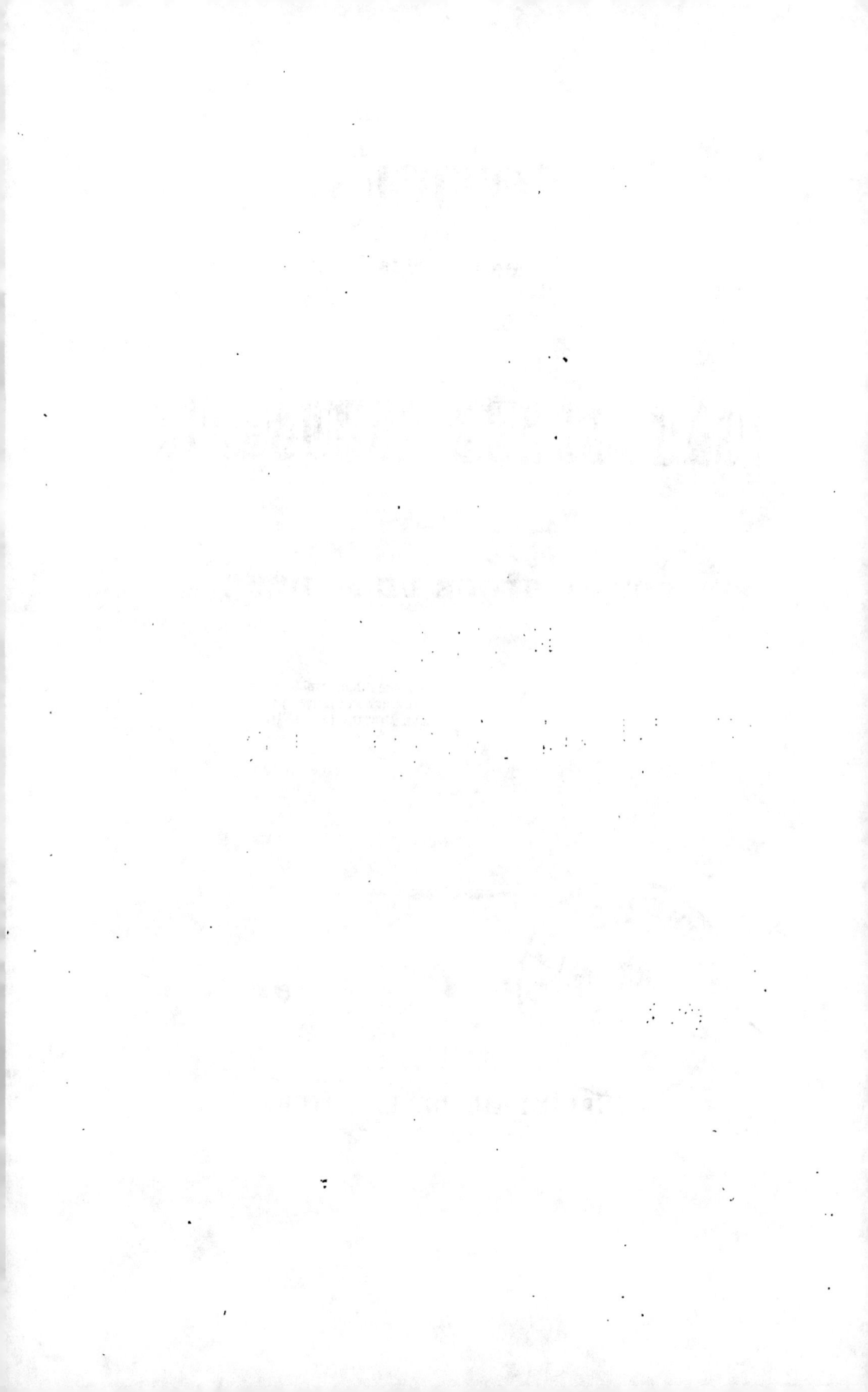

# NOTICES

EXTRAITES

DU

# CATALOGUE MANUSCRIT

DE LA

## BIBLIOTHÈQUE DE M. D****** *un ulel*

*par lui-même*

Voyage Bibliographique, Archéologique et
Pittoresque en France, par le Rév. Th. FRO-
GNAL DIBDIN. Lettre VIII.

## ROUEN.

IMPRIMERIE DE D. BRIÈRE,

RUE SAINT-LO, Nº 7.

—

## 1839.

Les articles dont se compose cette espèce de spécimen du Catalogue manuscrit de la bibliothèque de M. D******, ont été pris parmi ceux de ce Catalogue ayant pour objet :

1° Les livres généralement cités dans les Manuels et Dictionnaires bibliographiques, pour leur rareté, leur singularité, leur spécialité, la date ou le choix des éditions;

2° Ceux du même genre qui ont échappé aux recherches des auteurs de ces ouvrages, ou dont ils ont négligé de faire mention;

3° Ceux que distinguent quelques circonstances particulières, telles que différence de papier ou de format, notes manuscrites, lettres autographes des auteurs, etc. ;

4° Ceux qui ont été l'occasion de quelques remarques ou observations critiques, littéraires ou bibliographiques ;

5° Enfin, les manuscrits.

A l'exemple de MM. Barbier, Brunet, Duclos, Fournier, Osmont, Peignot, Psaume, etc., on a cru devoir adopter, pour le classement de ces articles, l'ordre alphabétique de préférence à celui des matières, comme étant le moins problématique et le plus commode.

Dans l'ordre alphabétique on a suivi l'indication des titres pour les livres anonymes, du nom des auteurs réels ou supposés pour ceux où ils sont désignés, de celui des auteurs originaux pour les traductions en prose, et des traducteurs pour celles en vers.

Sans avoir la prétention manifestée par quelques bibliographes de reproduire en quelque sorte le *fac-simile* des titres des livres, on a eu soin de les copier textuellement, sans abréviations et avec le plus d'exactitude possible, en conservant jusqu'aux fautes d'orthographe ou de ponctuation qui peuvent s'y trouver.

Le but que l'on s'est proposé en recueillant ces notices n'étant point le même que celui qu'ont eu en vue la plupart des auteurs de catalogues de livres destinés à être mis en vente, on n'a pas jugé nécessaire d'y faire mention de la condition des volumes. D'ailleurs, quoique M. D****** en possède plusieurs remarquables par la beauté de la reliure, et surtout la conservation des marges, il n'a jamais attaché plus d'importance qu'il ne convient à ces sortes d'avantages, pensant que les livres sont des amis dans le choix desquels on doit faire plus d'attention au mérite de la personne qu'à la richesse de son habit.

**T. N. B. D.**

# ERRATA.

Quelque soin que l'on ait apporté à la révision des épreuves de ce livre, il s'y est glissé plusieurs fautes que l'on croit essentiel d'indiquer ici.

On profite de cette occasion pour rappeler ce qui a déjà été observé au sujet des ouvrages cités, dont on s'est attaché à reproduire textuellement les titres avec toutes les inexactitudes, différences d'orthographe ou autres incorrections qu'ils peuvent présenter, sans même les avoir signalées, comme on le fait ordinairement, par le monosyllabe *sic*, dont l'emploi eût été trop fréquent ; s'en rapportant à l'intelligence du lecteur pour les reconnaître.

Page 24, ligne 22 : *au lieu de* Baillage, *lisez* Bailliage.

Page 91, ligne 32 : *au lieu de* la corone, *lisez* la coronne.

Page 95, ligne 11 : *au lieu de* DURIVAULT, *lisez* DU RIVAULT.

Page 103, ligne 23 : *au lieu de* dona Olympia Maldachini, *lisez* donna Olimpia Maldachini.

*Id.*, ligne 24 : *au lieu de* Jean Duval, *lisez* Jean Du Val.

Page 105, ligne 23 : *au lieu de* authore recognitum, *lisez* authore. Recognitum.

Page 113, ligne 20 : *au lieu de* Coccaye, *lisez* Coccaie.

Page 120, ligne 27 : *après le mot* JOHNSTON *ajoutez* (*masque de sir* JOHN HILL *par* MOET).

Page 134, ligne 36 : *au lieu de* éducation semblable, *lisez* éducation à-peu-près semblable.

*Id.*, ligne 39 : *au lieu de* qu'il méritoit, *lisez* et qu'il méritoit.

Page 142, ligne 13 : *au lieu de* le triomphe de l'amour, *lisez* le triomphe d'amour.

*Id.*, ligne 15 : *au lieu de* MARESCHAL, où sous nom, *lisez* MARESCHAL. Où sous noms.

Page 148, ligne 38 : *au lieu de* en santé, *lisez* la santé.

*Id.*, ligne 39 : *après* 1682 *ajoutez* (ou *la Haye, Meyndert Uytwerf*, 1699).

Page 167, ligne 33 : *supprimez le mot* Genève.

Page 204, lignes 7 et 9 : *au lieu de* mémoires, *lisez* mémoire.

Page 232, ligne 10 : *au lieu de* religions, *lisez* religion.

# NOTICES

EXTRAITES

## DU CATALOGUE MANUSCRIT

DE

## LA BIBLIOTHÈQUE DE M. D******.

# A

**ABBADIE** (JACQUES).

L'Art de se connoître soy-même, ou la Recherche des sources de la morale, par Jacques ABBADIE, seconde édition. — *La Haye, Henry Van Bulderen,* 1700. Deux tomes en un vol. in-8°.

**ABRÉGÉ** du procès fait aux Juifs de Mets. Avec trois arrests du parlement qui les déclarent convaincus de plusieurs crimes, et particulièrement Rahaël (*pour Raphaël*) Lévi d'avoir enlevé, sur le grand chemin de Mets à Boulay, un enfant chrestien, âgé de trois ans, pour réparation de quoi il a esté brûlé vif le 17 janvier 1670. — *Paris, Frédéric Léonard,* 1670. Un vol. in-12.

Ce petit livre est très-rare. M. Barbier dit qu'on l'a attribué à AMELOT DE LA HOUSSAYE; mais ce serait une erreur d'autant plus grave, que cet auteur l'a, au contraire, réfuté dans un factum cité par M. Osmont, page 24 du tome I<sup>er</sup> de son Dictionnaire typographique, historique et critique, sous ce titre :

FACTUM servant de réponse au livre intitulé : *Procès fait aux juifs de Metz,* accusés d'avoir tué un petit enfant chrétien. Par *Abraham-Nicolas* AMELOT DE LA HOUSSAYE. — *Paris,* 1670. *in*-12.

1

M. Osmont ajoute :

« Ce petit volume est fort rare, parce qu'il a été tiré à un très-
» petit nombre. M. Richard Simon l'a inséré en entier dans le
» 1ᵉʳ tome de sa Bibliothèque critique. »

Cette dernière circonstance a porté M. Brunet, qui a partagé
l'erreur de M. Barbier, à en commettre une autre, en attribuant,
dans son Supplément au Manuel du Libraire, la réfutation dont
il s'agit à Richard Simon lui-même.

**ABUS** (de l') des nuditez de gorge. — *Bruxelles, François Foppens*, 1675. Un vol. in–12.

Petit traité original, assez recherché. On l'attribue généralement à Jacques BOILEAU ; cependant une note du Catalogue de
M. l'abbé Aubry l'indique comme étant plutôt l'ouvrage d'un ancien curé de Beauvais, nommé DE NEUILLY.

**ACADÉMIE** (l') des femmes, comédie représentée au
théâtre du Marais. — *Paris, Augustin Courbé et
Louis Billaine*, 1661. In–12.

Cette pièce, de Samuel CHAPUZEAU, est peu commune.

**ACAJOU** et Zirphile, conte. — *A Minutie* (Paris,
Prault), 1764.

On a relié à la suite :

FAUNILLANE, etc. ( *Voir cet article.*) Deux tomes en un
vol. in–12.

Je crois ne pouvoir mieux faire que de copier ici une note
manuscrite qui se trouve sur la première page de ce livre :

« Ce volume renferme les contes d'Acajou et Zirphile, par
» M. DUCLOS, et de Faunillane, par M. le comte DE TESSIN. On
» peut voir, dans l'épître dédicatoire du premier de ces ouvrages
» et la notice qui précède le second, les rapports qu'ils ont en-
» semble. Cette édition d'Acajou, notée comme peu commune
» dans plusieurs catalogues, acquiert un nouveau prix de sa
» réunion au conte de Faunillane qui est très-rare. »

**ACCORDS** ( LE SEIGNEUR DES ).

Les Bigarrures et Touches du seigneur DES ACCORDS
( *Etienne* TABOUROT), avec les Apophtegmes du sieur

GAULARD, et les Escraignes dijonnoises, dernière édition, de nouveau augmentée de plusieurs épitaphes, dialogues et ingénieuses équivoques.—*Paris, Arnould Cotinet*, 1662. Un tome en 2 vol. in–12.

Cette édition, la dernière qui ait été faite de ce recueil facétieux, étant la plus difficile à trouver, d'une bonne condition et bien complète, je crois devoir en donner ici une description détaillée. Après le titre général qu'on vient de lire, se trouvent onze feuillets liminaires non chiffrés, contenant une pièce de vers latins et une de vers français, en l'honneur de l'auteur et de son livre, un *avant-propos de l'auteur sur les impressions de ce livre*, un *avis d'André Pasquet au lecteur*, une *préface du seigneur Des Accords*, la *table des chapitres contenus dans ce livre*, enfin le portrait de l'auteur, en 1584, lorsqu'il était âgé de 35 ans, avec un quatrain au-dessous.

Viennent ensuite 408 pages numérotées, au haut de la première desquelles on lit : *Premier livre des Bigarrures du S<sup>r</sup> Des Accords. De l'invention et utilité des Lettres.* Les autres portent en tête l'indication des sujets des différents chapitres, au nombre de vingt-deux, dont le dernier, intitulé : *Des Epitaphes*, se termine à la page 349, au bas de laquelle on lit : *Hic, fin du premier livre et pour cause.* A la page 350 se trouve une pièce de vers latins; ensuite, à partir de la page 351, est un recueil d'autres *Epitaphes adjoutez en cette nouvelle réimpression*, qui se termine à la page 365, au bas de laquelle se retrouve le mot *fin*. L'intervalle de la page 366 à la page 378, au bas de laquelle on lit encore le mot *fin*, est rempli par un sonnet sur la mort du jeune baron de Lux, et un dialogue plaisant où l'on fait parler l'âme de Cabroche à deux courtisanes. De la page 379 à la page 408, qui se termine également par le mot *fin*, sont, sous le titre d'*Autres sortes de vers en dialogues et descriptions*, etc., quelques pièces de vers plaisants de divers auteurs. Quoique le tome second commence par un frontispice portant : *Le quatrième des Bigarrures du seigneur Des Accords. Paris, Estienne Maucroy*, 1662, après un feuillet non chiffré, contenant sur le recto ce titre, et sur le verso un sonnet au seigneur Des Accords, la pagination suivant l'ordre du premier tome, la page 411 commence par un avis au lecteur, qui se termine à la page 415, et dans lequel l'auteur explique pourquoi il intitule cette partie la quatrième, quoiqu'il n'y en ait qu'une dans le premier tome. A la page 416, non chiffrée, se trouve le même portrait qui est en tête du premier tome; viennent ensuite diverses bigarrures jusqu'à la page 514, où finit réellement le recueil. Une nouvelle pagination commence ensuite, et après un frontispice portant : *Les Touches du seigneur Des Accords*, etc. *Paris, Estienne Maucroy*, 1662, on lit, à la page 3, une note *Sur l'intitulation* *du livre*; page 4, des vers élégiaques à Estienne Tabourot, sur ses Touches, par A. de Rossant, J. C.; page 5, un sonnet à l'auteur, par J. Bouchart, médecin dijonnois. La page 6, non chiffrée, contient le portrait de Tabourot, au-dessous duquel se lit un quatrain, par André de Rossant, jurisconsulte et poète lyonnois; les Touches commencent à la page 7 et finissent à la 95ᵉ. La page 96 offre une vignette représentant un tambour suspendu entre deux branches de laurier par un ruban sur lequel on lit : *A tous accords ton*. Les Escraignes dijonnoises occupent l'espace des pages 97 à 176. Enfin, la page 177, non chiffrée, porte en titre : *Les Contes facétieux* ( et non les apophtegmes ) *du sieur* GAULARD, *gentilhomme de la franche comté Bourguignotte, etc. Paris, Estienne Maucroy*, 1662 ; au verso se trouve un portrait du sieur Gaulard, avec un quatrain ; enfin, les Contes remplissent les pages 178 à 262, où finit le volume.

**ACTIONS** (les) héroïques et plaisantes de l'empereur Charles V, enrichy de plusieurs figures. — *Cologne, Pierre Du Marteau*, 1683. Un vol. in–12.

Ce livre est indiqué dans le catalogue de M. G. de Pixérécourt (nᵒ 2000) comme étant traduit de l'espagnol, par *Judocus* DE GRIEK (ou plutôt *Jean* DE GRIECK), qui n'en a probablement été que l'éditeur. C'est du moins ce qu'on peut induire de ce passage du privilége du Roi, donné le 12 avril 1674, qui se trouve à la fin du volume :

« La cour a permis à *Jean* DE GRIECK, marchand libraire de
» Bruxelles, de pouvoir luy seul imprimer, vendre et distribuer
» le livre intitulé : *les Actions héroïques et plaisantes de*
» *l'empereur Charles V*, etc. »

**ADAM** ( ADAM **BILLAUT**, *plus connu sous le nom de* MAITRE ).

I. Les Chevilles de Mᵉ ADAM, menuisier de Nevers. Seconde édition, augmentée par l'autheur.—*Rouen, Jacques Cailloué et Jean Viret*, 1654. Un vol. in-8º.

II. Le Vilebrequin de Mᵉ ADAM, menuisier de Nevers. Contenant toutes sortes de poësies gallantes, tant en sonnets, épistres, épigrammes, élégies, madrigaux, que stances et autres pièces, autant curieuses, que divertissantes, sur toutes sortes de sujets. Dédié à monseigneur le prince. — *Paris, Guillaume de Luyne*, 1663. Un vol. in–12.

Quelques personnes attribuent à M⁰ ADAM un troisième recueil qui serait intitulé le *Rabot*; mais il paraît que ce recueil n'a jamais été publié.

## ADAMANTIUS.

La Physionomie, ou des indices que la nature a mis au corps humain, par où l'on peut descouvrir les mœurs et les inclinations d'un chacun. Avec un traité de la divination par les palpitations, et un autre par les marques naturelles, le tout traduit du grec d'ADA-MANTIUS et de MÉLAMPE, par Henry DE BOYVIN DU VAUROUY, âgé de douze ans. — *Paris, Toussainct Du Bray*, 1635. Un vol. in-8°.

M. Brunet cite l'ouvrage original d'Adamantius comme rare. Cette traduction, qui a échappé à ses recherches, ne l'est pas moins.

ADMIRANDA rerum admirabilium encomia. Sive diserta et amœna Pallas disserens seria sub ludicra specie. Hoc est, dissertationum ludicrarum, nec non amœnitatum scriptores varii. Opusculum tam lectu jucundum quam auditu gratum, omni vitæ tempori et studiorum generi imprimis accomodatum. — *Noviomagi Batavorum, typis Reineri Smetii*, 1666. Un vol. in–12.

Ce recueil d'opuscules composés en latin, par divers auteurs, n'est que la réimpression, avec quelques additions, de celui publié, pour la première fois, en 1623 et, pour la seconde, en 1644, sous le titre de *Dissertationum ludicrarum et amœnitatum Scriptores varii*.

M. le marquis de Roure n'en a pas probablement eu connaissance. Sans quoi, en le mentionnant sous ce dernier titre, dans son Analectabiblion, tome 1ᵉʳ, page 439, il n'aurait pas indiqué l'édition de 1644 comme *la plus ample*, la plus jolie et la meilleure. En effet, la réimpression dont il s'agit ici, qui d'ailleurs ne laisse rien à désirer sous le rapport de l'exécution, est incontestablement bien plus complète, puisqu'elle se compose de vingt-sept pièces, et que l'édition citée par M. le marquis de Roure, d'après la liste qu'il en a donnée lui-même, n'en contiendrait que vingt-deux.

## AFFAIRE Demiannay. Acte d'accusation et débats de—

vant la cour d'assises de Rennes. — *Rouen*, *imprimerie de D. Brière*, 1836. Un vol. in–12.

Seul exemplaire tiré sur papier de couleur.

**AGATHOCLES** et Monk, ou l'art d'abattre et de relever les trônes. — *Orléans*, *Jacob*; et *Paris*, *Johanneau*, *an V* (1796). Un vol. in–18.

Ce petit livre, aujourd'hui très-rare, est attribué, par M. Barbier, à M. Philipon seul. Mais, si j'ai été bien informé, à l'époque même de sa publication, par une personne à portée d'être bien instruite du fait, M. Philipon aurait eu pour collaborateurs MM. Berthevin et Ripault.

**AGATHOMPHILE.**

La Porte françoise, en vers burlesques. Pour faciliter l'entrée à la langue latine, suivant l'ordre de toutes les reigles du Despautère latin. Ouverte par le sieur Agathomphile, châlonnois. — *Châlon-sur-Saône*, *Pierre Cusset*, 1656. Un vol. in–24.

M. Goujet, qui cite ce livre, tome Ier, page 73 de sa Bibliothèque française, ne donne, et je n'ai pu me procurer ailleurs, aucun renseignement sur le véritable nom de l'auteur, dont celui d'Agathomphile n'est évidemment que le masque.

**AGRIPPA** ( henri–corneille ).

I. Henrici-Cornelii Agrippæ ab Nettesheym, splendidissimæ nobilitatis viri, et armatæ militiæ equitis aurati, ac L. L. doctoris sacræ cæsareæ majestatis a consiliis et archivis indiciarii, de incertitudine et vanitate scientiarum et artium atque excellentia verbi Dei declamatio. — *Apud Florentissimam Antuerpiam*, 1531. Un vol. in–8°.

II. Henrici-Cornelii Agrippæ ab Nettesheym, de incertitudine et vanitate omnium scientiarum et artium liber, lectu plane jucundum et elegans, et de nobilitate et præcellentia fœminei sexus, ejusdemque supra virilem eminentia libellus, lectu etiam jucundissimus, cum adjecto duplice indice capitum. Editio ultima cum pluribus aliis collata et ab innumeris mendis quibus scatebant repurgata. — *Hagæ–Comitum, ex typographia Adriani Vlacq*, 1653. Un vol. in–12.

La première de ces éditions est du nombre de celles dont on recherche les exemplaires quand ils sont bien conservés, parce qu'indépendamment du mérite de l'ancienneté, elles ont celui de contenir les passages retranchés dans les éditions plus modernes.

Quant à la seconde, qui n'est point citée, elle n'en est pas moins préférée par quelques amateurs, à cause du petit traité *De nobilitate et præcellentia fœminei sexus* que l'on y a joint, et qui se trouve rarement détaché, quoiqu'il porte un titre séparé et une pagination particulière, ce qui en fait un ouvrage à part.

## ALAIN CHARTIER.

Les OEuvres de feu maistre ALAIN CHARTIER, en son vivant secrétaire du feu roy Charles septième du non, nouvellement imprimées, reveues et corrigiées, oultre les précédentes impressions. — *Paris, Galliot Dupré*, 1529. Un vol. in–8°.

Cette édition, imprimée en lettres rondes, est la plus rare et la plus recherchée des œuvres d'Alain Chartier. Aussi les exemplaires bien conservés se vendent-ils très-cher. Pour s'assurer s'ils sont complets, on peut consulter la description que M. Brunet en a donnée dans son Manuel du Libraire et de l'Amateur de Livres.

## ALBERT–LE–GRAND.

ALBERTUS Magnus de secretis mulierum. Item de virtutibus herbarum lapidum et animalium. — *Amstelodami, apud Jodocum Jansonium*, 1655. Un vol. in–12.

Ce petit volume, que sa belle exécution rend digne d'être placé au nombre de ceux publiés par les Elzevirs, contient 358 pages, y compris le titre gravé et les liminaires ; plus sept feuillets d'index non chiffrés. Outre les deux traités indiqués sur le titre, il en renferme deux autres, également sous le nom d'ALBERT (*De horis dierum et noctium*, et *De mirabilibus mundi*), et un sous celui de Michel SCOT (*De secretis naturæ*). Ce dernier, divisé en 103 chapitres, commence à la page 220, et finit à la page 358.

Quoique les deux traités *De secretis mulierum* et *De virtutibus herbarum, lapidum et animalium.*, aient toujours été attribués à Albert, il est généralement reconnu qu'ils ne sont point de lui, mais de HENRY le Saxon, qui fut un de ses disciples. On cite même un exemplaire de ces deux ouvrages indiqué dans le Catalogue de la bibliothèque de M. de Thou, sous ce titre : HENRICI DE SAXONIA *de secretis mulierum, de virtutibus herbarum, lapidum et quorumdum animalium.* — *Francfortui*, 1615. In-12.

ALBUM romantique, composé de six nouvelles. — *Paris, Dupont*, 1822. Un vol. in-18.

Une note placée en regard du titre de ce petit volume indique qu'il n'a été imprimé qu'à cent exemplaires, dont vingt sur papier grand-raisin vélin double, trois sur papier de couleur, et deux sur papier de Chine.

ALCIPHRON, ou le petit philosophe, en sept dialogues, contenant une apologie de la religion chrétienne contre ceux qu'on nomme esprits-forts. *Suivi de l'Essai sur une nouvelle théorie de la vision* (*traduit de l'anglais de* BERKLEY, *par* DE JONCOURT). — *La Haye, Benjamin Gibert*, 1734. Deux vol. in-12.

ALCRIPE (PHILIPPE D').

La nouvelle Fabrique des excellens traits de vérité, livre pour inciter les rêveurs tristes et mérancoliques à vivre de plaisir. Par Philippe D'ALCRIPE, sieur de Néri, en Verbos. Nouvelle édition, reveuë, corrigée et augmentée. — *Imprimé cette année.* Un vol. in-12.

Lacroix-du-Maine, en indiquant la nouvelle Fabrique des excellens traits de vérité sous le titre de *Nouvelle fabrique des excellens* traités *de vérité*, a commis une erreur que je crois d'autant plus à propos de signaler ici, qu'elle n'a été remarquée ni par M. de la Monnoye, dans sa note sur Philippe d'Alcripe, ni par M. Rigoley de Juvigny, dernier éditeur de la Bibliothèque française.

Ce recueil de facéties, que M. Charles Nodier cite (Mélanges tirés d'une petite bibliothèque, page 363) au nombre des livres de ce genre les plus difficiles à trouver, et dont l'auteur, qui s'est déguisé sous l'anagramme de son nom, s'appelait Lepicard, parut, pour la première fois, à Paris, en un volume in-16, chez Jean Delastre, en 1579. La réimpression mentionnée ici a été faite à Rouen, dans le cours du xviiiᵉ siècle. Elle est peu commune, n'ayant été imprimée qu'à un petit nombre d'exemplaires. On la doit aux soins de M. Adrien l'Archevêque, médecin et bibliothécaire de M. de Pontcarré, premier président au parlement de cette ville. Mais il ne s'est pas borné au rôle d'éditeur : le volume se termine par onze contes de sa façon, à l'imitation de ceux de Le Picard, et qu'il a publiés, comme pour y servir de suite, sous le titre d'*Addition à la nouvelle fabrique*.

### ALIBERT (j.-l.).

Physiologie des passions, ou nouvelle doctrine des sentimens moraux, par J.-L. Alibert, chevalier de plusieurs ordres, premier médecin ordinaire du roi, professeur de la Faculté de Médecine de Paris, médecin en chef de l'hôpital Saint-Louis, etc. — *Paris, Béchet jeune*, 1825. Deux vol. in-8º.

A la fin du second desquels se trouve une lettre autographe, avec signature, de l'auteur.

### ALIBRAY (charles VION D').

Les Œuvres poétiques du Sʳ d'Alibray, divisées en vers bachiques, satyriques, héroïques, amoureux, moraux et chrestiens. — *Paris, Antoine de Sommaville*, 1653. Un tome en deux vol. in-8º. — V. l'art. *Musette*.

### ALLEN (william).

Traicté politique, composé par William Allen, anglois, et traduit nouvellement en françois, où il est prouvé, par l'exemple de Moyse, et par d'autres tirées hors de l'escriture, que tuer un tyran, *titulo vel exercitio*, n'est pas un meurtre. — *Lugduni, anno* 1658. Un vol. in-32.

Cette réimpression d'un petit livre très-rare est elle-même assez difficile à trouver aujourd'hui. Elle a été faite en 1793, par Mercier, de Compiègne. On peut consulter sur le véritable auteur de ce traité, qui s'est déguisé sous le pseudonyme de William Allen, l'excellente note de M. Barbier, sous le n° 18351, de son *Dictionnaire des Anonymes*.

**ALMANACH** perpétuel, pronosticatif, proverbial et gaulois, d'après les observations de la docte antiquité ; utile aux savans, aux gens de lettres, et intéressant pour la santé (*par Louis-François* Daire). — *Wiflispurg et Paris*, Desnos et Pyre, 1774. Un vol. in-24.

**AMELOT DE LA HOUSSAYE** (abraham-nicolas).

I. Histoire du gouvernement de Venise, par le sieur Amelot de la Houssaye. — *Sur la copie, à Paris, chez Frédéric Léonard* (Hollande, Elzevir), 1677. Un vol. in-12.

II. Supplément à l'histoire du gouvernement de Venise, par le sieur Amelot de la Houssaye. — *Sur la copie, à Paris, chez Frédéric Léonard* (Hollande, Elzevir), 1677.

On a relié à la suite :

III. Examen de la liberté originaire de Venise, traduit de l'italien (*par* Amelot de la Houssaye), avec une harangue de Louis Hélian, ambassadeur de France, contre les Vénitiens, traduite du latin, et des remarques historiques (*par le même*). — *Sur la copie, à Ratisbonne, chez Jean Aubri* (Hollande, Elzevir), 1677. Deux tomes en un vol. in-12.

L'épître dédicatoire de la traduction de l'Examen de la liberté originaire de Venise, signée des initiales Z. M. P. R. V., attribue l'original italien de cet ouvrage à *D. Alfonse de la Queva*, et non *de la Cueva*, comme l'écrit M. Barbier, qui prétend que ce n'est qu'un pseudonyme, et que le véritable auteur est *Marcus Valserus*.

M. Bérard, dans son Essai bibliographique sur les éditions des Elzevirs, ne fait point mention de ce dernier volume, tellement lié aux deux précédents, qu'on peut l'en regarder comme une suite indispensable. Cette omission est d'autant plus étonnante, que ce savant bibliographe ayant'eu sous les yeux, pour les décrire avec autant de soin qu'il l'a fait, l'Histoire du gouvernement de Venise et son supplément, a pu remarquer que le titre imprimé du premier de ces ouvrages est précédé d'un frontispice gravé, au haut duquel on lit : *Histoire du gouvernement de Venise et l'examen de sa liberté*, et que le faux-titre du second porte : *Histoire du gouvernement de Venise, avec le supplément, par le sieur Amelot de la Houssaye, et l'Examen de la liberté originaire de Venise.*

**AMI** (l') de la joie, recueil de chansons grivoises et bachiques, tant anciennes que nouvelles ; la plus part inédites, ou réimprimées avec des changements et additions, dédié à ceux qui aiment à rire. — ( *Rouen, Duval* ), 1806. Un vol. in–12.

Ce volume, qui n'a jamais été mis en vente, ayant été imprimé à petit nombre, et seulement pour les amis de l'éditeur, est aujourd'hui très-rare. Il contient plusieurs chansons inédites, qu'on ne trouve point ailleurs.

**AMOUR** (l') de Cupido et de Psyché, mère de Volupté, prise des cinq et sixiesme livres de la Métamorphose de Lucius Apuleius philosophe. Nouvellement historiée et exposée, tant en vers italiens que françoys. Avec privilége du roy. ( *Plus*, le Plaint du vaincu d'amour, avec aucuns épigrammes de divers propoz amoureux. Par Ian MAUGIN, dit LE PETIT-ANGEVIN). — *Paris, Ianne de Marnef, vefve de feu Denis Ianot*, 1546.

On a relié à la suite :

LES FIGURES de l'Apocalipse de saint Ian, apostre et dernier évangeliste, exposées en latin et vers françoys. Avec privilége du roy pour 6 ans. ( *Plus*, dix Histoires du Nouveau Testament, exposées, tant en latin que rithme françoyse. Avec un cantique crestien, en faveur de ceux qui aiment les saintes et sacrées chansons. Par LE PETIT-ANGEVIN. ) — *Paris, Estienne Groulleau*, 1547. Deux tomes en un vol. in–8°.

Ce petit volume est extrêmement rare. Je ne l'ai vu cité que dans le catalogue de M. l'abbé Luguet, sous le n° 402. Mais c'est par erreur que, dans ce catalogue, on attribue les figures qui en font le principal ornement à Léonard Gautier. En effet, non-seulement il est douteux que cet artiste ait jamais gravé sur bois, mais on sait que son existence est, de près d'un demi-siècle, postérieure à la date de ce livre. Aussi ne balancerais-je pas à adopter l'opinion de M. E.-H. Langlois, qui, après avoir attentivement examiné les figures dont il s'agit, m'a assuré qu'elles devaient être de Jean Cousin, ou d'un de ses plus habiles élèves, parce qu'on y retrouve tout-à-fait la manière de ce célèbre graveur et les caractères distinctifs de son école et de son époque.

AMOURS des dames illustres de France (*par le comte de* BUSSY-RABUTIN). — *Cologne, Pierre Marteau*, 1728. Deux vol. in-12.

L'histoire amoureuse des Gaules, qui se trouve dans le premier volume, à partir de la 1re page jusqu'à la 355e inclusivement, doit être précédée d'un titre particulier, placé par erreur, dans cet exemplaire, entre les pages 240 et 241. Ce titre porte :

HISTOIRE amoureuse des Gaules, par le comte DE BUSSY-RABUTIN. — *Cologne, Pierre Marteau*, 1722.

AMOURS (les) du bon vieux temps (*contenant les romances* d'Aucassin et Nicolette, *et de* la Châtelaine de Saint-Gilles, *composées du temps de Saint-Louis, publiées par* M. LACURNE DE SAINTE-PALAYE.) — *Vaucluse et Paris, Duchesne*, 1756.

On a relié à la suite :

HISTOIRE amoureuse de Pierre-le-Long et de sa très-honorée dame Blanche Bazu. Écrite par iceluy (*par* M. DE SAUVIGNY). La musique de M. Philidor. — *Londres*, 1765. Deux tomes en un vol. in-12.

ANCHÈRES (DANIEL D').

Tyr et Sidon tragédie ou les funestes amours de Belcar et Méliane. Avec autres meslanges poétiques. Par Daniel D'ANCHÈRES gentilhomme verdunois. — *Paris, Jean Micard*, 1608. Un vol. in-12.

M. de Beauchamps, dans ses Recherches sur les théâtres de France, et l'auteur de la Bibliothèque du Théâtre-François, ont tous les deux commis la même erreur en désignant la tragédie de Tyr et Sidon comme étant *en prose et en vers*, tandis que les seuls articles en prose, contenus dans le volume, sont l'épître dédicatoire, l'argument de la pièce et le nom des personnages. Une autre erreur particulière à M. de Beauchamps est d'avoir indiqué cette tragédie comme se trouvant dans les mélanges poétiques de l'auteur, intitulés, selon lui, *Amours d'Anne*. Le recueil ne porte pas d'autre titre que celui que l'on vient de lire, et voici comme il est distribué : 14 feuillets liminaires non chiffrés contenant le titre, l'épître dédicatoire, divers sonnets, stances, odes, sixains et quatrains de l'auteur ou à sa louange ; l'argument de la pièce, l'abrégé des personnages en un sonnet, et leurs noms sous le titre d'*entreparleurs*. Ensuite, la tragédie occupant 96 pages qui comprennent les feuilles A B C et D. La feuille E commence une nouvelle série de pages dont les huit premières sont remplies par une pièce de vers intitulée *le Procez d'Espagne contre Hollande*, etc. A la page 9 commencent les *Sonnets d'Amour et autres meslanges poétiques*, et on lit au haut des pages, jusqu'à la 33ᵉ : *Amours d'Anne*; de la page 34ᵉ à la 57ᵉ, *Meslanges*, et de la 58ᵉ à la 72ᵉ et dernière, *Gayetez*.

La tragédie de Tyr et Sidon a été réimprimée avec une addition assez considérable et quelques changements, à Paris, chez Robert Etienne, en 1628, sous le titre de *Tyr et Sidon, tragicomédie en deux journées, dont l'une représente les funestes succès des amours de Léonte et de Philoline, et la seconde les empêchemens et l'heureux succès de Belcar et de Méliane,* etc., et sous les noms supposés de *Jean* DE SCHELANDRE, qui ne sont que l'anagramme de ceux de *Daniel* DE ANCHÈRES. Ce qui a induit en une nouvelle erreur MM. de Beauchamps et l'auteur de la Bibliothèque du Théâtre-François, qui, ignorant cette pseudonymie, ont consacré un article particulier au prétendu *Jean* DE SCHELANDRE, erreur adoptée par les biographes qui, ayant écrit depuis eux, ont trouvé plus commode de les copier que de pousser plus loin leurs recherches. On peut voir, pour plus de détails à cet égard, une notice insérée dans le Précis analytique des travaux de l'Académie royale des Sciences, Belles-Lettres et Arts de Rouen, pendant l'année 1831 (page 212).

**ANECDOTES** ecclésiastiques, contenant la police et la discipline de l'église chrétienne, depuis son établissement jusqu'au xiᵉ siècle ; les intrigues des évêques de Rome et leurs usurpations sur le temporel des souverains, tirées de l'histoire du royaume de Naples, de

GIANONNE, brûlée à Rome en 1726. (*Par Jacques Vernet.*) — *Amsterdam, Jean Caluffe*, 1738. Un vol. in–8°.

## ANGLARS (victor d').

I. Regrets, espérances et consolations d'une ame chrétienne, dédiés à son altesse éminentissime monseigneur le cardinal prince de Croï, archevêque de Rouen, primat de Normandie, etc., etc, par C. Victor d'Anglars. — *Rouen, Remillet*, 1836. Un vol. in–18.

II. Le Prédicateur des familles, dédié à son altesse éminentissime monseigneur le cardinal prince de Croï, archevêque de Rouen, primat de Normandie, etc., etc., par d'Anglars. — *Rouen, E. Le Grand,* 1836. Un vol. in–18.

Ces deux volumes sont les seuls exemplaires de ces ouvrages qui aient été imprimés sur papier de couleur.

## ANGOT (robert).

Les nouveaux satires et excersices gaillards de ce temps. Divisé en neuf satires; auxquels est adjousté l'Uranie ou muse céleste. Dédié à M. Des Hameaux, conseiller du roy, premier président en sa cour des aydes de Normandie. Par R. Angot, sieur de l'Eperonnière. — *Rouen, Michel l'Allemant*, 1637. Un vol. in–12.

L'existence de ce petit volume, excessivement rare, ignorée de tous les biographes qui avaient jusqu'alors parlé de Robert Angot, a été, en quelque sorte, révélée au public pour la première fois dans une notice bibliographique lue à l'Académie de Rouen, le 30 mai 1827, et insérée au Précis analytique des travaux de cette Académie pour la même année. Les faits et observations contenus dans cette notice ont été depuis reproduits, en partie, d'abord par M. Pluquet dans ses Curiosités littéraires concernant la province de Normandie, et ensuite par M. Charles Nodier dans le Bulletin du Bibliophile de M. Techner, n° 347, uin 1834.

**ANTIGARASSE** ( l' ), divisé en cinq livres. I. Le Bouf-
fon. II. L'Imposteur. III. Le Pédant. IV. L'Inju-
rieux. V. L'Impie (*par Antoine* REMY). — *Paris*,
*Rollin Baragnes*, 1627. Un tome en trois vol.
in–8°.

**ANTIQUITEZ** ( les ) et recherches des villes, chasteaux
et places plus remarquables de toute la France, selon l'ordre et ressort des huict parlemens. OEuvre
enrichy des fondations, situations et singularitez
desdites villes et places, et de plusieurs autres choses
notables concernantes les parlemens, jurisdictions,
églises, et police d'icelles. (*Par André* DU CHESNE.)
Dernière édition. — *Paris, Jean Guygnard*, 1637.
Un vol. in–8°.

**ANTITHÈSE** de nostre Seigneur Jésus–Christ et du
pape de Rome, dédiée aux champions et domestiques
de la foy. (*Par François* DE L'ANCLUSE. ) — *Imprimé*
*l'an de grâce* 1620. Un vol. in–8°.

M. de Bure, dans sa Bibliographie instructive (n° 691), indique
ce livre sous la date de 1619, et ajoute au titre les mots : *En rime*
*françoise, par François* DE LANCLUSE, qui ne s'y trouvent pas.
Il a d'ailleurs mal écrit le nom de l'auteur, qui s'appelait bien
ANCLUSE ( DE L'). Cette erreur a été partagée par M. Barbier;
mais il en relève une autre de M. de Bure consistant en ce que,
dans la table des auteurs de sa Bibliographie instructive, il a signalé à tort l'ouvrage dont il s'agit ici comme étant une traduction du traité du pseudonyme Simon Rosarius, ayant pour titre
*Antithesis Christi et Papæ.*
On trouve dans le Supplément au Manuel du Libraire de M.
Brunet une description assez exacte de ce livre, mais dans laquelle il ne fait point mention de deux espèces de caricatures
d'un plus grand format, qu'il doit contenir pour être complet.
La première, placée immédiatement après le titre, représente
le pape Jules III armé de toutes pièces comme un chevalier,
avec l'explication au-dessus de sa tête. La seconde, à la suite
des liminaires, en regard de la première page du texte, offre le
portrait du même pape en habits pontificaux. Entre deux grif-
fons, on lit au haut :

Voicy le pape qui trois couronnes porte,
Environné de bestes de sa sorte.

Et au bas :

*Positus in medio quo me vertam nescio.*

## APHTONIUS.

APHTONII progymnasmata partim a Rod. Agricola, partim a Joh. Maria Catanæo, latinitate donata. Cum scholiis R. Lorichii. Novissima editio, superioribus emendatior et concinnior. Adjuncto indice utilissimo. —*Amstelodami, apud Ludovicum Elzevirium.* 1665. Un vol. in–12.

Ce livre est du petit nombre de ceux que M. Berard a omis de mentionner dans son Essay sur les Elzevirs. Cette édition n'est cependant pas la seule qu'ils en aient donnée. On en cite deux autres sorties des mêmes presses que celle-ci, dans les années 1642 et 1649.

APOTHÉOSE (l') de Mademoiselle de Scudéry, par M<sup>lle</sup> l'H*** (*Marie-Jeanne* L'HÉRITIER DE VILLANDON). — *Paris, Jean Moreau,* 1702. Un vol. in–12.

APOTHÉOSE (l') du Dictionnaire de l'Académie et son expulsion de la région céleste, ouvrage contenant cinquante remarques critiques sur ce dictionnaire, ausquelles on en a joint cinquante autres sur divers célèbres auteurs. — *La Haye, Arnout Leers,* 1696. Un vol. in–12.

Quelques biographes ont attribué, mais sans aucun fondement, ce petit livre curieux et utile, pour me servir des expressions de M. Charles Nodier, à Furetière ou à Richelet. M. Barbier cite une note manuscrite du temps qui le donne à un sieur CHASTEIN, le même sans doute que l'ecclésiastique indiqué par M. Tricault de Belmont à l'abbé d'Artigny, comme l'ayant composé au château de Pierre-Encise, où il était prisonnier.

ARIOSTE (l') français. — Un vol. in–8°.

Ce volume manuscrit, autographe et inédit, renferme : 1° une Epître à Clément Marot ; 2° une Préface terminée par trois pièces de vers tirées des œuvres de ce poète ; et 3° la traduction, ou plutôt l'imitation, en vers de dix syllabes, des trois premiers chants du poème de Roland le Furieux.

Je n'ai pu découvrir le nom de l'auteur de cette traduction ;

mais il a pris soin de nous apprendre lui-même qu'il était compatriote de Clément Marot par ces deux vers de l'épître qu'il lui adresse :

> C'est que je suis, Clément, né, Dieu merci,
>
> Ainsi que vous, aux plaines du Quercy.

On voit encore, dans la préface, qu'il fut en relation avec Voltaire, auquel il soumit son travail, et qui, non-seulement l'encouragea par ses éloges à le continuer, mais *lui fit l'honneur de l'appeler près de lui, où il resta cinq mois.*

ARISTÉE, ou de la Divinité. (*Par François* HEMSTERHUIS.) — *Paris* (Harlem), 1779. Un vol. (*justification in-18, tiré sur papier fort*) grand in-12.

Très-rare de ce format.

## ARISTOPHANES.

Nicodemi Frischlini ARISTOPHANES veteris comœdiæ princeps : poeta longe facetissimus et eloquentissimus : repurgatus a mendis, et imitatione Plauti atque Terentii interpretatus, ita ut fere carmen carmini, numerus numero, pes pedi, modus modo, latinismus græcismo respondeat. Opus Divo Rudolpho Cæsari sacrum. — *Francoforti ad Mœnum* (excudebat Johannes Spies), 1597. Un vol. in-8°.

ARLEQUIN comédien aux Champs-Elisées, nouvelle historique, allégorique et comique. (*Par l'abbé* BORDELON.) — *Bruxelles, Pierre Scoppen,* 1692. Un vol. in-12.

ARMACANUS (ALEXANDER-PATRICIUS).

I. Alexandri-Patricii ARMACANI, theologi, Mars Gallicus, seu de justitia armorum et fœderum regis Galliæ libri duo. Editio secunda, multo locupletior. — *Anno* 1636. Un vol. in-4°.

II. Le Mars François, ou la guerre de France, en laquelle sont examinées les raisons de la justice prétendue des armes et des alliances du roi de France, mises au jour par Alexandre-Patricius Armacanus, théologien, et traduites de la troisième édition par C. H. D. P. D. E. T. B. — *L'an* 1637. Un vol. in-8°.

Ces deux livres sont fort rares, surtout le second. L'exemplaire dont il s'agit ici a appartenu au célèbre abbé Poultier, qui l'a enrichi de cette note souscrite de sa signature :

« Cette traduction est de Charles Hersent ou Hersan, pari-
» sien, docteur de Sorbonne, d'abord prêtre de l'Oratoire, en-
» suite chancelier de l'église de Metz, mort en 1660.
    » L'ouvrage est de l'évêque d'Ypres. *Il parut* en 1636, à l'oc-
» casion de l'alliance des François avec les puissances protes-
» tantes, et fut, à ce qu'on prétend, l'origine de la haine du
» cardinal de Richelieu contre Jansénius et ses disciples. Ce
» livre est devenu rare. »

## AROUX ( Eugène ).

I. Les Amours des Anges, poème de Thomas Moore, traduit en vers français par Eugène Aroux. — *Paris, Alexandre Mesnier,* 1830. Un vol. in-18.

II. Le Paradis perdu, poème en six chants, traduit de l'anglais en vers français ; études sur Milton, par Eugène Aroux. — *Ibid., idem* (même année). Un vol. in-18.

Ces deux volumes joignent au mérite d'être du petit nombre de ceux tirés sur papier de couleur [1], celui de contenir chacun un billet autographe avec signature de l'auteur.

ART (l') ïatrique, poème en quatre chants. Ouvrage posthume de M. L.-H. B. L. J., docteur-gérant de la faculté de médecine en l'Université de Paris. Recueilli et publié par M. de L***, membre de plusieurs académies. — *Amiens et Paris,* 1776. Un vol. in-12. *Avec la clé écrite au bas des pages.*

---

[1] Il n'y en a eu que huit in-18 et huit in-8°.

M. Barbier, en attribuant, d'après l'indication des initiales, cette ingénieuse plaisanterie à *L.-H. Bourdelin le jeune*, ajoute aussitôt qu'elle est plutôt l'ouvrage de PHILIPP.

## ARTEMIDORE.

Les Jugemens astronomiques des songes par ARTÉMIDORUS, autheur ancien et renommé (*traduit par Charles* FONTAINE), augmenté par Auguste NIPHE, sur les augures, et un traicté fait sur les divinations, par Anthoine Du MOULIN.—*Rouen et Paris, Jean Promé*, 1664. — Un vol. in-12.

Peu commun. Outre les opuscules d'Artemidore et d'Auguste Niphe annoncés sur le titre, ce petit volume contient, pages 183 à 196, un *Petit recueil du livre de* VALÈRE MAXIME, *touchant les songes*.

ASPASIE, comédie. (*Par* DESMARETS DE SAINT-SORLIN.) — *Paris, Jean Camusat*, 1636.

On a relié à la suite :

1° LES VISIONNAIRES, comédie. (*Par le même.*) — *Ibid.*, *idem*, 1637.

2° SCIPION, tragi-comédie. (*Par le même.*) — *Paris, Henri Le Gras*, 1639.

3° ROXANE, tragi-comédie. (*Par le même.*) — *Ibid.*, *idem*, 1640.

4° EUROPE, comédie héroïque. (*Par le même.*)—*Ibid.*, *idem*, 1643.

5° AUTRES œuvres poétiques. (*Du même. — Sans date ni indication de lieu ou d'imprimeur.*) Un vol. in-4°.

Les cinq pièces de théâtre ci-dessus mentionnées composent, avec celles de *Mirame*, tragi-comédie, imprimée en 1641, dans les trois formats in-folio, in-4° et in-12, et celle d'*Erigone*, tragédie en prose, imprimée en 1642, in-12, ce qu'on appelle le théâtre de Desmarets, qui est aujourd'hui très-rare et difficile à trouver complet.

**ASSOUCI ( charles COYPEAU D' ).**

I. L'Ovide en belle humeur, par le sieur Dassoucy. —
*Paris, Estienne Loyson*, 1664. Un vol. in–12.

II. Les Rimes redoublées de M. Dassoucy. — *Paris,
C. Nego* ( sans date ). Un vol. in–12.

**AUFFRAY ( françois ).**

Zo–antropie, tragi–comédie morale de la vie de l'homme,
embellie de feintes appropriées au sujet. A la France.
Ensemble quelques autres pièces de poésie diverse.
Le tout composé par François Auffray, gentilhomme
breton. — *Paris, David Gilles*, 1615. Un vol. in–8°.

Les exemplaires bien conservés sont très-rares. Le titre de
celui-ci est écrit à la main.

**AUGUSTIN ( saint ).**

D.   Aurelii Augustini, Hippon. episcopi, libri xiii
Confessionum. Ad 3 M. SS. exemp. emendati opera
et studio R. P. H. Sommalii, e Soc. Jesu.—*Lugduni,
apud Danielem Elzevirium*, 1675. Un vol. in–12.

Les Elzevirs n'ayant donné qu'une seule édition de ces Con-
fessions, ce volume est un de ceux que l'on recherche le plus
dans leur collection.

**AUTEURS ( les ) en belle humeur, ouvrage d'esprit et
divertissant, par M. G..... ( *Gabriel* Gueret.) —
*Amsterdam, L'honoré et Chatelain*, 1723. Un vol.
in–8°.**

Sous le titre général qu'on vient de lire, ce volume, aujour-
d'hui peu commun, contient deux opuscules, intitulés *le Parnasse réformé* et *la Guerre des auteurs anciens et modernes*.

**AUVRAY ( jean ).**

I. Le Banquet des muses, où recueil de toutes les satyres, yambes, mascarades, panégyriques, épitaphes,

épythalames, épygrames, gayetez, amourettes, et autres poèmes prophanes du sieur Auvray.— *Rouen, David Ferrand,* 1623. Un vol. in–8°.

II. Les Œuvres sainctes du sieur Auvray.—*Ibid.,idem,* 1626. Un vol. in–8°.

# B.

**BAGATELLES** poétiques. Nouvelle édition. — *Rouen* (Duval), 1816. Un vol. in–8°.

Imprimé à quatre-vingts exemplaires seulement, tous sur papier vélin.

## BAÏF (Jean-Antoine).

Les Mimes, Enseignemens et Proverbes de Ian Antoine de Baïf. A Monseigneur de Joyeuse, duc et pair de France. — *A Paris, par Mamert Patisson, imprimeur du roy, chez Rob. Estienne,* 1681. Un vol. in–12.

Ce petit volume est le plus rare de ceux dont se compose la collection des œuvres de Baïf, qu'il complète, quoique d'un format différent.

## BAILLARD (Edme).

Discours du tabac, où il est traité particulièrement du tabac en poudre, par le sʳ Baillard. — *Paris, de l'imprimerie de Martin Le Prest,* etc. *Imprimé aux dépens de l'autheur, et se vendent chez lui,* etc. 1668. Un vol. in–8°.

Quoique tout semble se réunir pour ne laisser aucune incertitude sur le nom de l'auteur de ce livre, puisque, outre qu'il se trouve sur le titre, avec l'indication de sa demeure, on le lit encore au bas de l'épître dédicatoire, dans le privilége du roi, l'approbation du censeur et celle de quatre docteurs en médecine, on est cependant à peu près généralement convenu de l'attribuer à M. de Prade, sous le nom duquel il en a paru, en 1677, une nouvelle édition, également sortie des presses de Martin Le Prest, sans autre différence que le mot d'*Histoire* substitué à celui de *Discours,* ce qui, toutefois, n'a pas empêché qu'il n'ait été reproduit, en 1693, sous son premier titre et le nom de Baillard, avec un nouveau frontispice portant : *Paris, Jombert.*

Le Même, *à la suite duquel on a relié* Arsace, roy des Parthes, tragédie de monsieur DE Prade, représentée par la troupe du roy. — *Paris, Théodore Girard,* 1566. Un vol. in–8°.

BALLETS (des) anciens et modernes, selon les règles, du théâtre. ( *Par le P.* Menestrier. ) — *Paris, Robert Pepie,* 1685. Un vol. in–12.

BALZAC ( jean–louis GUEZ seigneur DE ).

I. Aristippe, ou de la cour, par M. DE Balzac. — *Leide, Jean Elzevier,* 1658. Un vol. in–12.

II. Lettres de feu Monsieur DE Balzac à Monsieur Conrart.—*Leide, Jean Elzevier,* 1659. Un vol. in–12.

III. Les Entretiens de feu monsieur DE Balzac.—*Leide, Jean Elzevier,* 1659. Un vol. in–12.

IV. Lettres familières de M. DE Balzac à M. Chapelain. — *Amsterdam, Louis et Daniel Elzevier,* 1661. Un vol. in–12.

V. Les OEuvres diverses du sieur DE Balzac, augmentées en cette édition de plusieurs pièces nouvelles.— *Amsterdam, Daniel Elzevier,* 1664. Un vol. in–12.

VI. Lettres choisies du Sr DE Balzac. — *Amsterdam, les Elzeviers,* 1678. Un vol. in–12.

VII. Le Socrate chrestien, par le Sr DE Balzac, et autres œuvres du mesme autheur. — *Imprimé à Rouen, et se vend à Paris chez Augustin Courbé,* 1661. Un vol. in–12.

VIII. Le prince DE Balzac, reveu, corrigé et augmenté de nouveau par l'autheur, avec les sommaires sur les chapitres. — *Imprimé à Rouen, et se vend à Paris chez Augustin Courbé,* 1661 Un vol. in–12.

Quoique ces deux derniers volumes ne portent point le nom des Elzevirs, ils n'en sont pas moins dignes, par leur belle exécution, de figurer à côté de ceux que ces célèbres imprimeurs ont publiés. Je ne serais pas même éloigné de croire qu'ils ont pu être imprimés avec leurs caractères, puisqu'ils sont sortis des presses de Laurent Maury, qui en possédait une fonte, et que l'on assure avoir plus d'une fois travaillé pour leur compte.

Le Socrate chrestien, indiqué ici, ne doit pas être confondu avec celui cité par MM. Brunet et Berard, sous la rubrique d'Amsterdam, 1662, chez Joost Pluymer. Il y a des différences très-remarquables entre ces deux éditions.

Quant au livre du prince, il est d'une telle rareté, qu'il n'a été signalé par aucun bibliographe. Tous ceux qui ont parlé des œuvres de Balzac en bornent la collection aux sept premiers volumes seulement. Cependant M. Charles Nodier ne balance pas à la regarder comme incomplète, lorsque ce dernier ne s'y trouve pas.

## BARBARI (FRANÇOIS).

De re uxoria libri duo, ut venustate sermonis præclari, ita et præceptis optimis et exemplis uberrimis ex omni græca latinaque historia collectis redundantes. Autore Francisco BARBARO patricio Veneto. —*Amstelodami, typis Joannis Janssonii*, 1639. Un vol. in-36.

## BARD (JOSEPH).

Les Mélancoliques, par le chevalier Joseph BARD (de la Côte-d'Or). — *Paris, Eugène Renduel*, 1832. Un vol. in-8°.

On a inséré à la fin de ce volume une lettre autographe de l'auteur avec signature.

## BARQUEBOIS (DE).

La Rapinière, ou l'Intéressé, comédie, par M. DE BARQUEBOIS, avec les vers retranchez. — *Paris, Estienne Lucas*, 1683. Un vol. in-12.

Cette pièce, aujourd'hui peu commune, est de JACQUES ROBBE, de Soissons, très-versé dans la géographie, et dont on a sur cette science un traité assez estimé. Le nom de BARQUEBOIS, sous lequel il s'est déguisé, n'est que l'anagramme des siens.

**BARTAS** (GUILLAUME DE SALUSTE, seigneur DU).

I. La Sepmaine, ou création du monde, de G. de Saluste, seigneur DU BARTAS. — *Paris, Jean Féburier*, 1579.

II. Les OEuvres de G. de Saluste, seigneur DU BARTAS, reveues et augmentées par l'autheur, et divisées en trois parties. — *Paris, Michel Gadoulleau*, 1580. Deux tomes en un vol. in–12.

III. Les OEuvres de Guillaume de Saluste, seigneur DU BARTAS, reveues et augmentées par l'autheur. En ceste dernière édition ont esté adjoutez commentaires sur la sepmaine, propres pour l'intelligence des mots et matières y contenues (*par Simon Goulard, de Senlis*); argumens généraux et sommaires bien amples au commencement de chasque livre, avec annotations en marge. Le tout en meilleur ordre et forme qu'ès précédentes éditions. — *Caën, Pierre Le Chandelier*, 1585. Un vol. in–12.

**BARTHÉLEMY** (NICOLAS).

Apologie du banquet sanctifié de la veille des Rois, par maistre Nicolas BARTHÉLEMY, advocat en parlement et au baillage et siége présidial de Senlis. — *Paris, Gilles Tompere*, 1664. Un vol. in–12.

**BARTHÉLEMY** (A).

Némésis, par BARTHÉLEMY; quatrième édition, ornée de 15 gravures d'après les dessins de Raffet. — *Paris, Perrotin*, 1835. Deux vol. in–8°.

Avec une lettre autographe revêtue de la signature de l'auteur, ajoutée, à la fin du second volume, au *fac simile* qui s'y trouve ordinairement.

**BASSELIN** (OLIVIER).

Vaux–de–Vire d'Olivier BASSELIN, poète normand de la fin du XIVᵉ siècle; suivis d'un choix d'anciens vaux-

de–vire, de bacchanales et de chansons, poésies nor-
mandes, soit inédites, soit devenues excessivement
rares; publiés avec des dissertations, des notes et
des variantes, par M. Louïs Dubois, ancien bibliothécaire, membre de plusieurs académies des départemens et de l'étranger.—*Caen, F. Poisson*, etc.,
1821. Un vol. in–8°.

BASTON (Guillaume–André–Réné).

I. Recueil d'opuscules de M. l'abbé Baston, docteur
et professeur de théologie. — *Rouen*, 1792. Un vol.
in–8°.

Sous ce titre, imprimé à un seul exemplaire pour ce volume
certainement unique, on a réuni différentes brochures publiées
séparément, sans indication d'auteur, à Rouen, en 1791, et que
je crois d'autant plus à propos d'indiquer ici, que M. Barbier
n'en a fait aucune mention dans son Dictionnaire des Anonymes.

Ces brochures sont :

1° Observation de quelques théologiens sur un écrit
intitulé : Adresse des amis de la constitution de Rouen
à tous les citoyens du département de la Seine–Inférieure, sur le serment que doivent prêter les ecclésiastiques fonctionnaires publics.

2° Solution d'un cas de conscience proposé par quelques–uns de MM. les chapelains de l'église cathédrale
de Rouen.

3° Doutes proposés à M. V*** (*Verdier*), curé de C. le
R. (*Choisy–le–Roi*), sur sa promotion à l'épiscopat.

4° Analyse critique et raisonnée de plusieurs ouvrages
sur la constitution du clergé, composés par M. Charrier de la Roche, député à l'assemblée nationale, élu
évêque du département de la Seine–Inférieure, et
métropolitain des côtes de la Manche.

5° Suite de l'analyse des ouvrages de M. Charrier de la
Roche, etc.

6° CONCLUSION de l'analyse des ouvrages de M. Charrier de la Roche, etc.

7° PSAUME imité de Jérémie (*en vers*).

II. Exposition de la conduite que M. G.-A.-R. BASTON, nommé à l'évêché de Séez par décret du 14 avril 1813, a tenue dans ce diocèse, et de celle qu'on y a tenue à son égard. — (*Rouen, veuve Ferrand*, 1816). Un vol. in-8°.

De puissants motifs ayant déterminé M. Baston à supprimer toute l'édition de cet opuscule, avant sa publication, à cinq ou six exemplaires près, ce volume, que je dois à l'amitié particulière dont il m'a toujours honoré, peut être regardé comme un des plus précieux de ma bibliothèque. Mais au mérite de cette extrême rareté, il en joint un autre inappréciable, celui de contenir huit lettres autographes de l'auteur relatives à cette espèce d'apologie de sa conduite dans le diocèse de Séez.

## BATRACHOMYOMACHIE.

La Batrachomyomachie ou la guerre des Grenouilles et des Rats. Traduite du grec d'Homère, en vers burlesques.—*Paris, Thierry Lechasseur*, 1658. Un vol. in-12.

Cette traduction de la Batrachomyomachie est si rare, qu'elle a échappé aux recherches de MM. l'abbé Goujet, Barbier, Brunet, etc. Si M. Berger de Xivrey l'eût connue, il n'aurait certainement pas balancé à la réimprimer à la suite de la seconde édition qu'il a donnée, en 1837, de sa traduction en prose du même poème, au lieu de l'imitation ou plutôt de la paraphrase diffuse et languissante qui en a paru en 1668 sous le titre de *la Guerre comique*, et qui lui est bien inférieure sous tous les rapports.

## BAUCHER (F.).

Dictionnaire raisonné d'équitation, par F. BAUCHER, professeur d'équitation. — *Rouen, D. Brière*, 1833. Un vol. in-8°.

Exemplaire unique sur papier de couleur.

**BAULT.**

La Morale de Salomon, ou l'Ecclésiaste, en vers, par M. BAULT, chanoine de Nevers. — *Paris, Estienne Loyson*, 1671. Un vol. in–12.

**BEAUCHAMPS** (PIERRE-FRANÇOIS GODARD DE)

Recherches sur les théâtres de France, depuis l'année onze cens soixante et un jusques à présent, par M. DE BEAUCHAMPS. — *Paris, Prault père*, 1735. Trois vol. in–8°.

**BELLAY** (JOACHIM DU).

I. Divers poèmes de I. DU BELLAY, gentilhomme ang.; partie inventions, partie traductions, et la plupart non encor' imprimez. — *Paris, Frédéric Morel*, 1568. Un vol. in–8°.

II. Les Œuvres françoises de Joachim DU BELLAY, gentilhomme angevin et poète excellent de ce temps. Reveues et de nouveau augmentées de plusieurs poésies non encores auparavant imprimées. Au roy très–chrestien Henri III.—*Rouen, Thomas Mallard*, 1597. Un tome en deux vol. in–12.

**BELLAY** (MARTIN et GUILLAUME DU).

Les Mémoires de mess. Martin DU BELLAY, seigneur de Langey, contenans le discours de plusieurs choses avenues au royaume de France, depuis l'an M.D.XIII jusques au trépas du roy François premier, ausquels l'autheur a inséré trois livres et quelques fragmens des Ogdoades de mess. Guillaume DU BELLAY, seigneur de Langey, son frère. Œuvre mis nouvellement en lumière et présenté au roy par mess. Réné du Bellay, chevalier de l'ordre de S. M., baron de la Lande, héritier d'icelui mess. Martin du Bellay.— *Paris, P. L'Huillier*, 1571. Un vol. in–8°.

### BELLEAU (REMY).

I. Odes d'Anacréon, teïen, poète grec, traduictes en (*vers*) françois, par R. BELLEAU, ensemble quelques petites hymnes de son invention. Nouvellement reveu, corrigé et augmenté pour la troisième édition ; plus quelques vers macaroniques du mesme Belleau. — *Paris, Robert Granion*, 1573. Un vol. in–16.

Petit volume extrêmement rare.

II. Les OEuvres poétiques de Remy BELLEAU. Rédigées en deux tomes, reveuës et corrigées en cette dernière impression. — *Rouen, Jean Berthelin*, 1604. Deux vol. in–12.

Cette édition des œuvres de Remy Belleau est la plus complète et la plus recherchée.

### BELOY (PIERRE DE) ou BELLOY.

De l'origine et institution de divers ordres de chevalerie, tant ecclésiastiques que prophanes, par M. M.–P. DE BELOY, conseiller et advocat–général du roy en sa cour et parlement de Tolose. A monseigneur le Dauphin de Vienois, duc de Bretagne. — *Montauban, Denis Haultin*, 1604. Un vol. in–12. — V. l'art. *Examen du discours, etc.*

### BEMBO (PIERRE).

Les Azolains de monseigneur BEMBO, de la nature de l'amour. Traduictz d'italien en françoys par Jehan MARTIN, secrétaire de monseigneur révérendissime cardinal de Lenoncourt, par le commandement de monseigneur le duc d'Orléans. — *Paris, Michel de Vascosan*, 1545. Un vol. in–8°.

Livre rare et recherché. Duverdier, qui l'indique, dans sa Bibliothèque française, sous la date de 1557, en mentionne une autre édition publiée in-16 chez Galiot Dupré, en 1572, que je n'ai jamais rencontrée ni vue citée.

BENSSERADE (ISAAC DE).

Les Œuvres de M. DE BENSSERADE. — *Paris; Charles de Sercy* , 1697. Deux vol. in–12.

BERGASSE (NICOLAS).

Considérations sur le magnétisme animal , ou sur la théorie du monde et des êtres organisés , d'après les principes de M. Mesmer, par M. BERGASSE ; avec des pensées sur le mouvement, par M. le marquis DE CHATELLUX , de l'Académie françoise. — *La Haye* , (*Paris. Prault*), 1784. Un vol. in–8°.

Ouvrage assez recherché et difficile à trouver aujourd'hui.

BERNIER DE LA BROUSSE (FRANÇOIS).

Les Œuvres poétiques du sieur BERNIER DE LA BROUSSE. — *Poictiers, Julian Thoreau* , 1618. Un vol. in–12.

Très-rare. M. Brunet , qui donne à l'auteur le prénom de *Joachim* , et au livre la date de 1617, observe qu'il contient deux pièces de théâtre. J'ajouterai que ces deux pièces de théâtre sont des tragi-comédies intitulées , l'une *l'Embryon romain* , et l'autre *les Heureuses infortunes*.

BERTAUT (JEAN).

Les Œuvres poétiques de M^r BERTAUT , évesque de Sées, abbé d'Aunay, premier aumosnier de la reine. Dernière édition , augmentée de plus de moitié, outre les précédentes impressions. — *Paris , Robert Bertault* , 1633. Un vol. in–8°.

Peu commun et difficile à trouver bien conditionné.

BERTHOUD ( FERDINAND ).

L'Art de conduire et de régler les pendules et les montres : à l'usage de ceux qui n'ont aucune connaissance de l'horlogerie. Par M. Ferdinand BERTHOUD, horloger. (*Avec figures.* ) — *Paris , Michel Lambert* , 1759. Un vol in–12.

## BERTRAND DE MOLLEVILLE (ANTOINE–FRANÇOIS).

Histoire de la révolution de France pendant les der–
nières années de Louis XVI, par A.-F. BERTRAND DE
MOLLEVILLE, ministre d'état. — *Paris*, *Giguet et
C*ⁱᵉ, de l'*an* IX (1801) à l'*an* XI *(1803)*. Quatorze vol.
in–8°.

Cette histoire est divisée en trois parties. Les deux premières,
contenues dans les dix premiers volumes, sont seules de M.
Bertrand de Molleville. Elles embrassent l'espace de temps écoulé
du mois de février 1787 au 21 janvier 1793. M. DELISLE DE
SALES, auteur de la troisième partie, renfermée dans les quatre
derniers volumes, devait la continuer jusqu'à l'avénement du
gouvernement consulaire; mais il s'est arrêté à l'époque du 18
fructidor an V.

## BEUCHOT.

Lettres de M. BEUCHOT et autres pièces relatives à une
édition des œuvres de Voltaire entreprise sous sa
direction par Mᵐᵉ Vᵉ Perronneau. — *Paris.*, 1821.
Un vol in–12. *Titre écrit à la main.*

On a joint à cette collection, assez curieuse, un billet auto–
graphe de M. Beuchot à Mᵐᵉ Perronneau, avec signature.

## BEYS (CHARLES).

I. Le Jaloux sans sujet, tragi–comédie de BEYS. —
*Paris, Toussaint Quinet*, 1636. In–4°.

II. OEuvres poétiques de BEYS. — *Ibid.*, *idem*, 1651.
Un vol. in–4°.

## BIBLIOTHEQUE du théâtre françois depuis son ori-
gine; contenant un extrait de tous les ouvrages com–
posés pour ce théâtre, depuis les mystères jusqu'aux
pièces de Corneille; une liste chronologique de celles
composées depuis cette dernière époque jusqu'à pré–
sent; avec deux tables alphabétiques, l'une des auteurs
et l'autre des pièces. — *Dresde, Michel Groell,* 1768.
Trois vol. in–8°.

M. P.-R. Auguis (dans la préface, soi-disant envoyée de Berlin, qu'il a mise en tête des Mémoires historiques de Frédéric II dit le Grand, etc., publiés par lui à Paris, chez Béchet, en 1828) assure que cet ouvrage est de M. l'abbé Baudot, et non de M. le duc de la Vallière, auquel on l'a toujours attribué.

## BIGOT (GUILLAUME).

Gulielmi Bigotii Lavallensis somnium ad Gulielmum Bellaïum Langæum Mœcænatem suum, in quo, cum alia, tum imperatoris Caroli describitur ab regno Galliæ depulsio.

Ejusdem explanatrix somnii epistola, quâ se item et Gulielmum Budæum a quorumdam defendit calumniis.

Ejusdem Catoptron, et alia quædam poematia cusa prius inemendatius. — *Parisiis* (Vᵉ Pierre Roffet dit Lefaucheur), 1537. Un vol. in–8°.

Petit volume très-rare.

## BOCACE (JEAN).

Contes et nouvelles de Bocace, Florentin; traduction libre, accommodée au goût de ce temps, et enrichie de figures en taille-douce, gravées par M. Romain de Hooge. — *Cologne, Jacques Gaillard*, 1702. Deux vol. in–8°.

## BOILEAU (JACQUES).

Histoire des flagellans, où l'on fait voir le bon et le mauvais usage des flagellations parmi les chrétiens, par des preuves tirées de l'écriture sainte, des pères de l'église, des papes, des conciles et des auteurs profanes. Traduite du latin de M. l'abbé Boileau, docteur de Sorbonne (*par M. l'abbé* Granet), seconde édition, revue et corrigée. — *Amsterdam, Henri du Sauzet*, 1732. Un vol. in–12. — V. les art. *Abus* et *Historia.*

## BOIS-ROBERT (françois LE METEL DE).

I. Palène, tragi-comédie de M^r DE BOIS-ROBERT, abbé
de Chastillon, dédiée à monseigneur de Cinq-Mars,
par le sieur de Bonair. — *Paris, Antoine de Sommaville et Toussaint Quinet*, 1640. In-4°.

II. Les deux Alcandres, tragi-comédie de M^r DE BOIS-
ROBERT, abbé de Chastillon, dédiée à Monsieur de
Pulleteau, par le sieur de Bonair. — *Ibidem, idem*
( même année ). In-4°.

III. Les Epistres en vers et autres œuvres poétiques de
M^r DE BOIS-ROBERT-METEL, conseiller-d'état or-
dinaire, abbé de Chastillon-sur-Seine. — *Paris,
Augustin Courbé*, 1659. Un vol. in-8°.—Voyez l'art.
*Jalouse (la) d'elle-même.*

## BOISSY-D'ANGLAS, président de la convention na-
tionale, saluant la tête de Féraud, assassiné par les
révoltés du 1^er prairial, an III. Tableau de M. COURT,
exposé à Rouen en 1835. — *Rouen, Emile Periaux*,
1835. Un vol. in-8°.

Bel exemplaire sur papier de couleur. Outre trois gravures
au trait du tableau de Court (une sur papier ordinaire, une sur
papier de Chine, et la troisième sur papier de couleur), on y a
joint un billet autographe de l'auteur, M. Charles HARDY DES
ALLEURS.

## BOISTUAU dit LAUNAY (pierre).

Histoires prodigieuses extraictes de plusieurs fameux
autheurs grecs et latins sacrez et prophanes, divisées
en deux tomes. Le premier mis en lumière par P.
BOISTUAU, surnommé LAUNAY, natif de Bretagne.
Le second par Claude DE TESSERANT, et augmenté
de dix histoires par François BELLE-FOREST, Com-
mingeois, avec les pourtraicts et figures. — *Paris,
Jean de Bordeaux*, 1574. Deux vol. in-16.

M. Brunet, qui indique cet auteur sous les noms de Boais-
tuau ou Boystuau, a sans doute ignoré l'existence de ces deux
jolis volumes, car il ne les a point mentionnés dans le Supplément
à son Manuel du Libraire, où il ne laisse pas que d'entrer dans
beaucoup de détails sur la plupart des autres éditions des
histoires prodigieuses, auxquelles celle-ci ne le cède sous aucun
rapport.

BON (le) Normand, Almanach des connaissances utiles
pour 1833. 1ere année. — *Rouen, au bureau de la
Gazette de Normandie*. Un vol. in–32.

La saisie de presque tous les exemplaires de ce petit volume,
au moment de sa publication, et l'arrêt de la cour d'assises de
la Seine-Inférieure qui en a ordonné la suppression, l'a fait rechercher des amateurs de fruit défendu, et en a tellement augmenté le prix, fixé d'abord à 40 cent., que je l'ai vu vendre jusqu'à 10 et 12 francs.

BONECORSE (DE).

Poésies de M. de Bonecorse. — *Leyde, Théodore
Haak*, 1720. Un vol. in–8º. — V. l'art. *Poète (le)
sincère*.

BONNEFONS (jean).

I. Imitations tirées du latin de Jean Bonnefons. Avec
autres amours et meslanges poétiques de l'invention
de l'autheur ( *Gilles* Durant ). — *Paris, Abel L'Angelier*, 1589.

On a relié à la suite :

Pancharis Jo. Bonefonii arverni. — *Lutetiæ, ex officina
Abelis L'Angelier*, 1588. Deux tomes en un vol. in–12.

II. Joannis Bonefonii, patris arverni, opera omnia, avec
les imitations françoises de Gilles Durant. Nouvelle édition, corrigée et augmentée de plusieurs
fragmens qui n'avoient point encore paru. — *Amstelodami, ex officina Wetsteniana*, 1727. Un vol.
in–12.

Ce volume contient deux préfaces : l'une pour servir aux ouvrages de Jean Bonnefons, et l'autre à ceux de Gilles Durant.

Elles son. toutes les deux de M. de La Monnoye, comme il a pris
soin de nous en instruire lui-même dans la Bibliothèque de Lacroix-
du-Maine, par cette singulière note sur l'article Jean Bonnefons :
« Voyez ce que j'ai dit de lui et de sa Pancharis, page 369,
» du Ménagiana, tome 2, et depuis encore en deux préfaces mises
» au-devant d'une *impertinente* édition des poésies de Bonnefons
» et des imitations en vers françois qu'en a faites Gilles Du-
» rant, le tout publié in-12, à Paris, en 1725[1], par des *igno-*
» *rans*, sous le faux nom de Wetsteins, à Amsterdam. »

## BONNET (JACQUES).

Histoire générale de la danse sacrée et prophane ; ses
     progrès et ses révolutions depuis son origine jusqu'à
     présent. Avec un supplément de l'histoire de la mu-
     sique, et le parallèle de la peinture et de la poésie.
     Dédiée à S. A. R. Monseigneur le duc d'Orléans,
     petit-fils de France. Par M. BONNET, ancien payeur
     des gages au parlement.—*Paris, d'Houry fils*, 1724.
     Un vol. in-12.

On trouve sur l'exemplaire dont il s'agit ici, une note manuscrite, portant :

     « L'autheur de ce livre étant tombé malade de la maladie
» dont il est mort, dans le tems que son ouvrage étoit pres-
» que achevé d'être imprimé, on a eu recours, pour y mettre
» l'épître dédicatoire et la préface, à M. MAHUDEL, médecin, et
» de l'académie des belles-lettres, qui y a substitué ces deux
» pièces. »

## BORDE (ALEXANDRE DE LA).

Itinéraire descriptif de l'Espagne, et tableau élémen-
     taire des différentes branches de l'administration et
     de l'industrie de ce royaume. Par Alexandre DE LA
     BORDE. — *Paris*, H. Nicolle *et Lenormant*, 1808.
     Cinq vol. in-8°.

La paternité de cet ouvrage a été souvent contestée à M. Delaborde, mais jamais peut-être aussi positivement que dans la

---

[1] M. Brunet observe que les exemplaires à la date de 1727 contiennent
quelques pièces de plus que les autres. C'est ce qui les fait préférer.

préface, soi-disant envoyée de Berlin, qui se trouve en tête des Mémoires historiques de Frédéric II, dit le Grand, et publiés par P.-R. Auguis, à Paris, chez Béchet, en 1828.

« Quelqu'un qui entreprendrait, dit l'auteur de cette préface,
» de prouver au public que M. Alexandre Delaborde n'est au-
» teur d'aucun des ouvrages qu'il publie sous son nom, ne lui
» apprendrait peut-être rien de nouveau. Mais celui qui aurait
» l'indiscrétion de faire connaître le nom des personnes par qui
» ces ouvrages sont composés, serait sûr que la malignité
» lui saurait gré de cette révélation. Mais il serait à craindre
» qu'en cherchant à divulguer des secrets qu'on est convenu
» de tenir cachés, il ne commît quelques méprises. Nous ne
» pourrions nous dispenser de blâmer les personnes qui s'obs-
» tinent à se dire à l'oreille, assez haut pour que tout le monde
» l'entende, que l'*Itinéraire en Espagne*, qui a fait la réputa-
» tion littéraire de M. Delaborde, n'est point son ouvrage, et
» qu'il n'est même pas certain qu'il ait lu les cinq volumes qui
» le composent. Pourquoi soutenir que ce livre soit l'ouvrage
» d'un humble médecin français qui avait long-tems séjourné
» en Espagne? Il n'y a pas de doute que si M. Carrère eût
» effectivement composé cet ouvrage, il n'en aurait pas vendu
» le manuscrit 3,000 fr. à M. Delaborde, et n'aurait pas, pour
» cette somme, permis que M. Delaborde le fît imprimer sous
» son nom. Il est bien vrai que le docteur Carrère avait com-
» posé un excellent itinéraire en Espagne : mais qui prouve
» que ce soit celui que M. Delaborde nous a donné sous son
» nom? etc. »

## BOUCHER DE PERTHES.

Opinion de M. Christophe, sur les prohibitions et la liberté du commerce. Par M. Boucher de Perthes.
Première partie, deuxième édition. — Deuxième
partie, suivie de son voyage commercial et philosophique. — Troisième partie, ou M. Christophe à la
préfecture de police. —Quatrième partie, ou le Dernier jour d'un homme. — *Paris, Treuttel et Wurtz.*
1831 à 1834. Quatre tomes en deux vol. in–12.

On a ajouté à la fin du second volume un billet autographe,
avec signature, de l'auteur.

## BOUCHET (Guillaume).

Sérées de Guillaume Bouchet, juge et consul des mar—

chands à Poictiers. — *Rouen, Louis et Daniel Lou-
det*, 1635. Un tome en trois vol. in–8°.

Cette édition est en général préférée à celle de Lyon, 1614, comme étant plus complète.

## BOUFFLERS (STANISLAS DE).

Œuvres de M. le chevalier DE BOUFFLERS. — *Londres*,
1788.

Œuvres de M. le chevalier DE BOUFFLERS, nouvelle
édition, augmentée de plusieurs morceaux qui n'ont
pas encore paru dans les précédentes. — *Londres*,
1789. Deux vol. in–18.

Ce recueil, dont il existe plusieurs contrefaçons, faciles à reconnaître, a paru successivement sous les deux titres indiqués ici, et qui se trouvent réunis dans l'exemplaire objet de cet article. Il ne laisse pas que d'être rare aujourd'hui, et les amateurs le recherchent, parce qu'il contient plusieurs pièces trop libres pour avoir été depuis avouées par l'auteur, et que ce motif a fait exclure de toutes les éditions postérieures à celle-ci.

## BOUILLON (DE).

Les œuvres de feu Monsieur DE BOUILLON, contenans
l'histoire de Joconde, le mari commode, l'oyseau de
passage, la mort de Daphnis, l'amour desguisé,
portraits, mascarades, airs de cour, et plusieurs
autres pièces galantes. — *Paris, Charles de Sercy*,
1663. — Un vol. in–12.

## BOULLAINVILLIERS (HENRI comte DE).

Essais sur la noblesse de France, contenans une dissertation sur son origine et abaissement, par feu M.
le C. DE BOULLAINVILLIERS, avec des notes historiques, critiques et politiques; un projet de dissertation sur les premiers françois et leurs colonies;
et un supplément aux notes, par forme de dictionnaire, pour la noblesse. — *Amsterdam*, 1732. Un
vol. in–8°.

**BOURBON** (NICOLAS).

**I.** Nicolai BORBONII, vandoperani nugæ. — *Parisiis,
apud Michaelem Vascosanum,* 1533. Un vol. in–8°.

Cette édition, la première qui ait été faite des poésies de
Nicolas Bourbon, est aujourd'hui très-rare. Aussi est-elle bien
plus recherchée des amateurs que la suivante, quoiqu'elle con-
tienne beaucoup moins de pièces. Elles n'y sont pas divisées
comme dans cette dernière, en huit livres. C'est donc par erreur
que la plupart des bibliographes qui en ont parlé, sans avoir
probablement eu l'occasion de la voir, en ont cité inexactement
le titre, qu'ils supposent être : *Nic. Bourbonii,* etc., *Nuga-
rum, libri VIII.*

M. Beuchot, auteur de l'article Nic. Bourbon, dans la Biographie universelle, n'a point partagé cette erreur; mais il en a
commis une autre en citant Baillet comme ayant fait connaître
que le poème intitulé *Ferraria* avait été composé par l'auteur à
*l'âge de quatorze ans.* En effet, il s'en faut de beaucoup que
cette circonstance ait été signalée par Baillet, qui n'a point
parlé du poème en question. C'est Nicolas Bourbon lui-
même qui a pris soin de nous en instruire en ajoutant au titre
de son poème : *( N. Borbonii Vandoperani Ferraria) quam
scripsit annum agens XIV.*

**II.** Nicolai BORBONII, vandoperani lingonensis, nuga-
rum libri octo, ab autore recens aucti et recogniti,
cum indice. — *Basileæ,* 1540. Un vol. in–8°.

**BOURBON** (NICOLAS), *petit-neveu du précédent.*

**I.** Nicolai BORBONII poëmatia exposita. Alienam operam
et manum, qua sparsim jacentia tollerentur atque
servarentur, nacta. Quibus accesserunt aliquot præfa-
tiones, et divi Cyrilli archiepiscopi Alexandrini
liber primus contra Julianum, græce nunc primum
editus, e codice M. S. eodem interprete. — *Parisiis,
apud Robertum Sara,* 1630.

**II.** NICOLAI BORBONII poematia exposita. Appendix. —
*Ibid., id.,* 1633. Deux tomes en un vol. in–12.

**BOURDIGNÉ** (CHARLES).

La légende de Maistre Pierre Faifeu, mise en vers par

Charles Bourdigné. — *Paris, Antoine-Urbain Coustelier*, 1723. Un vol. in–8°.

Le même volume contient les poésies diverses de Jehan Molinet, chanoine de Valenciennes, extraites de ses faicts et
dicts.

## BOURDON (Isidore).

Lettres à Camille sur la physiologie, exposé précis des
phénomènes de la vie. Par Isidore Bourdon, de l'a-
cadémie royale de médecine, précédées d'un rapport de M. Geoffroy–Saint–Hilaire, de l'académie des
sciences. — *Paris, Werdet et Levalton*, 1830. Un
vol in–18.

A la fin duquel on a ajouté un billet autographe, avec signature, de l'auteur.

## BOURGEOIS (Louise) *dite* BOURSIER.

Observations diverses sur la stérilité, perte de fruict,
fœcondité, accouchemens et maladies des femmes,
et enfants nouveaux naiz amplement traittées,
et heureusement praticquées, par L. Bourgeois, dite
Boursier, sage–femme de la royne, œuvre util
et nécessaire à toutes personnes. — *Rouen, veufve
Thomas Daré*, 1626. Deux tomes en un vol. in–8°.

Cet ouvrage, quoique réimprimé plusieurs fois, est peu commun. S'il n'offre plus rien de nouveau sous le rapport de la
science, il est toujours lu avec plaisir, à cause d'une foule de
faits curieux, d'anecdotes piquantes et de détails intéressants,
que l'on y trouve. Son extrême rareté et la naïveté avec laquelle
il est écrit, ont engagé M. Delaplace à en donner des extraits
dans son recueil de *Pièces intéressantes et peu connues*.

## BOUTADES (les) du capitan Matamore, et ses comé-
dies (*attribuées à* Scarron). — *Paris, Toussainct
Quinet*, 1647. Un vol. in–4°.

## BOUVILLE (Louis–Jacques GROSSIN DE).

Recueil de discours, opinions et lettres de M. de Bou–

ville, ancien membre de l'assemblée constituante et de la chambre des députés. — *Rouen*, 1829. Un vol. in–8º.

Sous ce titre, imprimé à un seul exemplaire, on a réuni trente-six opuscules de M. DE BOUVILLE, publiés séparément dans l'intervalle des années 1790 à 1826, et dont il serait impossible de trouver une seconde collection complète. On y a ajouté trois lettres autographes de l'auteur, avec signature, ce qui donne beaucoup de prix à ce volume, certainement unique.

**BRADAMANTE** (la), tragi–comédie (*par* GAUTIER DE COSTES, *sieur* DE LA CALPRENÈDE). — *Paris, Antoine de Sommaville*, 1637. In–4º.

**BRANTOME** (PIERRE DE BOURDEILLE, seigneur et abbé DE).

Œuvres du seigneur DE BRANTOME, nouvelle édition considérablement augmentée, et accompagnée de remarques historiques et critiques. — *La Haye*, 1740. Quinze vol. in–12.

Cette jolie édition, la première où l'on ait réuni tous les ouvrages de Brantôme, a toujours été la plus recherchée, et celles que l'on a publiées depuis n'en ont point fait baisser le prix.

**BRÉBEUF** (GEORGES DE).

I. Poésies diverses de M. DE BRÉBEUF. — *Paris, Guillaume de Luyne*, 1658. Un vol. in–12.

II. La Pharsale de Lucain ou les guerres civiles de César et de Pompée, en vers françois, par M. DE BRÉBEUF. — *Paris, Antoine de Sommaville*, 1659. Un vol. in–12.

III. Entretiens solitaires, ou prières et méditations pieuses en vers françois, par M. DE BRÉBEUF. — *Ibid., id.*, 1660. Un vol in–12.

IV. LES MÊMES. Nouvelle édition, divisez en quatre livres, selon l'ordre des matières, et enrichis de figures. — *Paris, Jean-Baptiste Loyson*, 1669. Un vol. in-12.

V. Les œuvres de M. DE BRÉBEUF nouvellement mises au jour. — *Paris, Jean Ribou*, 1664. Deux vol. in-12.

Ce recueil, imprimé après la mort de l'auteur, a été donné au public par son frère, Nicolas de Brébeuf, prieur de Venois. L'épître dédicatoire qu'il a adressée à M. le marquis de Bellefons, est en conséquence signée *le prieur de Brébeuf*. C'est probablement cette signature qui aura induit en erreur M. de Bure; car, dans le Catalogue de M. le duc de la Vallière, il a indiqué, n° 3691, les deux volumes dont il s'agit ici, sous le titre de *OEuvres de M. le prieur de Brébeuf, contenant des lettres et quelques poésies.* Mais cette méprise n'aurait point eu lieu s'il avait lu le privilége du roi, daté du 14 décembre 1663, par lequel « Il est permis à Nicolas de Brébeuf, prieur de » Venois, de faire imprimer toutes les œuvres manuscrites » restantes à imprimer de la composition de feu Georges de » Brébeuf, escuyer, sieur de la Boisset, son frère, etc. » — V. l'art. *Lucain travesti*.

## BRISSON ( BARNABÉ ).

De veteri ritu nuptiarum et jure connubiarum : Barnabas BRISONNIUS. Antonius, Franciscus HOTMANUS. — *Amstelodami, apud Petrum Le Grand*, 1662. Un vol. in-12.

On pourrait induire, de la manière dont ce livre est indiqué dans le Dictionnaire bibliographique attribué à Cailleau, le Manuel du Libraire, de M. Brunet, etc.; que le traité de Brisson a été commenté par les frères Hotman. Cependant ce serait se tromper étrangement que de croire qu'il en soit ainsi. Le traité de Brisson est seulement suivi de ceux d'Antoine et François Hotman, sur le même sujet ou des sujets analogues, et la réunion de ces opuscules forme en quelque sorte un cours complet d'études sur les mariages des anciens, leurs cérémonies nuptiales, les droits des époux, etc. Je ne crois pouvoir mieux justifier cette remarque qu'en indiquant ici les différens traités contenus dans ce volume.

On y trouve :

Page 1re, le livre de Brisson, *De ritu nuptiarum*.
Page 97, celui du même, *De jure connubiorum*.

Page 251, *Antonii-Hotmani J. C*, *De veteri ritu nuptiarum observatio*.

Page 335, *Franciscus Hotmanus J. C.*, *De sponsalibus*.

Page 387, le même, *De ritu nuptiarum et jure matrimoniorum*.

Et enfin page 468, le même, *De spuriis et légitimatione*.

## BROUERE DE NIÉDEK (MATTHEUS).

Matthæi BROUERII de Niedek jurisconsulti de populorum veterum ac recentiorum adorationibus dissertatio. In quâ preces, eorumque nomina, differentiæ, origo, historia, ministri, progressus et cæremoniæ elucidantur. Cum figuris æneis:—*Amstelædami, Johannes Oosterwyk*, 1713. Un vol. in–8°.

## BRUNO NOLANO (GIORDANO).

Boniface et le Pédant, comédie en prose imitée de l'italien, de BRUNO Nolano. — *Paris, Pierre Menard*, 1633. Un vol. in–8°.

Volume rare sur lequel on peut consulter la Bibliographie instructive de M. de Bure, qui en a donné, sous le n° 3544, une description détaillée, parce que, dit-il, il s'est aperçu que *la plupart des exemplaires étaient restés imparfaits*.

## BRUSCAMBILLE.

I. Facécieuses paradoxes de BUSCAMBILLE (*masque de* DESLAURIERS) et autres discours comiques. Le tout nouvellement tiré de l'escarcelle de ses imaginations. *Jouxte la coppie imprimée.*—*Rouen, Thomas Maillard*, 1615. Un vol. in–12.

Ce petit volume ne laissant pas que d'être rare, et les personnes qui n'auraient pas occasion de le voir, pouvant être induites en erreur par le peu d'exactitude avec lequel en ont parlé la plupart des bibliographes, et notamment M. Barbier, je crois devoir en donner ici la description.

Il consiste d'abord en seize feuillets liminaires non chiffrés contenant le titre, un avis de *l'autheur aux lecteurs;* une *Ode* de *l'imprimeur à l'autheur*, signée D. Ferrant; *à lui mesme*, *sonnet* souscrit des initiales D.-F.; des vers de *l'autheur à M. R.;* une espèce de prologue en prose, intitulé en tête : *en faveur de la scène,* et au haut des pages, *à l'ouverture de la scène; un avant-propos,* en vers, *sur les tetins,* et enfin un morceau en prose ayant pour titre *sur les tetins d'une nymphe.* Vient ensuite le recueil, composé de 77 feuillets chiffrés seulement sur le recto, avec le titre de chaque pièce répété au haut des pages. La dernière pièce, intitulée : *En faveur de la bouteille,* se termine au quart à peu-près du verso du 77e feuillet, et on lit à la suite le mot *fin.* Cependant, pour être complet, le volume doit contenir encore deux feuillets non chiffrés, sur le premier et le recto du second desquels se trouve une pièce de vers intitulée : *Ode sur ce subject* (c'est-à-dire sur la bouteille, comme la pièce précédente), et au-dessous de cette ode on lit de nouveau le mot *fin.*

II. Les œuvres de BRUSCAMBILLE, contenant ses fantasies, imaginations, paradoxes, et autres discours comiques. Le tout nouvellement tiré de l'escarelle de ses imaginations. Reveu et augmenté par l'autheur — *Lyon, Guillaume Guyard*, 1634. Un vol. in–12.

III. Les pensées facétieuses et les bons mots du fameux BRUSCAMBILLE, comédien original. — *Cologne, Charles Savoret, rue Brin–d'Amour, au Cheval-Volant*, 1741. Un vol. in–12.

Je crois ne pouvoir mieux faire que de transcrire ici la note de M. le marquis de Roure, sur ce livre, qu'il indique, par erreur (Analectabiblion, tome II, page 91), comme étant petit in-8°.

« Deslauriers, dit ce savant bibliophile, n'est pas l'auteur de » ces pensées; on les doit à un plaisant anonyme, bien moins » gai que lui, sinon moins cynique, lequel s'est permis de ra- » jeunir l'ancien Bruscambille, d'y ajouter, d'en retrancher, » d'y mêler des vers forts plats; en un mot, de le gâter. Les » amateurs de facéties les recherchent pourtant, à cause de » certaines pièces de l'invention du correcteur, qui ne se trou- » vent pas ailleurs, telles que les caractères de femmes co- » quettes, joueuses, plaideuses, bigotes, etc., etc., ainsi que » la bulle comique sur la réformation de la barbe des révé- » rends pères capucins, fulminée par Benoît XIII, en 1738, » et signée Oliverius, évêque de Lanterme (*pour* Lanternu). »

J'ajouterai que, bien que ce livre porte la rubrique de Cologne, il est hors de doute qu'il a été imprimé en France; car il ne présente aucun des caractères auxquels on reconnaît les éditions faites en pays étranger.

On a relié à la suite, dans le même volume, deux opuscules de M. Dumas-d'Aiguebère, publiées à Paris chez Tabaric, en 1730, et intitulées :

1° Réponse du souffleur de la comédie de Rouen à la lettre du garçon de café.

2° Seconde lettre du souffleur de la comédie de Rouen au garçon de café, ou entretien sur les défauts de la déclamation.

## BRUTUS (stephanus-junius).

I. Vindiciæ contra tyrannos, sive de principis in populum, populi que in principem legitimâ potestate Stephano Junio Bruto Celta (*masque de* Hubert Languet), auctore. — *Edimburgi* (Basileæ), *anno* 1579. Un vol. in-8°.

II. De la puissance légitime du prince sur le peuple et du peuple sur le prince. Traité très-utile et digne de lecture en ce temps, escrit en latin par Estienne Junius Brutus, et nouvellement traduit en françois (*par* François Estienne, *avec une préface de* Hubert Languet, *sous le nom de* C. Supérantius. — 1581. Un vol. in-8°.

Ces deux volumes, peu communs, sont assez recherchés. Mais la traduction l'est davantage et se soutient dans les ventes à un prix plus élevé que l'original latin.

## BUCOLIQUES (les) de Virgile, en vers françois, par le sieur P***. — *Paris, Claude Barbin*, 1689. Un vol. in-12.

Je possède deux exemplaires également curieux de ce livre, aujourd'hui assez rare.

On lit en tête de l'un d'eux une note manuscrite contenant l'éloge que M. l'abbé Goujet en a fait, tome v, page 126, de sa Bibliothèque françoise. Cette note se termine ainsi :

« Sur un exemplaire qui a appartenu à un M. Séjourné, on » voit qu'il le reçut en présent de l'auteur, qui a signé Porry. »

C'est probablement sur cette note qu'a été faite celle de M. Barbier, qui, sous le n° 1866 de son Dictionnaire des Anonymes, désignant aussi l'auteur de cette traduction sous le nom de PORRY, ajoute : « Le nom du traducteur s'est trouvé sur un » exemplaire donné à un ami. »

Mais il y a une erreur évidente dans cette indication, et au lieu de *Porry*, c'est *Perry* qu'il faut lire. En effet, on trouve sur mon autre exemplaire cet hommage écrit en entier de la main et revêtu de la signature bien lisible de l'auteur : « *Pour M. Descotaux, par son très-humble et très-obéissant serviteur*, PERRY. »

## BUQUOY (l'abbé comte DE).

Evènement des plus rares ou l'histoire du s<sup>r</sup> abbé comte DE BUQUOY singulièrement son évasion du Fort–Lévêque et de la Bastille. L'allemand à côté, revue et augmentée, deuxième édition avec plusieurs de ses ouvrages, vers et proses, et particulièrement la game des femmes. — *Et se vend chez Jean de la Franchise, rue de la Réforme, à l'Espérance, à Bonnefoy*, 1719. Un vol. in–12.

On a réuni dans ce volume, non moins rare que singulier, quatre petits livrets imprimés d'un caractère différent, et ayant chacun une pagination particulière. En voici le détail :

Le premier, ayant dix feuillets liminaires, non compris le titre et une gravure représentant la Bastille, plus 215 pages de texte, contient l'histoire de l'évasion du comte de Buquoy, tant en français qu'en allemand, sous la forme de *Lettres de deux dames..... dont l'une est à Paris et l'autre à La Haye*, suivie de trois petites pièces de vers.

Le second, intitulé : L'ANTI-MACHIAVELISME, *ou Réflexions métaphysiques sur l'autorité en général, et sur le pouvoir arbitraire en particulier, par M. le comte de B.*, etc., avec *l'extrait du traité de l'existence de Dieu, par le même auteur*, se compose, non compris le titre, de 69 pages, dont les trois dernières renferment une pièce de vers.

Le troisième contient 24 pages, compris le titre, portant :

DE LA MODÉRATION, *ou l'Exemple du roy à son altesse roïale son petit-fils.*

Enfin, le quatrième, contenant en tout 72 pages, se compose de différents opuscules, dont voici les titres :

1° Spécifique *important, ou sujet de Consolation dans une longue et accablante maladie,* etc.

2° La Mort *illustre mise à profit, ou Réflexions sur le décès inopiné du roi de Suède,* etc.

3° L'Héroïne, *à rebours l'épitafe de Madame Harbein,* etc.

4° L'Enchérissement *des Femmes mauvaises,* etc.

5° La Game *des Femmes,* etc.

6° Le Duo, *ou le Supplément à la Game des Femmes,* etc.

7° Enfin, Réflexion *nécessaire, ou l'État de la vie de l'homme, ode.*

# C.

CABET ( Étienne ).

Révolution de 1830 et situation présente ( novembre 1833 ), expliquées et éclaircies par les révolutions, de 1789, 1792, 1799 et 1804, et par la restauration. Par Cabet, député de la Côte-d'Or. 3ᵐᵉ édition. — *Paris, Déville Cavellin, Pagnerre,* 1834. Un vol. in-8°.

On a relié à la suite les six opuscules suivants, publiés à Paris chez Roanet, en 1833 :

1° CORRESPONDANCE avec Louis–Philippe, Dupont de l'Eure, Barthe, etc, sur la marche du gouvernement depuis le 1ᵉʳ août 1830.

2° PERSÉCUTIONS à l'occasion des 5 et 6 juin ; deuxième partie ( *la correspondance avec Louis–Philippe étant censée former la première* ).

3° FAITS préliminaires au procès ; troisième partie : réquisitoires, condamnation par défaut, autorisation de la chambre.

4° FAITS préliminaires au procès devant la cour d'assises, contre M. Cabet, député de la Côte–d'Or ; quatrième partie. Conférence du 6 juin 1832 entre S. M. Louis-Philippe et MM. Laffitte, Odilon Barrot et Arago.

5° PROCÈS devant la cour d'assises de Paris, contre
M. CABET, ex–procureur–général en Corse, député
de la Côte-d'Or; cinquième partie.

6° M. CABET défendu et justifié par S. M. Louis–Philippe, MM. de Broglie, Thiers, Soult et autres mi-
nistres; MM. Persil, Madier-Montjau, Viennet et
autres députés; sixième partie.

Et enfin, de plus, une lettre autographe, avec signature, de
l'auteur.

CABINET (le) jésuitique, contenant plusieurs pièces
curieuses des R. Pères jésuites, avec un recueil des
mystères de l'église romaine. — *Cologne, Jean-le-
Blanc.* (Sans indication d'année.) Un vol. in-8°.

CABINET (le) satyrique, ou recueil de vers piquans et
gaillards, tirés des cabinets des sieurs de Sigognes,
Regnier, Motin, Berthelot, Maynard et autres des
plus signalez poètes. — *Au Mont-Parnasse, de
l'imprimerie de Messer Apollon, l'année satyrique.*
Deux vol. in-12.

CAFFÉ (le) de la Paix, vaudeville en un acte. —
*Rouen*, 1801. Manuscrit in-8°.

Petite pièce de circonstance composée par un nommé BEL-
LEMENT, artiste dramatique, mort, à Rouen, peu de temps après
l'avoir fait représenter sur le théâtre de la république, auquel
il était attaché.
Le manuscrit est autographe et revêtu de la signature de
l'auteur.

CALENDRIER perpétuel, ou recueil de xxxv calendriers
précédés d'une table calculée pour 2,200 années,
dont chacune renvoye par un numéro à celui de ces
35 calendriers qui lui convient (*par* JOMBERT *jeune*).
— *Paris, Jombert jeune*, 1785. Un vol. in-8°.

Ce volume paraît avoir échappé aux investigations de M. Gabriel Peignot. Car, s'il l'avait connu, il n'aurait certainement pas donné (dans ses Recherches historiques sur les Autographes, Dijon 1836, page 53) autant d'éloges qu'il l'a fait à M. Warin-Thierry, à l'occasion de son soi-disant ouvrage sur le même sujet [1], qui n'a pas dû lui donner beaucoup de peine, puisqu'il n'est que la réimpression de celui publié, trente-cinq ans auparavant, par M. Jombert, à qui seul doit revenir tout le mérite d'avoir, le premier, conçu et réalisé une idée vraiment utile.

## CAMPENON (VINCENT).

Essais de mémoires ou lettres sur la vie, le caractère et les écrits de J. F. Ducis; adressées à M. Odogarthy Delatour. Par M. CAMPENON, de l'accadémie française. — *Paris, Nepveu*, 1824. Un vol. in-8°.

On a inseré à la fin de ce volume une lettre autographe, avec signature, de Ducis, et une de M. Campenon.

## CARITÉAS (*par Charles* COQUEREL). — *Paris, Sautelet et C^{ie} et Servier*, 1827. Un vol. in-12.

A la fin duquel se trouve une lettre autographe, avec signature, de l'auteur

## CATALOGUE des objets d'art exposés au Musée de Rouen. (*Rédigé par M. Léon* VIVET *sur les notes de* M. GARNERAY, *conservateur de ce Musée.*) — *Rouen, au Musée*, 1836. Un vol. in-12.

Exemplaire unique tiré sur papier de couleur.

## CATS (JACOB).

Monita amoris virginei, *etc.*, autore Jacob CATS, *etc.* — V. l'art. *Erotopœgnion.*

---

[1] Calendrier usuel et perpétuel pour 2,200 ans, etc., mis en ordre par WARIN-THIERRY. — *Paris, Locard et Davy*, 1820.

**CATULLE** (caius-valerius CATULLUS).

Catullus, Tibullus et Propertius pristino nitori restituti, et ad optima exemplaria emendati, accedunt
fragmenta Cornelio Gallo inscripta. — *Lutetiæ Parisiorum, apud Josephum Barbou.*

**CAYLUS** (marthe-marguerite DE VALOIS, marquise DE VILLETTE, comtesse DE).

Les Souvenirs de Madame de Caylus. — *Amsterdam,
Marc Michel Rey*, 1770. Un vol. in–8°.

Edition princeps, publiée par Voltaire, et dont les exemplaires bien conservés sont aujourd'hui très-rares.

**CELLIER** (narcisse-honoré).

Considérations sur le notariat et la législation, par N.-
H. Cellier, ex–notaire à Rouen. — *Paris, Delaunay,*
1837. Un vol. in–8°.

Seul exemplaire tiré sur papier de couleur, avec un hommage de l'auteur. —V. l'art. *Lettres sur l'Amour.*

**CENIE,** pièce en cinq actes, représentée pour la première
fois par les comédiens françois ordinaires du roi, le 25
juin 1750. — *Paris, Cailleau*, 1751. Un vol. in–12.

On prétend que Mᵐᵉ de Graffigny, auteur de cette pièce,
a voulu peindre, sous le nom de *Cénie*, qui n'est que l'anagramme du mot *nièce*, Mˡˡᵉ de Ligneville, devenue depuis
Mᵐᵉ Helvetius, qui était sa parente à ce degré. Ce qui a fourni
à M. l'abbé de Lattaignant l'idée d'une jolie épître insérée dans
le premier volume de ses Poésies, page 200.

**CÉNT** (les) nouvelles nouvelles. Suivent les cent nouvelles contenant les cent histoires nouveaux qui sont
moult plaisans à raconter en toutes bonnes compagnies, en manière de joyeuseté. Avec d'excellentes
figures en taille-douce, gravées sur les desseins du
fameux M. Romain de Hooge, et retouchées par
feu B. Picart le Romain. — *Cologne, Pierre Gaillard*, 1736. Deux vol. in–8°.

**CERCLE** ( le ) des femmes sçavantes, dédié à Madame la comtesse de Fiesque, par Monsieur D. L. F. (DE LA FORGE). — *Paris, Jean-Baptiste Loyson,* 1663. Un vol. in-12.

Cette pièce ne laisse pas que d'être rare. On peut consulter à son occasion la note de M. Barbier (tome 1er de son Dictionnaire des Anonymes, n° 2183). Il eût pu y ajouter que la clef des noms qu'il signale comme se trouvant dans les Recherches sur les Théâtres de France, par M. de Beauchamps, fait aussi partie du petit volume dont il s'agit ici, où elle offre également la faute relevée dans les manuscrits de M. l'abbé de Saint-Léger, consistant en ce qu'on y lit : *Anne Desmarquits,* pour *Anne Desmarquets.* D'où il résulte qu'il ne faut pas attribuer cette faute à M. de Beauchamps, dont le seul tort serait d'avoir copié trop exactement cette clef, sans consulter l'errata placé à la fin du volume, où elle se trouve indiquée.

**CÉSAR** ( CAÏUS-JULIUS CÆSAR ).

C. Julii CÆSARIS quæ extant, ex emendatione Jos. Scaligeri. — *Lugduni Batavorum, ex officina Elzeviriana,* 1635. Un vol. in-12.

Il existe trois éditions de ce livre, sorties des mêmes presses sous cette date. On peut consulter, sur les caractères qui les distinguent, les détails dans lesquels M. Bérard est entré à ce sujet, page 67 de son Essai bibliographique sur les éditions des Elzevirs.

**CHALLINE** ( DENIS ).

Les Satires de Juvénal en vers françois, avec un discours de la satire, et quelque autre poésie, par Me Denys CHALLINE, advocat au parlement de Paris. — *Paris, Edme Pepinguè,* 1653. Un vol. in-12.

**CHAMBRE** ( MARIN CUREAU DE LA ).

I. Les charactères des passions, par le sieur DE LA CHAMBRE, médecin de Monseigneur le chancelier.

— *Amsterdam, Antoine Michel*, 1658, 1662 et 1663. Cinq parties en trois tomes in–12.

II. L'Art de connoître les hommes, par le sieur DE LA CHAMBRE, conseiller du roy en ses conseils et son médecin ordinaire. — *Amsterdam, Jacques Lejeune*, 1660. Un vol. in–12.

Ces deux ouvrages, imprimés par les Elzevirs, sont d'une très-belle exécution, ce qui, suivant M. Berard, les a toujours fait rechercher et maintenir à un haut prix. Il cote le premier à 25 fr., le second à 10 fr., et cité une vente, faite en 1817, dans laquelle ils ont été vendus, réunis, 66 fr.

Ce savant bibliographe indiquant les Charactères des Passions comme étant en 4 parties et 2 volumes seulement, je crois devoir entrer ici dans quelques détails pour justifier la différence existant entre son énonciation et la mienne.

Le premier volume contient, outre douze feuillets liminaires, y compris le frontispice gravé, 599 pages. La première partie finit à la 236ᵉ. On lit, en faux titre, sur la 237ᵉ, *les Charactères des Passions, vol. II, où il est traitté de la nature et des effets des passions courageuses,* etc.

Le second volume, dont le titre porte : *les Charactères des Passions, vol. III et IV, où il est traitté de la nature et des effets de la haine et de la douleur,* etc., est daté de 1662, et contient 397 pages, non compris le titre et l'épître dédicatoire. Le mot *fin*, qui se lit page 183, est répété au bas de la dernière.

Enfin, le troisième volume, portant la date de 1663, est intitulé *les Charactères des Passions, dernier volume, où il est traitté des causes, de la nature et des effets des larmes, de la crainte, du désespoir,* etc. Il contient 323 pages, y compris le titre et l'épître dédicatoire.

## CHAMFORT (SÉBASTIEN–ROCH–NICOLAS).

OEuvres de CHAMFORT, recueillies et publiées par un de ses amis ( *M. Ginguené* ). — *Paris, le Directeur de l'imprimerie des sciences et arts, an III.* Quatre vol. in–8°.

Cette édition, la première qui ait paru des œuvres de Chamfort, quoique moins complète que celles publiées postérieurement, ne laisse pas que d'être préférée des amateurs, parce qu'elle contient une notice très-intéressante de M. Ginguené sur la vie de l'auteur, qui n'a point été réimprimée depuis.

**CHANSONS** d'un Invalide, dédiées à la garde nationale de Rouen. Deuxième édition revue et augmentée. — *Rouen*, 1831. Un vol. in–18.

On a joint à cet exemplaire :

1° Une lettre de M. Delalande, éditeur de ces chansons, contenant quelques détails sur la personne de l'auteur, *M. Bénigne* DELORIER ;

2° La copie d'une lettre adressée par celui-ci à M. Béranger, le 24 novembre 1831 ;

3° Celle de la réponse de ce dernier, en date du 7 décembre suivant ;

4° Enfin, une lettre autographe, avec signature, de M. Delorier à M. Delalande. — V. l'art. *Recueil de chansons patriotiques.*

**CHANSONS** joyeuses, mises au jour par un âne-onyme, onissime (*Charles* COLLÉ). Nouvelle édition. Considérablement augmentée, avec de grands changemens qu'il faudroit encore changer. — *Paris, Londres et Ispahan seulement, de l'imprimerie de l'Académie de Troyes*, VXL.CCD.M. (1765.) Deux tomes en un vol. in–8°.

M. Barbier cite ce recueil comme étant en un seul tome, mais il en contient deux. Il est même à remarquer que le premier renferme des chansons de différents auteurs, plus ou moins connues, recueillies par Collé, qui n'a composé que celles contenues dans le second.

**CHANT** (le) du cocq françois au roy. Où sont rapportées les prophéties d'un hermite allemand de nation, lequel vivait il y a six vingts ans, dont aucunes ont désià esté accomplies au royaume de Bohême et Palatinat, et les autres prédisent que le roy doit réunir toutes les fausses religions à la catholique, et se rendre empereur de l'univers. Ce qui est encore confirmé par plusieurs autres prédictions anciennes de saincts personnages bien approuvez. — *Paris, Denys Langlois*, 1621. Un vol. in–8°.

L'auteur de ce singulier ouvrage, indiqué dans le privilége du roi, et qui s'est nommé lui-même, page 49 de son livre, est *Maistre Jacques* BARRET, *advocat en cour de parlement.*

Dans le chapitre de ses mélanges tirés d'une petite bibliothèque, consacré aux ouvrages contenant des prédictions qui se sont réalisées, M. Charles Nodier cite celui-ci comme un des plus curieux.

## CHAPELAIN (JEAN).

La Pucelle ou la France délivrée. Poème héroïque, par M. CHAPELAIN. Seconde édition revüe et retouchée. — *Paris, Augustin Courbé*, 1656.

On a relié à la suite:

Marie-Madeleine, ou le Triomphe de la grace, poème composé par Jean DESMARETS, seigneur de S. SORLIN, conseiller du roy et contrôleur-général de l'extraordinaire des guerres. — *Paris, Denys Thierry*, 1669. Deux tomes en un vol. in-12.

## CHARLEMAGNE (ARMAND).

Poésies fugitives, par Armand CHARLEMAGNE. — *Paris, Louis, an IX.* Un vol. justification in-18, tiré sur papier vélin in-12.

Très-rare de ce format.

## CHARLES D'ORLÉANS.

Poésies de CHARLES D'ORLÉANS, père de Louis XII et oncle de François 1er, rois de France (*publiées par P. V. CHALVET*).— *Paris, B. Warée oncle*, 1809. Un vol. in-12.

## CHARLES (JEAN-GASPARD-BENOIT).

Comptes des constitutions et de la doctrine de la société, se disant de Jésus, rendus au parlement de Normandie, toutes les chambres assemblées, les 16, 18, 19, 21, 22 et 23 janvier 1762. Par M. CHARLES (*substitut de M. le procureur-général à ce parlement*). —1762.

On a relié à la suite :

Observations sur l'institut de la société des jésuites (*par*
NEUVILLE). — *Avignon, Alexandre Giroud*, 1761.

L'ouvrage de M. Charles, au mérite d'être un des meilleurs sur
la matière, et digne, sous tous les rapports, de figurer à côté du
célèbre compte-rendu de M. de la Chalotais, joint celui d'offrir
un intérêt de localité qui le fait rechercher des amateurs de
livres relatifs à la Normandie, et d'être un des plus rares
de ceux dont se composent les collections de ce genre.

## CHARRON (PIERRE).

I. Les trois Véritez. Seconde édition reveüe, corrigée et
de beaucoup augmentée, avec un advertissement et bref
examen sur la réponse faicte à la troisième vérité, de
nouveau imprimée à la Rochelle. Par M. Pierre LE
CHARRON, parisien. — *Bourdeaus, S. Millanges*,
1595. Un vol. in–8°.

II. De la Sagesse, trois livres par Pierre CHARRON, parisien, docteur ès–droicts, suivant la vraye copie de
Bourdeaux. — *Leyde, Jean Elzevier*, 1656. Un vol.
petit–in–12.

CHEF–D'ŒUVRES politiques et littéraires de la fin du
dix–huitième siècle, ou choix des productions les plus
piquantes que les lumières et le ridicule, la philosophie et la gaieté, la raison et la bisarrerie ont fait
éclorre dans cette époque intéressante. — 1788.
Trois vol. in–8°.

Ce recueil, lui-même aujourd'hui peu commun, renferme plusieurs pièces très-rares, et qu'il serait difficile de trouver ailleurs,
ayant été supprimées à l'époque de leur publication.

## CHEVALIER (G. DE).

Le Décez, ou fin du monde, par G. DE CHEVALIER, divisé
en trois visions. — *Paris, Robert Le Fizelier*, 1584.
Un vol. in–4°.

## CHEVALIER (GUILLAUME).

La Poësie sacrée, œuvre de très-utile et agréable méditation. En mélanges poétiques composés en vers latins et françois. En élégies, épigrammes et sonnets, traittans des choses plus divines et nécessaires au salut; des mystères de notre sauveur Jésus-Christ; des panégyriques et vie des saints, suivant le bréviaire romain. Des grands jours tenus à Clermont, en Auvergne; et des choses naturelles, médicinales et militaires, dans un poëme triomphal. Avec plusieurs sonnets, à la louange des personnes vertueuses et illustres de ce temps. Le tout composé par Guillaume CHEVALIER, médecin ordinaire du roi. — *Paris, Jean Hénault*, 1669. Un vol. in-12. — V. l'art. *Nouveau cours de philosophie.*

## CHOYSELAT (PRUDENT LE).

Discours œconomique, non moins utile que récréatif, monstrant comme de cinq cens livres pour une foys employées, l'on peult tirer par an quatre mil cinq cens livres de proffict honneste qui est le moyen de faire profier son argent. Par M. Prudent LE CHOYSELAT [1], procureur du roi à Sézanne. — *Rouen, Martin Le Ménestrier*, 1612. Un vol. in-12.

## CICERON (MARCUS-TULLIUS CICERO).

M. Tullii CICERONIS epistolarum libri XVI. Ad familiares, ut vulgo vocantur, ex recensione Jo. Georgii Graevii cum ejusdem animadversionibus. — *Amstelaedami, apud Henricum Wetstenium*, 1689. Un vol in-12.

M. Gabriel Peignot cite dans son Manuel du Bibliophile deux autres éditions de ces lettres familières de Cicéron, revues et annotées par Graevius, également sous la rubrique d'Amster-

---

[1] Et non DE CHOSELAT, comme on le lit dans la Bibliothèque françoise de Lacroix Dumaine.

dam, à la date de 1677 et 1693; mais il a négligé de faire mention de celle-ci, qui ne mérite pas moins de fixer l'attention des amateurs que les deux autres.

**CINQ** (les) premiers livres du procès d'amour, avec les amours chrestiennes du mesme autheur. — *Paris, Antoine Estiene*, 1630. Un vol. in–4°.

**CLAVERET** (JEAN DE).

L'Ecuyer, ou les faux Nobles mis au billon. Comédie du temps, dédiée aux vrais nobles de France, par le sieur DE CLAVERET. — *Paris*, 1665. In–12.

**CLEOPATRE** (la) (*par* GAUTIER DE COSTES, *sieur* DE LA CALPRENÈDE). — *Suivant la copie imprimée à Paris*, 1648 (Leyde, Jean Sambix, 1654). Quatre vol. in–8°.

Ces quatre volumes contiennent tout ce qui se trouve dans les douze des éditions faites à Paris en 1647, 1656 et 1662. Celle-ci, remarquable surtout par la beauté de son exécution, a échappé aux recherches de M. l'abbé Lenglet du Fresnoy, qui ne l'a point mentionnée dans sa Bibliothèque des Romans.

**CLOOTS** (JEAN–BAPTISTE DE CLOOTS, DU VAL–DE–GRACE, *plus connu sous le nom* D'ANACHARSIS.)

Vœux d'un Gallophile, nouvelle édition refondue. Suivis de mélanges; et d'anecdotes sur Stiépan–Annibal, soi–disant prince d'Albanie, ou supplément au livre des Liaisons dangereuses; et d'un drame sur la mort de Voltaire. Par Jean–Baptiste baron DE CLOOTS, du Val–de–Grace, ancien élève de la compagnie de Jésus, de l'université de Paris et de l'école royale militaire de Berlin; auteur de différens ouvrages philoso-phiques. — *Amsterdam*, 1786. Un vol in–12.

Livre assez rare et dans lequel on trouve le germe des opinions révolutionnaires qui ont acquis depuis une si funeste célébrité à leur auteur.

COCLÈS (BARTHÉLEMI).

La Physionomie naturelle et la Chiromancie de Barthélemy COCLÈS, de Boulogne, docteur en médecine.
Où, par les traits et signes du visage, et par les
marques et linéamens de la main, on peut connoitre
les mœurs, les complexions, le naturel et l'intérieur
de toutes personnes. Avec les figures. — *Rouen,
Jean-B. Besongne*, 1700. Un vol. in–12.

COLLÉ (CHARLES).

Œuvres de M. COLLÉ, non imprimées.—Un vol. in–8°,
manuscrit.

Ce précieux autographe, dont l'identité de l'écriture a été
constatée, par sa comparaison avec le *fac-simile* d'une lettre de
Collé, insérée dans l'Isographie, contient seize pièces, plus ou
moins grivoises, inédites, à l'exception de deux (*Nicaise* et
l'*Amant Poussif*), imprimées, l'une dans le Théâtre de Société,
et l'autre dans le Théâtre des Boulevards.

Voici le titre de ces pièces, comme elles se trouvent classées
dans le volume dont il s'agit :

1° LE BERCEAU, opéra–comique en un acte.

Précédé d'un discours aux dames et d'un divertissement.

2° COCATRIX, tragédie en cinq scènes.

Précédée d'un avertissement, d'un discours pour être prononcé
par Vortex, confident de Cocatrix, et d'une observation.

3° TRAGIFLASQUE, tragédie en trois scènes.

4° ALPHONSE l'Impuissant, tragédie en un acte.

5° LA FOIRE du Parnasse, petite fête donnée à Estiolles,
le 7 septembre 1750.

6° LA PROMENADE du boulevard, fête.

7° LE MONDE renversé, comédie en prose et en un acte.

Avec une note indiquant que cette pièce est prise en entier
d'un opéra-comique de M. Lesage, que Collé a *seulement
élagué et rajeuni*.

8° Nicaise, comédie bourgeoise en deux actes et en prose.

Précédée d'un discours qui n'a point été imprimé, avec cette pièce, dans le Théâtre de Société.

9° L'Amant Poussif, parade avec un divertissement.

Dans une note placée à la suite du nom des personnages, Collé nous apprend que l'idée de cette parade est de M. Girard, avec lequel il l'a écrite et arrangée, et qu'il y a fait depuis quelques changements.

10° Les deux Gilles, prologue de parade.

Avec cette note de Collé :

« Ce prologue est de M. de Segonzac. Mais l'ayant voulu jouer » depuis sa mort, et n'ayant pu l'avoir, je l'ai accommodé » ainsi qu'il suit, moitié de mémoire, et moitié y ajoutant les » beautés sublimes qui y sont ou qui y doivent être. »

11° L'Enfant rouge, parodie d'une scène d'*Athalie*.

12° La Lettre de Cachet, parade en un acte.

13° Gilles, chirurgien allemand, parade.

14° Le Mariage sans Curé, parade.

15° Les belles Manières, parade de cour en un acte et en prose.

16° L'Accouchement Invisible, parade en deux actes, ornée de machines et de spectacle. — V. l'art. *Chansons joyeuses*.

## COLLETET (Guillaume).

Epigrammes du sieur Colletet. Avec un discours sur l'épigramme. Où il est traitté de sa première origine ; de son usage ancien et moderne ; de son véritable caractère ; de ses vertus et de ses vices ; et des qualitez requises à ceux qui s'appliquent à ce genre d'escrire. — *Paris, Jean-Baptiste Loyson* ( ou *Louis Chamhoudry* ), 1653. Un vol. in-12. — V. l'art. *Tracas (le) de Paris.*

## COLLIN D'HARLEVILLE (JEAN--FRANÇOIS).

I. Théâtre et Poésies fugitives de Jⁿ-Fᵒⁱˢ COLLIN-
D'HARLEVILLE, membre de l'Institut et de la Légion-
d'Honneur. — *Paris , Duminil-Lesueur* , 1805.

II. Rose et Picard, ou suite de l'Optimiste, comédie
en un acte et en vers, avec un vaudeville et des
couplets, musique de Dalayrac, par COLLIN-D'HAR-
LEVILLE. — *Paris, Prault, l'an* III*ᵉ*.

III. Les Querelles des deux frères, ou la Famille bre-
tonne, comédie en trois actes, en vers, ouvrage posthume de COLLIN D'HARLEVILLE, précédée d'un prologue de M. Andrieux, représentée sur le théâtre
de l'impératrice pour la première fois, le 17 novembre 1808. — *Paris , Duminil-Lesueur* , 1808.
Quatre vol. in-8°.

Cette édition des œuvres de Collin d'Harleville est celle
publiée par lui-même. On y a réuni, pour la compléter, deux
pièces, dont la dernière n'a paru qu'après sa mort. Quant à
celle de *Rose et Picard*, qu'il avait composée pour se soustraire aux persécutions que tout homme de mérite avait à
redouter à l'époque de la terreur, elle porte trop le cachet du
sentiment qui l'a inspirée, pour qu'il l'ait jugée digne de figurer à
côté de sa comédie de l'*Optimiste*, quoiqu'il l'eût composée pour
y faire suite. Le même motif sans doute l'ayant également fait exclure des éditions de ses œuvres données au public après sa mort,
elle ne laisse pas que d'être rare, et c'est aujourd'hui son seul
mérite.

## COMMINES ( PHILIPPE DE ).

Cronique et histoire faicte et composée par feu messire
Philippe DE COMMINES, chevalier, seigneur d'Argenton,
contenant les choses advenues durant le règne du roy
Loys unziesme, et Charles huictiesme, son filz, tant
en France, Bourgongne, Flandres, Arthois, Angleterre et Italie, que Espaigne et lieux circonvoysins,
nouvellement reveue et corrigée, avec plusieurs notables mis en marge, pour le sommaire de ladicte

histoire. — *Paris*, *Oudin Petit*, 1549. Un vol. in–8°.

CONSTITUTION (la) française, présentée au roi le 3 septembre 1791, et acceptée par sa majesté le 14 du même mois. — *Paris*, *de l'imprimerie nationale*, 1791. Un vol. in–18.

Ce joli volume, imprimé sur papier vélin, avec titre gravé, contient le *fac-simile* des signatures du président, du vice-président et des secrétaires de l'assemblée constituante, du roi *Louis XVI*, du ministre *Duport*, de l'archiviste *Camus* et de l'imprimeur *Baudouin*.

CONSTITUTION de la république française, précédée de la déclaration des droits de l'homme, avec le rapport du comité de constitution, et le procès–verbal d'acceptation par le peuple français. — *Dijon*, *P. Causse*, *l'an II de la république*, 1793. Un vol. in–12.

Ce volume, aussi imprimé sur papier vélin, ne le cède point, pour la beauté de l'exécution, au précédent, auquel on le joint ordinairement.

CONSTITUTION (de la) du duché ou état souverain de Normandie; des variations qu'elle a subies depuis Rollon jusqu'à présent, et des droits, immunités, priviléges, franchise, libertés et prérogatives de ses habitants et citoyens. (*Par M. Guillaume* LAFOY, *dit* DELAFOY.) — *Rouen*, 1789. Un vol. in–8°.

Sur cet exemplaire, contenant un hommage de l'auteur revêtu de sa signature, on lit cette note, écrite de sa main :
« Edition originale. Il y a eu presqu'en même tems deux » contrefaçons : l'une à Caen, chez Leroy, imprimeur; l'autre » à Paris. J'ai celle de Caen, qui se reconnaît aux fautes et à » l'absence des armes de la province au frontispice. »
M. Barbier, qui indique cet ouvrage dans son Dictionnaire des Anonymes, n° 2872, ajoute au nom de l'auteur, *avocat au parlement de Rouen*, *mort dans cette ville au mois d'août* 1819, *âgé de quatre-vingt-dix ans*.
Mais cette note contient une erreur que je crois devoir rectifier ici. En effet, il résulte des actes de l'état civil, que j'ai été à

portée de consulter à cet égard, que M. *Guillaume* Lafoy, né à Saint-Lô, département de la Manche, le 25 août 1737, n'est mort à Rouen que le 13 juin 1829, dans sa quatre-vingt-douzième année.

**CONSTITUTIONS** (les) du monastère de Port-Royal du S. Sacrement. — *Mons, Gaspard Migeot,* 1665. Un vol. in−12.

« Le corps de ces constitutions est de la mère Agnès » Arnauld; le *Réglement pour les enfans,* qui est un excellent » traité d'éducation chrétienne, est de la mère Euphémie Pas-» cal, sœur du célèbre Blaise Pascal; l'*Instruction des No-vices* est de la sœur Gertrude. Ducambout de Coïslin, de » Pont-Château, fit imprimer ces constitutions *en Flandres.* »

M. Barbier, auquel j'emprunte cette note, tirée du Catalogue manuscrit de M. l'abbé Goujet, s'est mépris sur le format de ce livre, qu'il indique à tort comme étant in−18. Il eût pu ajouter que, quoique le titre porte l'indication de Mons, ce petit volume a été imprimé en Hollande, par les Elzevirs. C'est ce qu'a judicieusement observé M. Berard, qui en donne une description très-exacte dans son Essai bibliographique sur les éditions de ces imprimeurs célèbres.

**CONTANT** (paul).

Le jardin et cabinet poétique de Paul Contant, apoticaire de Poictiers, à très-haut, très-puissant monseigneur Maximilian de Béthune, duc de Sully, pair de France......, gouverneur et lieutenant-général pour Sa Majesté en Poictou. — *Poictiers, Anthoine Mesnier,* 1609. Un vol. in−4°.

**CONTY** (armand-bourbon, prince DE)

Les Devoirs des Grands. Par monseigneur le prince de Conty, avec son testament. — *Paris, Denys Thierry,* 1566. Un vol. in−8°.

**COQUILLART** (guillaume).

Les Poésies de Guillaume Coquillart, official de l'église de Reims. — *Paris, Antoine-Urbain Coustelier,* 1723. Un vol. in−8°.

**CORAS** (JEAN DE).

Arrest mémorable du parlement de Tolose. Contenant une histoire prodigieuse d'un supposé mari, advenüe de nostre temps. Enrichie de cent et onze belles et doctes annotations. Par M. Jean DE CORAS, conseiller en la court, et rapporteur du procès. Prononcé ès arrestz généraux, le XII septembre 1560. — *Paris, Gabriel Buon*, 1579. Un vol. in–8°.

**CORAS** (JACQUES DE).

OEuvres poétiques de J. D. *(pour* DE*)* CORAS. Dédiées à monseigneur le chancelier. Contenant les Poèmes de Josué, Samson, David, Jonas. — *Paris, Charles Angot*, 1665. Un vol. in–12.

Chacun des quatre poèmes réunis dans ce volume porte un titre particulier et une pagination différente.

**CORNEILLE** (PIERRE).

I. Le CID, tragédie par le Sr CORNEILLE. — *Suivant la copie imprimée à Paris*, 1687.

On a relié à la uite :

1° HORACE, tragédie, par P. CORNEILLE. — *Suivant la copie imprimée à Paris*, 1663.

2' CINNA, tragédie, par P. CORNEILLE. — *Suivant la copie imprimée à Paris*, 1681.

3° POLYEUCTE, martyr, tragédie chrestienne, par P. CORNEILLE. — *Suivant la copie imprimée à Paris*, 1670.

4° POMPÉE, tragédie, par P. CORNEILLE. — *Suivant la copie imprimée à Paris*, 1681.

5° LE MENTEUR, comédie, par P. CORNEILLE. — *Suivant la copie imprimée à Paris*, 1682.

6° LA SUITE du Menteur, comédie, par P. CORNEILLE. — *Suivant la copie imprimée à Paris*, 1681. — Un vol. in–12.

Ces pièces ont toutes un titre imprimé et un frontispice gravé. On trouve sur le titre imprimé de chacune d'elles *le Quœrendo*, d'où l'on peut conclure qu'elles sont sorties des presses des Elzevirs, d'après les observations de M. Berard. Il cite un recueil vendu 80 fr., chez M. Caillard, qui ne contenait que les six premières pièces de celui-ci, et encore de l'édition dont le titre, au lieu du *Quœrendo*, porte l'enseigne de la *Sphère*, et sans frontispice gravé; édition, selon lui, bien inférieure à celle-ci.

Je dois ajouter qu'à l'exception des tragédies d'Horace et de Polyeucte, toutes les pièces du recueil qui fait l'objet de cette notice ont sur le titre imprimé une date postérieure à celle de l'édition citée par M. Berard, dont la dernière est de 1676. Mais la parfaite identité de format, de caractère, du frontispice gravé, etc., prouve qu'elles n'en doivent pas moins être considérées comme étant absolument les mêmes, auxquelles on aura postérieurement substitué un nouveau titre, ainsi que cela s'est souvent pratiqué.

II. Rodogune, princesse des Parthes, tragédie de Pierre CORNEILLE. — *Au Nord*, 1716. Un vol. in-4°.

En tête de ce volume se trouve une gravure au bas de laquelle on lit : *Gravé à l'eau forte par M^{me} de Pompadour, retouché par C.-M. Cochin.* Ce qui ne laisse aucun doute sur la coopération de cette favorite à cette belle édition de Rodogune, que l'on assure avoir été exécutée dans ses appartements, à Versailles.

## COSTE D'ARNOBAT.

Les Hommes de la révolution, peints d'après nature, par COSTE D'ARNOBAT *(publié par* MÉON, *avec un faux-titre portant)* :

Pièces historiques, rares ou inédites, pour servir à l'instruction du temps présent. — *Paris, Crapelet,* 21 *janvier* 1830. Un vol. in-8°.

Une note placée en regard du titre indique qu'il n'a été tiré de cet opuscule que vingt-un exemplaires, grand papier; dont sept jésus de Hollande, et quatorze jésus vélin.

L'exemplaire dont il s'agit ici est un des sept imprimés sur grand papier jésus de Hollande.

## COTIN (CHARLES).

La Pastorale sacrée, ou paraphrase du cantique des

cantiques, selon la lettre. Avec plusieurs discours et observations, par M. Charles COTIN, conseiller et aumosnier du roy. — *Paris , Pierre Lepetit ,* 1662. Un vol. in–12.

COURRIER (le) burlesque de la guerre de Paris, envoyé à monseigneur le prince de Condé, pour divertir son altesse durant sa prison ( *par* SAINT–JULIEN). Ensemble tout ce qui se passa jusqu'au retour de leurs majestez. — *Anvers ,* 1650. Un vol. in–12.

COUSTEAU (PIERRE).

I. Pegma cum narrationibus philosophicis, auctore petro COSTALIO. — *Lugduni , apud Mathiam Bonhomme ,* 1555. Un vol. in–8°.

II. Le Pegme de Pierre COUSTEAU , avec les narrations philosophiques, mis de latin en françois, par LANTEAUME DE ROMIEU, gentilhomme d'Arles. — *Lyon, Macé Bonhomme ,* 1560. Un vol. in–8°.

COUTUME (la) de Normandie, en rimes françoises, avec des notes sur l'étymologie et la propriété des termes. Le tout pour faciliter l'intelligence et la mémoire de ceux qui desirent l'apprendre en peu de temps. Par M. L. P. M., avocat au parlement de Normandie. — 1735. Un vol. in–8°.

Manuscrit autographe et inédit.

CRAPELET (G.–A.).

I. Cérémonies des gages de bataille, selon les constitutions du bon roi Philippe de France, représentées en onze figures ; suivies d'instruction sur la manière dont se doivent faire empereurs, rois , ducs, marquis , comtes, vicomtes, barons, chevaliers , avec les avisemens et ordonnances de guerre ; publiées d'après les manuscrits de la bibliothèque du roi, par G.-A. CRAPELET, imprimeur, chevalier de la Légion-d'Honneur, membre de la Société royale des Antiquaires de France. — *Paris, Crapelet*, 1830. Un vol. in-8°.

II. Proverbes et dictons populaires, avec les dits du mercier et des marchands, et les crieries de Paris, aux XIII<sup>e</sup> et XIV<sup>e</sup> siècles, publiés d'après les manuscrits de la bibliothèque du roi, par G.-A. CRAPELET, *etc.* — *Ibidem, idem*, 1831. Un vol. in-8°.

### CRETIN (GUILLAUME DUBOIS *dit*).

Les Poésies de Guillaume CRETIN. — *Paris, Antoine-Urbain Coustelier*, 1723. Un vol. in-8°.

### CYRANO DE BERGERAC (NICOLAS-SAVINIEN).

Les Œuvres diverses de monsieur CYRANO DE BERGERAC. — *Amsterdam, Jacques Desbordes*, 1741. Trois vol. in-12.

### CYRILLE (Saint).

Speculum sapientiæ Beati Cirilli, episcopi, alias quadripartitus apologieticus vocatus, in cujusquidem proverbiis omnis et totius sapientiæ speculum claret. — *Sans date et sans indication de lieu ni d'imprimeur*. Un vol. in-4°.

Le tome II du *Magasin Encyclopédique*, année 1806, contient une savante dissertation de M. Adry, dans laquelle il indique cette édition comme étant la première qui ait été faite du *Speculum sapientiæ* de saint Cyrille. M. Brunet, qui avait d'abord respecté cette opinion, dans son Manuel du Libraire, l'a combattue dans le Supplément à ce Manuel, publié en 1834, par la raison, dit-il, qu'il *existe certainement* des éditions plus anciennes que celle-ci, faite, selon lui, en Allemagne, de 1475 à 1480. Il cite à l'appui de son assertion, d'après Panzer, trois éditions in-f°, l'une attribuée à Wensler, imprimeur à Bâle en 1473; une autre, comme cette dernière, sans chiffres, réclames ni signatures, et la troisième avec des signatures jusqu'à F. Je ne sais si je me trompe, mais il me semble que cette manière d'argumenter est un peu la solution de la question par la question, et qu'il faudrait des preuves plus positives pour réfuter les conjectures de M. Adry. Car si, d'une part, Wensler imprimait en 1473, il a pu continuer d'imprimer plusieurs années encore après, et par conséquent publier le *Speculum* qui lui est attribué postérieurement à 1475, en admettant que celui dont il s'agit ici ne soit pas d'une date antérieure, comme on peut le supposer. D'une autre part, l'absence de chiffres, de réclames et de signatures, ne peut être un motif pour donner la priorité à la seconde des éditions citées par M. Brunet, d'après Panzer, puisque celle signalée par M. Adry, comme ayant dû les précéder, n'a également ni chiffres, ni réclames, ni signatures.

# D.

**DAME** (la) suivante, comédie *(par* ANTOINE LEMETEL, *sieur* d'OUVILLE). — *Paris*, *Toussainct Quinet*, 1645. In-4°.

**DANCE** (la) aux aveugles *(par Pierre* MICHAULT), et autres poésies du XV<sup>e</sup> siècle, extraites de la bibliothèque des ducs de Bourgogne. — *Lille*, *André-Joseph Panckoucke*, 1748. Un vol. in-8°.

On trouve des exemplaires du même livre avec un autre titre sous la rubrique d'Amsterdam et la date de 1749.

**DEBRAUX** (PAUL-ÉMILE).

Chansonnettes et poésies légères, de P.-Emile DE-BRAUX. — *Paris, Henrion*, 1820. Un vol. in-18.

Exemplaire sur papier de couleur.

**DÉFENSE** du barreau de Rouen.—*Rouen*, *D. Brière*, 1835. Un vol. in-8°.

Seul exemplaire sur papier de couleur.

**DÉFENSE** (la) du poëme héroïque, avec quelques remarques sur les œuvres satyriques du sieur D**** ( *Boileau Despréaux* ); dialogues en vers et en prose (*par* Desmarets-St-Sorlin, *en société avec* le duc de Nevers *et l'abbé* Testu). — *Paris, Jacques Legras*, etc., 1674. Un vol in–4°.

**DEFENSIO** veritatis contra impugnatores. — *Venundabant Parisiis in vico Sancti Jacobi, apud Gaufridum de Marnef[1], sub intersignio Pellicani.*

On a relié à la suite :

I° Cura clericalis. Lege, relege. — (*Impressus Parisiis, pro Petro Cliente, commorante in vico novo Beatæ Mariæ, sub signo Sancti Nicolai, anno Domini* M CCCCC XXXIIII.)

2° Donatus aureus, qui et moralisatus dicitur, et licet sit in quantitate parvus, in effectu tamen maximus : de novo in Parisiorum Academia impressus et vigilanti cura emendatus. — Un vol. in–8°.

Le plus rare des trois opuscules réunis dans ce petit volume, est, sans contredit, le premier, que je n'ai jamais rencontré ailleurs, ni vu cité, et qui manque même à la bibliothèque royale. Par un mélange bizarre, mais dont plus d'un livre de l'époque offre l'exemple, on y trouve, parmi plusieurs articles sérieux sur la Parole de Dieu, les Ames du Purgatoire, la Simonie résultant de la pluralité des bénéfices, les Indulgences, et la Bulle d'Innocent VIII, *omnibus hæreticæ pravitatis inquisitoribus, etc.*, des extraits de sermons de Bernardinus[2], *contra mulieres se fardantes aut adulterinos crines portantes ; contra mulieres caudatas ; de XII abusionibus caudarum ; de stultitiis capitum mulierum*, etc.

---

[1] Imprimeur qui florissait à la fin du XVᵉ siècle.

[2] Voici ce que contient une note manuscrite placée en tête de ce volume :

« F. Bernardinus de Busto ou de Bustis vivait à la fin du XVᵉ siècle et dans les » premières années du XVIᵉ. Il a composé un Rosaire de Sermons sur toutes les » fêtes de la Vierge. Fabricius de Mansi en parle dans son *Bibliotheca latina* » *mediæ et infimæ latinitatis* ; Jacques Quétif en parle aussi dans son *Scriptores ordinis prædicatorum*. Il n'était cependant pas frère prêcheur, mais » frère mineur *ordinis minorum, in statu Mediolanensi*. »

**DELAVIGNE ( casimir ).**

Messéniennes de C. Délavigne, de l'Académie Française, ouvrage adopté par l'Université. — *Paris,
Dufey et A. Vezard*, 1831. Un vol. in–8°.

Le faux-titre porte : *Messéniennes et poésies diverses.
Seizième édition.*
Une lettre autographe, avec signature, de l'auteur, reliée à
la fin de ce volume, lui donne un nouveau mérite joint à celui
de sa belle exécution.

**DÉLICES** ( les ) des poésies de la muse gailliarde et
héroïque de ce temps augmentez des vérités ita-
liennes et de plusieurs autres pièces nouvelles.
—*Imprimé cette année* (1620). Un vol. in–12.

Cé petit volume, contenant en tout 96 pages, non compris le
titre, est très-rare et se trouve beaucoup plus difficilement que
le Cabinet satyrique, avec lequel il a tant de rapports, que plusieurs bibliographes l'indiquent comme en étant la suite.

**DESALESSES.**

Génevieve, ou l'innocence reconnue. Traduite, et en vers
imitée, par M. Desalesses prêtre, et curé de Pey-
russe. — 1705. (*Manuscrit d'une très-belle exécution.*) Un vol. in–4°.

**DESFONTAINES.**

Eurimédon ou l'illustre Pirate, tragi-comédie. Par le
sieur Desfontaines. — *Paris, Anthoine de Sam-
maville*, 1637. In–4°. — V. les art. *Hermogène et
Heureuses* (les) *Infortunes.*

**DÉSIRÉ ( artus ).**

Le grand Chemin céleste de la maison de Dieu, pour
tous vrays pélerins célestes traversans les desertz de
ce monde, et des choses nécessaires et requises pour
parvenir au port de salut, par M. Artus Désiré. —
*Paris, Thibault Bessault*, 1565. Un vol. in–8°.

**DESLANDES** (andré-françois **BOUREAU**).

Poetæ rusticantis litteratum otium, etc. — V. l'art.
*Erotopœgnion.*

**DESLYONS** (jean).

I. Discours ecclésiastiques contre le paganisme des roys
de la fève et du roy–boit, pratiqués par les chrétiens
charnels en la veille et au jour de l'Epiphanie de
N. S. Jésus–Christ, par M. Jean Deslyons, prestre,
docteur de la maison et société de Sorbonne, doyen
et théologal de l'église cathédrale de Senlis.—*Paris,
Guillaume Desprez*, 1664. Un vol. in–12.

II. Traitez singuliers et nouveaux contre le paganisme
du Roy–Boit. Le I. du jeusne ancien de l'église catholique la veille des Roys ; le II. de la royauté des saturnales, remise et contrefaite par les chrestiens
charnels en cette feste ; le III. de la superstition du
Phœbé, ou de la sottise du Febué, à Messieurs les
théologaux de toutes les églises de France. Par Jean
Deslyons, docteur de Sorbonne, doyen et théologal
de l'église cathédrale de Senlis. Ouvrage utile aux
curez, aux prédicateurs et au peuple. — *Paris,
veuve C. Savreux*, 1670. Un vol. in–12. — V. l'art.
*Barthélemy (Nicolas).*

**DESMARES.**

Quelques poësies du Sr Desmares. — *Paris, Antoine
de Sommaville*, 1659. Un vol. in–8°.

Une note manuscrite, placée en tète de ce livre assez rare
pour avoir échappé aux investigations de M. l'abbé Goujet, indique qu'il s'y trouve, page 94 (*lisez* 95), en vers assez mal tournés,
un sonnet où Lainez aurait bien pu prendre l'idée de son ma-
drigal si connu : *Le tendre appelle un jour*, etc.

**DESMARESTS**, ou **DESMARETS**, sieur de saint-
sorlin (jean).

I. Les Promenades de Richelieu, ou les vertus chrestiennes. Dédiées à Madame la duchesse de Richelieu.
Par J. DESMARESTS, conseiller du roy, controolleur
général de l'extraordinaire des guerres, secrétaire
général de la marine de Levant, et intendant de la
maison et affaires de Monseigneur le duc de Richelieu. — *Paris, Henry Legras*, 1653. Un vol. in-8°.

II. Les quatre livres de l'Imitation de Jésus–Christ,
traduits en vers, par J. DESMARESTS.—*Paris, Pierre
Lepetit et Henry Legras* (1654). Un vol. in-12.

M. de la Monnoye ayant prétendu, dans ses Notes sur les
jugements des savants de M. Baillet, que la traduction en vers
de l'Imitation de Jésus–Christ, par Desmarests, n'avait jamais été
publiée, M. Bruzen de la Martinière, pour prouver le contraire,
en a cité l'édition dont il s'agit ici, dans son Nouveau Portefeuille
historique et littéraire.

Comme ce livre, déjà rare du temps de M. de la Monnoye,
aux recherches duquel il avait échappé, l'est devenu bien
plus encore depuis, peut-être ne sera-t-on pas fâché d'en trouver
ici la description.

Il se compose d'un frontispice gravé, de deux feuillets non
chiffrés, contenant un avertissement; de quatre gravures, dont
une pour chaque livre, et de 275 pages de texte, suivies d'une
page et de quatre feuillets non chiffrés, comprenant la table des
matières, l'approbation des docteurs, à la date du 2 juillet 1654,
l'extrait du privilége du roi, du 14 mars 1639, et, à la suite, celui
du transport de ce privilége fait aux sieurs Pierre Lepetit et
Henri Legras, le 2 juin 1654, au-dessous duquel on lit: *Achevé
d'imprimer, pour la première fois, le 6 juillet* 1654.

III. L'Imitation de Jésus–Christ, traduite en vers, par
monsieur DESMARESTS. — *Paris, Jean Guignard*,
1662. Un vol. in-12.

Il est probable que cette seconde édition de la traduction en vers
de l'Imitation, par Desmarests, n'a point été connue de M. Bruzen
de la Martinière, car il n'aurait sans doute pas manqué d'en faire
aussi mention. Elle n'est pas en effet moins rare que la précédente,
ce qui m'engage à entrer également dans quelques détails à son
égard.

Etant imprimée sur papier plus petit et avec un plus petit
caractère que celle de 1654, elle ne contient que 211 pages de
texte. On y trouve du reste le même frontispice, les quatre mêmes
gravures, le même avertissement, et les mêmes approbations des

docteurs, extrait du privilége du roi et du transport de ce privilége, excepté que ces trois pièces sont placées après l'avertissement, au lieu de l'être à la fin du volume, et qu'on lit au bas
de la dernière : *Achevé d'imprimer, pour la seconde fois, le
6 octobre* 1654.

Peut-être n'est-il pas inutile de faire remarquer que cette
traduction en vers de l'Imitation, terminée, comme l'apprend
le privilége du roi, dès 1639, est bien antérieure à celle de Pierre
Corneille, qui ne l'entreprit qu'en 1653. Il est même présu-
mable que ce n'est que lorsqu'il eut connaissance de la composition de celle-ci que Desmarests se détermina à publier la sienne,
qu'il avait gardée plus de quinze ans dans son portefeuille.

IV. Clovis, ou la France chrestienne, poëme héroïque
 enrichi de plusieurs figures, par J. DESMARESTS. —
 *Paris, Michel Robin et Nicolas Legras,* 1666. Un
 vol. in–12.

V. Marie Madeleine, ou le triomphe de la grace,
 poëme, etc. — V. l'art. *Chapelain* et, en outre, les
 art. *Aspasie, Défense du poëme héroïque,* et *Recueil
 de pièces choisies.*

## DES–MASURES (LOUIS).

Tragédies sainctes. David combattant. David triom-
 phant. David fugitif. Par Louis DES-MASURES. —
 *Anvers, Nicolas Soolmans,* 1582. Un vol. in–8⁰.

Volume rare dont M. de Beauchamps et l'auteur de la Bibliothèque du Théâtre françois paraissent n'avoir point eu connaissance, car ils ne citent des tragédies de Des-Masures que les éditions de 1565, 1566 et 1595.

## DESMOULINS (BENOIT–CAMILLE).

Le vieux Cordelier, par Camille DESMOULINS, suivi de
 sa dernière lettre à son épouse. — *Paris, Desenne,
 l'an* II *de la République.* Un vol. in–8°.

Ce livre, dont le prix était très-élevé avant la réimpression qui
en a été faite vers 1830, a perdu beaucoup de sa valeur depuis.
Cependant les exemplaires de cette première édition, n'ayant
pas pour cela cessé d'être très-rares, sont toujours préférés par
les amateurs.

**DESPORTES (PHILIPPE).**

I. Les OEuvres de Philippe DESPORTES, abbé de Thi-
ron, reveues et corrigées. — *Rouen, Raphaël du
Petit-Val*, 1611. Un vol. in–12.

II. Les premières OEuvres de Philippe DESPORTES. Dernière édition, reveüe et augmentée par l'auteur. —
*Ibid., idem.*, 1617. Un vol. in–12.

**DIALOGUE** très-élégant intitulé le Peregrin. Traic-
tant de l'honneste et pudicq amour, concilié par pure
et sincère vertu. Traduict de vulgaire italien (*de
Jacques* CAVICÉO) en langue françoyse. Par maistre
Françoys DASSY conterouleur des briz de la maryne
en Bretagne et secrétaire du roy de Navarre. Reveu
au long et corrigé oultre la première impression.
Par Jehan MARTIN très-humble secrétaire de hault
et puissant prince le seigneur Maximilian Sforce
Visconte. Et nouvellement imprimé. — *On les vend
à Paris, en la rue Neufve Nostre Dame, à l'enseigne Sainct Nicolas. Mil cinq cens* XXXV. Un vol.
in–8º.

Cette édition ne se trouvant pas au nombre de celles citées et
décrites par M. Brunet, je crois devoir remarquer ici que ce volume est imprimé en caractères semi-gothiques, qu'il se compose
de douze feuillets liminaires, contenant le titre, la table des matières et le *Proesme de l'aucteur*, plus de CCCXXVI feuillets
chiffrés seulement sur le recto, et qu'il est orné de trois gravures en bois.

**DIALOGUES** des vivans *(par l'abbé* BORDELON).—*Paris,
Pierre Prault*, 1717. Un vol. in–12.

Ce livre est le plus rare de tous ceux, en général aujourd'hui
peu communs, publiés par l'abbé Bordelon.

**DICTIONNAIRE** bibliographique, ou nouveau manuel
du libraire et de l'amateur de livres, contenant :
l'indication et le prix de tous les livres, tant anciens

que modernes, qui peuvent trouver leur place dans une bibliothèque choisie ; les renseignemens nécessaires pour distinguer les éditions les plus recherchées ; les signes carastéristiques de leur authenticité ; les prix auxquels les livres ont été portés dans les ventes les plus célèbres, et enfin des notes critiques, historiques et littéraires, à l'aide desquelles on peut se fixer, soit sur l'importance bibliographique, soit sur le mérite de la plupart des ouvrages : augmenté d'un nombre considérable d'articles échappés aux bibliographes précédens, ou relatifs à des ouvrages publiés postérieurement aux leurs; précédé d'un essai élémentaire sur la bibliographie, par M. P\*\*\*\* ( PSAUME ), membre de plusieurs sociétés savantes.—*Paris*, *Ponthieu*, 1824. Deux vol in–8°.

On a inséré à la fin du second volume une lettre autographe, avec signature, de l'auteur.

**DICTIONNAIRE** néologique à l'usage des beaux esprits du siècle *(par l'abbé* DESFONTAINES). Avec l'éloge historique de Pantalon–Phœbus, par un avocat de province *(M.* BEL*)*. Nouvelle édition, corrigée et augmentée de plus de deux cents articles, de la réception de l'illustre messire Christophle Mathanasius à l'Académie Françoise, d'une réponse de monsieur le doyen de l'Académie, des remarques du Pantalon–Phœbéana, ou mémoires, observations et anecdotes au sujet du Pantalon–Phœbus, de deux lettres du rat Calotin à Citron Barbet, au sujet de l'histoire des chats, etc., par l'auteur du Dictionnaire néologique. — *Amsterdam*, *Michel–Charles Le Cène*, 1747. Un vol. in–12.

Cette édition, indiquée, dans le Bulletin du Bibliophile ( première série, n° 2051 ), comme étant in–8°, n'a point été mentionnée par M. Barbier, qui en cite quatre autres également in–12. Savoir : deux *Paris*, *Lottin*, 1726 et 1727, et deux *Amsterdam*, *Arkstée et Merkus*, 1728 et 1750.

**DIDOT** (PIERRE).

Spécimen des nouveaux caractères de la fonderie et de l'imprimerie de P. DIDOT, l'aîné, chevalier de l'ordre de Saint–Michel, imprimeur du roi et de la chambre des pairs, dédié à Jules Didot, fils, chevalier de la Légion d'Honneur. — *Paris, P. Didot, l'aîné, et Jules Didot, fils*, 1819. Un vol. in–4°.

Ce volume, que M. Didot n'a fait tirer qu'à un petit nombre d'exemplaires, pour cadeaux, ne laisse pas que d'être rare. Les amateurs le recherchent autant pour la beauté de l'exécution typographique que parce qu'il contient vingt pièces de poésies légères, toutes de la composition de M. P. Didot, qui ne se trouvent point ailleurs.

**DISCOURS** satyriques et moraux ou satyres générales *(par Louis* PETIT*).* — *Rouen, Richard Lallemant,* 1686. Un vol. in–12. — V. l'art. *OEuvres diverses du* S^r *D\*\*\**.

**DISCOURS** véritable sur la mort, funérailles et enterrement de deffunct messire André de Brancas, en son vivant chevalier, seigneur de Villars, conseiller au conseil d'estat et privé du roy, cappitaine de cent hommes d'armes de ses ordonnances, gouverneur et lieutenant–général pour sa majesté ès ville et bailliages de Rouen, Caux, Havre–de–Grace, et admiral de France. — *Rouen, Richard Lallemant,* 1595. Un vol. in–12.

**DOLET** (ÉTIENNE).

Stephani DOLETI orationes duæ in Tholosam. Ejusdem epistolarum libri II. Ejusdem carminum libri II. Ad eundem epistolarum amicorum liber. — Un vol. in–8°.

Voici ce que porte une note manuscrite placée en tête de ce volume :

« Ce recueil, rare et curieux, sortit des presses de Séb. » Griphe, en 1530 ou 1534.

» Tout porte à croire que Dolet, alors présent à Lyon, pré-
» sida lui-même à l'impression, et que la lettre où Finetius
» annonce qu'il publia furtivement ces opuscules, n'est qu'une
» ruse de leur auteur. »

**DORANGE** (JACQUES-NICOLAS-PIERRE).

Les Bucoliques de Virgile, traduction nouvelle, en
  vers francais, par P. DORANGE. — *Paris, Delaunay,*
  1809. Un vol. in-12.

Contenant un hommage à M. Coupigny, écrit de la main et
revêtu de la signature de l'auteur.

**DORÉ** (PIERRE).

I. La première partie des Collations royalles, contenant
   l'exposition de deux psalmes davidiques, c'est à scavoir du 24 et 26. En l'ung le chevalier errant
   cherche son chemin : en l'autre le chevalier hardy,
   suyt la lumière, qui le conduyt. Autheur, F. Pierre
   DORÉ, docteur en théologie.

   — La seconde partie des Collations royalles, contenant le trespas du roy des chevaliers chrestiens, mort au
   lict d'honneur, en la croix : selon que David l'enseigne
   au psalme 21. Avec ung nouvel office de la desponsa-
   tion de la B. vierge Marie. Autheur F. Pierre DORÉ,
   docteur en théologie.—*On les vend à Paris, en la rue
   S. Jacques, par Jehan Ruelle* (1546). Deux vol. in-8".

Cet ouvrage est le plus rare de tous ceux de Pierre Doré, que
l'on recherche pour leur singularité.

II. La Piscine de patience. Autheur F. Pierre DORÉ,
    docteur en théologie. Avec le Miroir de patience veu
    et corrigé, par le mesme autheur. — *Paris, Benoist
    Prevost*, 1550. Un vol. in-16.

III. Les Voyes de Paradis, enseignées par nostre sau-
     veur et rédempteur Jésus-Christ en son Evangile, en-
     semble les Allumettes du feu divin : où sont déclarez les
     principaux articles et mystères de la passion de nostre

sauveur Jésus-Christ, par F.-Pierre Doré, docteur en théologie de l'ordre des Frères-Prescheurs. Dernière édition nouvellement reveue et corrigée, outre les précédentes impressions. — *Lyon, Pierre Rigaud*, 1605. Un vol. in-16.

On peut consulter le Supplément au Manuel du Libraire de M. Brunet, sur quelques éditions de ce livre antérieures à celles-ci, dont il ne fait point mention. Il est rare d'en trouver des exemplaires bien conservés et complets. C'est ce qui m'engage à le faire connaître avec quelques détails.

Après le titre, qui occupe la première page, la seconde étant blanche, on lit à la troisième une *Epistre envoyée par F.-Pierre Doré, docteur en théologie, à une dévote, sœur religieuse au monastère royal de Possy*. A la suite de cette épître, qui se termine à la page 5, se trouvent quatre vers de *l'auteur à son livre*. Les pages 6, 7 et 8 contiennent un avis du libraire au lecteur, daté de Lyon, *le 20 febvrier* 1586. A la page 9 est un *sonnet de l'utilité du présent livre*. La page 10 offre une gravure sur bois, représentant le Christ sur le calvaire, entre la sainte Vierge et saint Jean-Baptiste. *Les Allumettes du feu divin, pour faire ardre les cœurs humains en l'amour et crainte de Dieu*, commencent à la page 11 et finissent à la page 342 inclusivement. La page 343 contient un nouveau titre portant *les Voyes de Paradis, enseignées par nostre sauveur Jesus-Christ, etc.* Les pages 345 et 346, la 344e étant blanche, renferment une épître dédicatoire *à très-vertueuse et noble dame Françoise du Bouchet, comtesse de Montfort. Les Voyes de Paradis, qui sont huict en somme, etc.*, commencent à la page 347 et finissent à la page 478 inclusivement. Viennent ensuite huit feuillets non chiffrés, contenant la table des matières des Allumettes du feu divin, celle des Voyes de Paradis, un avis au lecteur catholique, un mémoire des livres spirituels dont on doit faire provision et les lire souvent, et enfin la même gravure que celle qui se trouve à la page 10.

**DISSERTATION** sur le commencement du siècle prochain et la solution du problême, sçavoir laquelle des deux années 1700 ou 1701, est la première du siècle. (*par* Delaisement). — *Paris, Jean Moreau*, 1699.

On a relié à la suite cinq autres opuscules publiés la même année à Paris chez le même libraire, dont voici les titres :

1º Lettre critique de M***, bachelier en théologie, à

l'auteur de la dissertation sur le commencement du siècle prochain, avec la réponse à la mesme lettre.

2° INTRODUCTION à la chronologie, pour faciliter la connaissance des temps. Par M. DELAISEMENT, professeur au collége royal de Navarre.

3° NOUVELLE dissertation sur le siècle prochain, où l'on fait voir que l'année 1700 est la première du siècle, par M.... D., avocat au parlement.

4° LA QUERELLE des auteurs sur le commencement du siècle prochain.

5° LA QUESTION décidée sur le sujet de la fin du siècle : si l'année 1700 est la dernière du dix-septième siècle, ou la première du dix-huit. Dédié à M. le comte d'Ayen, par M. MAILEMENT DE MESSANGE.

La question agitée dans ces six opuscules s'étant reproduite en 1799, ils acquirent un intérêt de circonstance qui les fit rechercher à cette époque. En attendant que la fin du XIXᵉ siècle, où l'on pourra s'en occuper de nouveau, les remette en faveur, ils n'ont de mérite aux yeux des amateurs qu'autant qu'ils se trouvent tous réunis, comme dans le volume dont il s'agit ici.

## DOVALLE (CHARLES).

Le Sylphe, poésies de feu Ch. DOVALLE, précédées d'une notice par M. Louvet, et d'une préface par Victor Hugo. — *Paris, Ladvocat,* 1830. Un vol. in-8°.

Ce livre est du nombre de ceux dont on peut dire *habent sua fata.* En effet, les circonstances dans lesquelles il parut étaient si peu favorables à la poésie, que, malgré le charme des pièces qu'il contient, l'intérêt attaché au souvenir de leur jeune et malheureux auteur, et la beauté d'une exécution qui ne laisse rien à désirer, son existence fut à peine remarquée. Aussi tomba-t-il d'abord dans un tel discrédit, qu'on le rencontrait fréquemment sur les quais où il était offert à un franc, et souvent même au-dessous. Mais, mieux apprécié à la longue, il a fini par recouvrer la faveur qu'il avait perdue, et le nombre d'exemplaires qui, comme on dit, avaient été *gâchés,* ajoutant à son mérite réel celui de la rareté, on l'a vu porter, dans les ventes, jusqu'à 10 ou 15 francs, prix auquel il s'est toujours soutenu depuis.

## DOVÉ (l.-c.).

Les Amants déguisez, comédie en trois actes, par M. L.-C. Dové (*masque de l'abbé* Pierre-Charles Fabiot-d'Aunillon). — *Paris, Louis Delatour, etc.*, 1728. In-8°.

## DROYN (gabriel).

Le royal Syrop de pommes, antidote des passions mélancholiques. Par Gabriel Droyn docteur en médecine. — *Paris, Jean Moreau*, 1615. Un vol. in-8°.

## DUBOIS (louis).

Archives annuelles de la Normandie, historiques, monumentales, littéraires et statistiques, publiées par M. Louis Dubois, ancien bibliothécaire, membre de plusieurs académies de Paris, des départemens et de l'étranger. — *Caen, Mancel*, 1824 *et* 1826. Deux vol. in-8°.

Ce recueil, qui avait été annoncé comme devant paraître périodiquement tous les ans, n'a point été continué. Ces deux volumes, les seuls qui en aient paru, se vendaient 6 fr. chacun au moment de leur publication, mais ils ont bien augmenté de prix quand l'édition a été épuisée. Le premier, imprimé sur un papier et avec des caractères plus petits que le second, et sur le titre duquel on lit *première année*, est le plus rare et le plus recherché. Je l'ai vu vendre seul jusqu'à 15 fr.

## DUBUC (guillaume).

Opuscules scientifiques concernant la chimie, l'histoire naturelle, l'industrie et l'économie rurale, de M. Guillaume Dubuc, ancien pharmacien, membre de l'académie royale des sciences, belles-lettres et arts............ de l'académie ébroïcienne, etc., etc.; recueillies et mises en ordre par M. Dubuc fils, pharmacien, président de la Société des Pharmaciens, membre du jury de médecine, de la Société d'Agriculture de Rouen, etc. — *Rouen, imprimé par D. Brière*, 1837. Un vol. in–8°.

Ce recueil, tiré à 100 exemplaires seulement, n'a point été mis en vente. On a inséré à la fin de l'exemplaire indiqué ici une lettre autographe, avec signature, de l'auteur.

## DUCHESNE (ANDRÉ).

Bibliothèque des autheurs, qui ont escrit l'histoire et topographie de la France, divisée en deux parties, selon l'ordre des temps et des matières. Seconde édition, reveuë et augmentée de plus de deux cens historiens. Par André DU CHESNE, géographe du roy. — *Paris, Sébastien Cramoisy*, 1627. Un vol. in–8°.—V. l'art. *Antiquitez (les) et Recherches*, etc.

## DUELLISTE (le) mal–heureux, tragi–comédie, pièce nouvelle plaine d'instricues à la mode, suivant le temps, non jamais veuë ou imprimée. — *Rouen, Guillaume De La Haye*, 1636. In–4°.

## DUFOUR.

Les Remédes contre l'amour, travestis des vers latins d'Ovide, en vers burlesques et divisez en dix chapitres, par le sieur DUFOUR, médecin. — *Paris, Olivier de Varennes*, 1666. Un vol. in–12.

## DUHAMEL DU MONCEAU (HENRI–LOUIS).

I. De l'Exploitation des bois, ou moyen de tirer un parti avantageux des taillis, demi–futaies et hautes–futaies, et d'en faire une juste estimation; avec la description des arts qui se pratiquent dans les forêts: faisant partie du traité complet des bois et des forêts. Par M. DUHAMEL DU MONCEAU, de l'Académie royale des Sciences, de la Société R. de Londres, de l'Acad.

imp. de Pétersbourg, des Académies de Palerme et de Besançon ; honoraire de la Société d'Edimbourg et de l'Académie de Marine, de plusieurs Sociétés d'Agriculture ; inspecteur-général de la Marine ; ouvrage enrichi de figures en taille-douce. — *Paris, H.-L. Guerin et L.-F. Delatour*, 1764. Deux vol. in-4°.

II. Du transport, de la conservation et de la force des bois, où l'on trouvera des moyens d'attendrir les bois, de leur donner diverses courbures, surtout pour les vaisseaux, et de former des pièces d'assemblage pour suppléer au défaut des pièces simples, faisant la conclusion du traité complet des bois et des forêts, par M. Duhamel du Monceau, de l'Académie royale des Sciences, *etc.*, *etc.*, ouvrage enrichi de figures en taille-douce. — *Paris, L.-F. Delatour*, 1767. Un vol. in-4°.

## DUMAS (s.).

Lydie, fable champestre imitée en partie de l'Aminthe du Torquato Tasso, dédiée à la reyne Marguerite, par le Sr Dumas. — *Paris, Jean Millot*, 1609. Un vol. in-8°.

Ce volume contenant, outre la fable champestre de *Lydie, les OEuvres meslées* (toutes en vers) *du Sr Dumas*, est très-rare.

## DUNCIADE (la), poème. Nouvelle édition, augmentée de la généalogie du Chien de la Sottise. — *Paris, an xi (1805).* Un vol. in-8°.

Très-bel exemplaire sur papier vélin, à la fin duquel on a ajouté un billet autographe, avec signature, de l'auteur, M. Palissot.

Les amateurs recherchent encore une édition de la Dunciade, publiée à Paris chez Barrois l'aîné, en l'an v (1797), un vol. in-18, parce qu'elle contient *une pièce* (de M. Palissot) *qui fut long-tems un secret d'état et qui n'avait jamais paru.*

**DURANT** (f.-m.-a.).

La Magdaliade, ou esguillon spirituel pour exciter les
ames pécheresses à quitter leurs vanitez, et faire pénitence, à l'exemple de la très-saincte pénitente
Magdaleine, par F.-M.-A. Durant, chartreux. —
*Tours, Marc Nyon*, 1622. Un vol. in-12.

**DUVERDIER** (antoine).

Les diverses Leçons d'Antoine Duverdier, sieur de
Vauprivaz, gentilhomme foresien et ordinaire de la
maison du roy, suivans celles de Pierre Messie. Contenans plusieurs histoires, discours et faicts mémorables. Augmentées par l'autheur en ceste cinquiesme
édition de trois discours trouvez après le décez de
l'auteur en ses papiers, du Duëil, de l'honneur
et de la noblesse, avec deux tables, l'une des chapitres, l'autre des principales matières y contenües.
—*Tournon, Claude Michel*, 1610. Un vol. in-8°.
— V. l'art. *Lacroix du Maine.*

# É.

**ÉDOUARD**, tragi-comédie (*par* Gautier de Costes,
*sieur* de la Calprenède).—*Paris, Augustin Courbé,*
1640. In-4°.

**ÉDUCATION** (de l') d'un prince, divisée en trois parties,
dont la dernière contient divers traittez utiles à tout
le monde.—*Suivant la copie de Paris, à Bruxelles,
Lambert Marchant*, 1671. Un vol. in-12.

Quoique l'approbation des docteurs indique *le sieur de
Chanteresne* comme auteur de ce livre, personne n'ignore
aujourd'hui qu'il est sorti de la plume du célèbre port-royaliste
Nicole, qui crut devoir, en le publiant, se couvrir de ce masque,
comme il prit celui du *sieur de Mombrigny*, en faisant paraître
le premier volume de ses *Essais de morale*. — V. cet article.

ÉDUCATION (de l') publique. — *Amsterdam* (Paris), 1762. Un vol. in–12.

M. Barbier, après avoir d'abord attribué cet ouvrage à Diderot, et même manifesté quelque surprise de ce que M. Naigeon ne l'avait point fait entrer dans la collection des œuvres de ce philosophe, en ayant rencontré depuis un exemplaire contenant une note manuscrite qui le donne à M. Crevier, finit par indiquer ce dernier comme en étant véritablement l'auteur. Cette opinion se trouve pleinement confirmée dans la préface des Mémoires historiques de Frédéric II, dit le Grand, etc., par P.-R. Auguis. Voici ce qu'on y lit à cet égard :

« N'est-il pas ridicule d'avoir attribué à Diderot le Traité de » l'Éducation publique dont il est parlé à la page 349 du tome 3 » de la première partie de la Correspondance de Grimm; et » n'est-il pas plus raisonnable de dire que c'est l'ouvrage du » professeur Crevier ? »

ΕΙΚΩΝ ΒΑΣΙΛΙΚΗ. The pourtraicture of his sacred majestie in his solitudes and sufferings. — 1648. Un vol. in–8°. — V. l'art. *Milton.*

M. de Châteaubriand, dans ses Quatre Stuarts, assure qu'il est reconnu aujourd'hui que le docteur Gauden est l'auteur de cet ouvrage, attribué long-temps à Charles Ier.

ÉLOGE (l') de l'yvresse *(par* de Sallengre ). Seconde édition, revuë et corrigée. — *La Haye, Pierre Gosse*, 1715. Un vol. in–8°.

ÉLOGE des Normands ou histoire abrégée des grands hommes de cette province. — *Paris, Charles Guillaume et Charles Robustel*, 1748. Deux parties en un vol. in–12.

Cet ouvrage, attribué par les continuateurs du père Lelong à dom Lecerf, bénédictin, n'est que la réimpression, avec quelques additions, de celui de M. l'abbé Rivière, publié sous le même titre, en un seul volume in–12, à Paris, en 1731, et reproduit depuis, en grande partie, dans les treizième et quatorzième numéros des Nouveaux Amusemens sérieux et comiques.

ENFER (l') burlesque, ou le sixiesme *(livre)* de l'Enéïde travestie, et dédiée à mademoiselle de Chevreuse.

Le tout accomodé à l'histoire du temps. — *Jouxte la copie imprimée à Anvers, à Paris,* 1649. Un vol. in–12.

« Cet écrit est trop satirique. Comme il parut dans un temps
» de trouble, il se sent de la licence qui y régnait. C'est avec
» raison que l'auteur dit qu'il l'a accommodée à l'histoire du
» temps : il quitte souvent Virgile pour des faits récens qu'il
» brode comme il lui plaît. Il a dédié son ouvrage à M<sup>lle</sup> de Che-
» vreuse, et la dédicace est signée M. C. P. D. (*lisez* C. M. C. P. D.):
» c'est une énigme que je laisse à deviner à un écrivain qui tra-
» vaille depuis long-temps à nous dévoiler les anonymes et pseu-
» donymes françois. »

J'ajouterai à cette note de M. l'abbé Goujet que le mot de l'énigme dont il parle n'a point encore été trouvé, et que le nom de l'auteur de l'Enfer burlesque est resté inconnu.

**EPIGRAMMATA** et poematia varia quorum pleraque nunc primum ex antiquis codicibus et lapidibus, alia sparsim antehac errantia, jam undecumque collecta emendatiora eduntur. Indicem singulorum paginæ sequentes exhibebunt ( *edente Petro* PITHEO ). — *Parisiis, apud Nicolaum Gillium,* 1590. Un vol. in–12.

**ÉPIMÉNIDE** L'INSPIRÉ.

Cataractes de l'imagination, déluge de la scribomanie, vomissement littéraire, hémorrhagie encyclopé- dique, monstre des monstres, par EPIMÉNIDE l'inspiré (*masque de* CHASSAGNON). — *Dans l'Antre de Tro- phonius au pays des visions* (Lyon), 1779. Quatre vol. in–12.

Cette bizarre production, bien digne de figurer parmi les livres excentriques, est citée, à cause de sa rareté, par M. Psaume, qui observe, avec raison, qu'on n'a pas beaucoup à regretter qu'elle ne soit pas plus commune.

**ÉPITRES** aux François, aux Anglois et aux républicains de Saint–Martin. — *Paris, Didot l'aîné,* 1789. Un vol. in–4°.

Le faux-titre porte *Poésies françoises d'un prince étranger.*
Une note écrite au verso de ce faux-titre nous apprend que
« cet ouvrage, tiré pour des présens, est du prince BÉLO-
» SELSKI, russe, à qui Voltaire a adressé de jolis vers. »

On assure que Marmontel n'a pas été étranger à la publication et même peut-être à la composition de ces épîtres. Il en a
été fait un tirage in-8°; mais les exemplaires de ce format,
quoiqu'aussi rares que ceux in-4°, sont moins prisés des amateurs.

**EROTOPÆGNION,** sive priapeia veterum et recentiorum. Veneri jocosæ sacrum (*edente D.* NOEL). —
*Lutetiæ Parisiorum, C.-F. Patris,* 1798. Un vol.
in–8°.

On a relié à la suite :

1° MONITA amoris virginei sive officium puellarum in
castis amoribus, emblemate expressum autore Jacob
CATS, j. c^to, equite aurato, illustr. ord. Holland.
syndicorum quondam primicerio, magni sigilli cus-
tode, rerum feudalium præfecto vicario et ad sereniss.
Anglorum remp. legato principe.—*Hamburgi,* 1786.

2° Poëtæ rusticantis (BOUREAU DESLANDES) litteratum
otium. Tertia editio prioribus auctior. — *Londini*
(Paris, Ganeau), 1752.

M. Barbier, après avoir indiqué la première édition de ce dernier recueil sous la rubrique de Londres, et à la date de 1713,
ajoute :

« Philippe fit imprimer ces poésies de nouveau en 1741, dans
» le tome XII des Amusements du Cœur et de l'Esprit, comme
» n'ayant point encore été publiées et sans nommer l'auteur :
» l'édition de 1752 est la plus complète. »

**ERROTIKA** Biblion (*par le comte de* MIRABEAU). — *A
Rome, de l'imprimerie du Vatican* (Paris), 1783. Un
vol. in–8°.

Édition originale dont les exemplaires sont d'autant plus
rares que, la police l'ayant fait saisir, il ne s'en répandit dans le
public que quatorze, si l'on en doit croire M. Chaudon. La
réimpression faite à Paris par Jay, en 1791, quoique bien moins
chère, ne laisse pas que d'être encore recherchée, étant beau-

coup supérieure aux différentes contrefaçons qui ont paru depuis, et dont une porte la même date et la même rubrique que l'édition dont il s'agit ici. Mais elle a été exécutée avec des caractères et sur un papier qui diffèrent trop de ceux employés à l'impression de celle-ci pour qu'on puisse les confondre.

**ESSAIS** de morale, contenus en divers traittez sur plusieurs devoirs importans, volume premier. Nouvelle édition, revuë et corrigée *(par Pierre* NICOLE). — *Suivant la copie imprimée à Paris chez la veuve Charles Savreux* (Hollande, Elzevier), 1672. Un vol. in–12.

Ce premier volume des Essais de Morale est le seul qui soit sorti des presses des Elzevirs. Il est aujourd'hui assez rare pour avoir échappé aux recherches de M. Berard, qui n'en a point fait mention dans son Essai Bibliographique sur ces imprimeurs célèbres. Il est à remarquer que, conformément à l'usage des solitaires de Port-Royal, de ne produire leurs ouvrages que sous le masque d'un pseudonyme, Nicole avait, en publiant celui-ci, emprunté le nom *du sieur de Mombrigny*, ainsi qu'on le voit dans l'approbation des docteurs, donnée à Paris le 1er avril 1671.

**ESTHER**, tragédie tirée de l'Escriture Sainte. — *Paris, Denys Thierry*, 1689. Un vol. in–12.

Cette édition originale de la tragédie d'Esther ne laisse pas que d'avoir, à ce titre, certain prix pour les amateurs de ces sortes de curiosités littéraires; mais ce qui la distingue particulièrement et lui donne un autre mérite, c'est qu'elle contient le privilége du roi, donné à Versailles le 3 février 1689, qui n'est guère connu que par la mention que Racine le fils en a faite dans ses Mémoires sur la vie de son père. La rareté de ce document, intéressant sous plus d'un rapport, me fait espérer que l'on ne sera pas fâché d'en retrouver ici les passages les plus remarquables. Voici donc ce qu'on y lit :

« Louis, par la grace de Dieu, *etc., nos très chères et bien* » *amées les dames de la communauté de Saint-Louis* nous » ayant fait remontrer que notre cher et bien amé le sieur » RACINE, ayant à leur prière, et pour l'édification des jeunes de- » moiselles confiées à leur conduite, composé un *ouvrage de* » *poésie* intitulé *Esther*, tiré de l'Escriture Sainte, et propre » à estre récité et a estre chanté : *elles* ont considéré que cet » ouvrage pourroit aussi servir à l'édification de plusieurs per- » sonnes de piété, et estre principalement utile à plusieurs

» communautez et maisons religieuses, où l'on a pareillement
» soin d'élever la jeunesse et de la former aux bonnes mœurs :
» c'est pourquoy *elles* désireroient le donner au public ; ce que
» ne pouvant faire sans avoir nos lettres de permission, *elles*
» nous ont très-humblement fait supplier de les leur vouloir
» accorder. A ces causes, sachant l'utilité que le public en pourra
» recevoir, et *ayant vu nous mesmes plusieurs représenta-*
» *tions dudit ouvrage dont nous avons esté satisfaits*, nous
» avons, *aux dames de la dite communauté de Saint-Louis*,
» permis et accordé, permettons et accordons de faire imprimer
» ledit ouvrage, tant les paroles que la musique, *etc.*

» Faisant défense à tous libraires, imprimeurs et autres,
» d'imprimer, faire imprimer, vendre et distribuer ledit ouvrage,
» sous quelque prétexte que ce soit, même d'*impression étran-*
» *gère,* sans le consentement desdites dames ou de leurs ayans
» cause, *sur* peine de confiscation, *etc.*

» Avec pareilles défenses *à tous acteurs et autres montans*
» *sur les théâtres publics d'y représenter ny chanter ledit*
» *ouvrage*, sous les mesmes peines. »

## ESTIENNE (HENRI).

I. L'introduction au traitté de la conformité des merveilles anciennes avec les modernes : ou traitté pré-
paratif à l'apologie pour Hérodote. L'argument est
pris de l'apolog. pour Hérodote, composé en latin
par Henri ESTIENNE, et est ici continué par lui-
mesme, reveu et corrigé de nouveau : avec deux
tables. — *Lyon*, *Benoist Rigaud*, 1592. Un vol.
in-8°.

Cette édition est citée par M. de Sallengre uans ses Mémoires
de Littérature, comme étant la onzième, en prenant pour point de
départ celle publiée, sans indication de lieu, en 1566, qui passe
généralement pour la première.

II. Apologie pour Hérodote. Ou traité de la conformité
des merveilles anciennes avec les modernes. Par
Henri ESTIENNE. Nouvelle édition faite sur la première : augmentée de tout ce que les postérieures ont
de curieux, et de remarques, par M$^r$ Le Duchat,
avec une table alphabétique des matières.—*La Haye*,
*Henri Scheurleer*, 1735. Deux tomes en trois vol.
in-8°.

On indique ordinairement ce livre comme étant divisé en trois tomes, ce qui est inexact. Il n'en forme réellement que deux, que l'on doit relier en trois volumes. La table générale des matières, avec un avis dont elle est précédée, contenant 25 feuillets non chiffrés, se trouve à la fin du premier volume, qui, sans cela, ne serait pas d'une grosseur proportionnée à celle des deux autres. Ce premier volume comprend, outre la table dont il vient d'être parlé, deux divisions de pièces liminaires, l'une de 36 et l'autre de 48 pages numérotées en chiffres romains, et 200 pages de texte. Le second volume, dont le titre porte : *tome premier, seconde partie*, commence à la page 201, et se termine à la page 624, au bas de laquelle on lit : *fin du tome I*. Enfin, le troisième volume, sur le titre duquel se trouve : *tome second*, contient 2 feuillets liminaires non chiffrés et 434 pages de texte.

Je crois devoir remarquer encore ici que MM. Brunet, Psaume, etc., se sont trompés en assurant que cette édition ne contient point deux pièces qui se trouvent dans celle de Guillaume Des Marèscs, 1572, savoir : la *Prosopopée de l'idole aux pélerins* et le *Huitain de S. B. aux frères razés* [1]. Cette assertion n'est fondée que quant à cette dernière pièce, un peu trop libre, pour ne pas dire sale, au jugement de M. de Sallengre, car la *Prosopopée de l'idole aux pélerins* a été insérée dans le tome I, à la suite de l'avertissement, page XXI, de premières pièces liminaires. — V. l'art. *Moyen (le) de parvenir*.

ÉTAT de l'homme dans le péché originel, où l'on fait voir quelle est la source et quelles sont les causes et les suites de ce péché dans le monde *(traduit du latin de* BEVERLAND*)*. — *Imprimé dans le monde, en* 1714. Un vol. in–8°.

ÉTIENNE ( CHARLES–GUILLAUME ).

Théâtre de M. ETIENNE, de l'Académie Française, contenant les pièces qu'il a composées seul ou en société, pour l'Académie royale de Musique, le Théatre–Français, celui de l'Opéra–Comique, etc., avec une notice sur l'auteur, des remarques et l'examen critique de la plupart de ses pièces. — *Rouen, pour un amateur,* 1824. Trois vol. in–8°.

---

[1] Et non *rares*, comme on lit, par erreur, dans le Dictionnaire Bibliographique de Psaume.

Sous ce titre, imprimé à un seul exemplaire, on a réuni aux deux premiers volumes de la partie de la Bibliothèque Dramatique, etc., consacrée aux auteurs contemporains, et contenant les principaux ouvrages de M. Etienne, avec des notices, remarques, etc., toutes les autres pièces de cet auteur qui n'y ont point été insérées; ce qui complète son théâtre. Voici les titres des différentes pièces, la plupart aujourd'hui très-rares, qui le composent, et l'ordre dans lequel elles se trouvent classées dans cette collection, probablement unique :

Tome I : Notice sur M. Etienne ; extrait de la Biographie des Contemporains ; discours de réception à l'Institut : *le Pacha de Surêne*; examen du Pacha de Surêne : *la petite Ecole des Pères* ; examen de la Petite Ecole des Pères : *une Heure de mariage* ; examen d'une Heure de mariage : *la jeune Femme colère* ; notice historique sur le sujet et sur la pièce de la jeune Femme colère ; examen de la jeune Femme colère : *Bruis et Palaprat*, notice historique sur le sujet et sur la pièce de Bruis et Palaprat : *un Jour à Paris*, examen d'un Jour à Paris : *les deux Mères* : *les Maris en bonne fortune*.

Tome II : *Cendrillon*; Cendrillon, conte de Perrault; détails historiques sur Cendrillon ; examen de Cendrillon : *les deux Gendres*; histoire de Jean Conaxa ; notice historique sur le sujet et sur la pièce des deux Gendres ; examen des deux Gendres : *Joconde*; notice historique sur le sujet et sur la pièce de Joconde ; examen de Joconde : le *Rossignol*; préface de l'auteur; détails historiques sur le Rossignol ; examen du Rossignol : *les Plaideurs sans Procès*; préface de l'auteur; examen des Plaideurs sans Procès.

Tome III : *Isabelle de Portugal*; *Gulistan* ; *l'Intrigante* ; *l'Oriflamme*; *Jeannot et Colin*; *Racine et Cavois*; *les deux Maris*; *l'Une pour l'Autre*; *Aladin ou la Lampe Merveilleuse*.

ÉVÉNEMENS de Paris, des 26, 27, 28 et 29 juillet 1830. Par plusieurs témoins oculaires. Quatrième édition, continuée jusqu'au serment de Louis–Philippe Ier, et augmentée de la Charte, avec l'indication comparée des nouvelles modifications, de plusieurs articles intéressans, et de la Marche Parisienne, de M. Casimir Delavigne, avec la musique. — *Paris*, Audot, 1830. Un vol. in–18.

Ce livre n'est recherché que lorsqu'il est, comme celui dont il s'agit ici, du petit nombre d'exemplaires tirés sur trois sortes de papiers de couleur différente : un tiers bleu, un blanc et un rouge.

**ÉVESQUE** (l') de cour, opposé à l'évesque apostolique. Premier *(et second)* entretien, *etc. (par Jean* LENOIR, *sous le nom de l'abbé* VÉRITÉ).—*Cologne*, 1674. Un vol. in–12.

Les troisième, quatrième et cinquième entretiens, ayant chacun une pagination différente et un titre particulier, portant la date de 1675, se trouvent à la suite des deux premiers dans ce volume, qui contient en outre un autre ouvrage également dirigé contre l'évêque d'Amiens, intitulé :

Premier extraordinaire de l'évesque de cour, touchant la domination épiscopale exercée dans le diocèse d'Amiens. Mémoire des concussions, simoniaques et autres excez et violences qui se commettent par monsieur l'évesque d'Amiens dans le gouvernement de son diocèse, où l'on voit jusqu'où les évesques de cour portent l'hérésie de la domination épiscopale, et l'abomination de la désolation séante dans le lieu saint, selon qu'elle a été prédite par le prophète Daniel, afin que celui qui en lit le recit avec intelligence la puisse reconnaître et la détester. Le tout envoyé à l'abbé Vérité, par un ecclésiastique du diocèse d'Amiens. — *Cologne*, 1675. Un vol. in–12.

M. Barbier, qui ne fait point mention de ce dernier ouvrage, indique le premier sous ce titre peu exact : *l'Évesque de cour, opposé à l'Évesque apostolique, par l'abbé Vérité*, et ajoute : *sans indication de lieu*, 1674, *petit in-12.* — *Cologne*, 1682, 2 *vol. in-12.*

On voit que cette énonciation contient plusieurs erreurs, puisque le pseudonyme de *l'abbé Vérité* ne se trouve point sur le titre, que les deux premiers entretiens seuls ont paru en 1674, les trois derniers n'ayant été publiés que l'année suivante ; et enfin, que la première édition, loin d'avoir été imprimée *sans indication de lieu*, a paru, comme celle de 1682, qui n'est peut-être que la même, avec un autre titre, sous la rubrique de *Cologne*.

**EXAMEN** du discours publié contre la maison royalle de France, et particulièrement contre la branche de Bourbon, seule reste d'icelle ; sur la loy salique, et succession du royaume. Par un catholique, aposto-lique, romain, mais bon françois et très-fidèle subjet de la couronne de France ( *Pierre* DE BELLOY ). Imprimé nouvellement. —1587. Un vol. in–8º.

**EZOUR–VEDAM** ( l' ), ou ancien commentaire du Vedam, contenant l'exposition des opinions religieuses et philosophiques des Indiens. Traduit du samscretan par un Brame. Revu et publié avec des observations préliminaires, des notes et des éclaircissemens. — *Yverdon, M. de Felice*, 1778. Deux vol. in–12.

« Cet ouvrage, qui a été traduit dans l'Inde par un jésuite » nommé NOBILI, fut envoyé par lui à Voltaire, qui l'accueillit » avec empressement et le remit à M. DE SAINTE-CROIX, qui » s'en rendit l'éditeur. » (*Note de M. de Manne.*)

# F.

**FABLIAUX** et Contes des poètes françois des XII, XIII, XIV et XV<sup>es</sup> siècles, tirés des meilleurs auteurs (*par* BARBAZAN ). — *Paris, Vincent*, 1756. Trois vol. in–12.

**FAIL** ( NOEL DU ).

I. Les Contes et Discours d'Eutrapel, par Noël DU FAIL, seigneur de la Hérissaye, gentilhomme breton. — 1732. Deux vol. in–12.

II. Discours d'aucuns propos rustiques, facécieux et de singulière récréation: ou les ruses et finesses de Ragot, capitaine des gueux, etc., par Léon LADULFI (Noël DU FAIL), seigneur de la Hérissaye, gentil-homme breton. — 1732. Un vol. in–12.

**FARCE** ( la ) de maistre Pierre Pathelin ( *attribuée à Pierre* BLANCHET), avec son testament à quatre personnages, nouvelle édition. — *Paris, Antoine-Urbain Coustelier*, 1723. Un vol. in–8°.

**FARIN** (FRANÇOIS).

Histoire de la ville de Rouen. Par M. F. FARIN, prieur du Val. Troisième édition, revue, augmentée et corrigée, suivant les mémoires fournis par la noblesse ( *avec le plan* ). — *Rouen, Bonaventure Lebrun*, 1738. Deux vol. in–4°.

Cette histoire de la ville de Rouen est bien moins rare que celle du même auteur, qu'il fit paraître sans y mettre son nom, en 1668, trois vol. in-12. Elle ne laisse cependant pas que d'être encore recherchée, surtout lorsque l'on trouve à la tête du premier volume un plan de la ville de Rouen, qui manque dans beaucoup d'exemplaires. — V. l'art. *Histoire de la ville de Rouen.*

**FAUCHET** (CLAUDE).

Les OEuvres de feu M. Claude FAUCHET premier président en la cour des Monnoyes. Reveues et corrigées en ceste dernière édition, supléées et augmentées sur la copie, mémoires et papiers de l'autheur, de plusieurs passages et additions en divers endroits. A quoi ont encore esté adjoutées de nouveau deux tables fort amples, l'une des chapitres et sommaires d'iceux, l'autre des matières et choses plus notables.—*Paris, Jean de Heuqueville*, 1610. Deux vol. in–4°.

Cette édition, dans laquelle se trouve le *Recueil de l'origine de la langue et poésie françoise, ryme et romans, plus les noms et sommaires des œuvres de CXXVII poëtes françois, vivans avant l'an MCCC*, est bien préférable à celle qui parut à Genève l'année suivante.

**FAUNILLANE**, ou l'infante Jaune, conte. *Sur l'un des deux imprimés in–quarto, Badinopolis, les frères Ponthommes.* — (Paris, Prault), 1767. Un vol. in–12.

M. le comte DE TESSIN, ministre plénipotentiaire de Suède en France, ayant composé en 1741 ce badinage, qui est une espèce d'allusion à plusieurs personnes de sa société, le fit imprimer à deux exemplaires seulement, in-4°, avec dix estampes gravées d'après les dessins de MM. Barbier et Cochin. Le libraire Prault, à qui il avait laissé les cuivres de ces estampes, témoignant un jour à M. Duclos le regret qu'il éprouvait de n'en pouvoir tirer aucun parti, celui-ci, après les avoir examinées, lui dit qu'il y aurait peut-être moyen de les employer, en composant un nouveau conte auquel on pourrait les adapter, et, en moins de huit jours, le conte d'Acajou et Zirphile parut en un vol. in-4°.

Cette édition s'écoula si rapidement, qu'on en fit bientôt une seconde du même format, suivie de quelques autres in-12, pour lesquelles on avait gravé de nouvelles planches d'après celles de l'in-4°. Ce succès ayant fait désirer à plusieurs personnes de connaître le premier conte, qui avait été si singulièrement l'occasion du second, M. Prault se détermina à le réimprimer aussi in-12, mais à si petit nombre, que les exemplaires en ont été toujours d'une extrême rareté.

**FAUSSE** (la) Clélie, histoire françoise, galante et comique (*par* SUBLIGNY). Edition nouvelle.—*Nymegue, Regnier Smetius*. Un vol. in–12.

M. Barbier cite trois autres éditions de ce roman, mais il ne fait point mention de celle-ci, qui n'est pas la moins recherchée des amateurs.

**FAUSTIN** ou le siècle philosophique (*par* DORAY DE LONGRAIS). — *Amsterdam*, 1784. Un vol. in-8°.

Ce livre ayant été supprimé lors de sa publication, est devenu très-rare.

**FAVYN** (ANDRÉ).

Taictez des premiers officiers de la corone de France, soubz noz royz de la première, seconde et troisiesme lignée. Par André FAVYN, Parisien, advocat en la cour de parlement. — *Paris, Fleury Bourriquant*, 1613. Un vol. in-8°.

FÉNÉLON (françois DE SALIGNAC DE LA MOTHE).

I. Explication des maximes des saints, sur la vie inté-
rieure. Par messire François DE SALIGNAC FÉNÉLON,
archevêque duc de Cambrai, précepteur de messeigneurs les ducs de Bourgogne, d'Anjou et de Berry.
— *Paris, Pierre Aubouin,* etc., 1697. Un vol. in-12.

LE MÊME. — *Bruxelles,* 1697. Un vol. in-12.

Ces deux éditions d'un ouvrage célèbre par les disgrâces qu'il
attira à son auteur, et d'autant plus rare aujourd'hui, qu'il n'a
été reproduit dans aucune collection de ses œuvres, sont également recherchées des amateurs. La première, cependant, quoique moins bien exécutée que la seconde, étant considérée comme
l'édition originale, est toujours portée à un prix plus élevé dans
les ventes. Quelques bibliographes, qui donnent à l'édition de
Bruxelles la date de 1698, en indiquent une troisième, publiée
cette même année sous la rubrique d'Amsterdam.

II. Réfutation des erreurs de Benoît de Spinosa, par M.
DE FÉNÉLON, archevêque de Cambrai, par le P. LAMI,
bénédictin et par M. le comte DE BOULLAINVILLERS.
Avec la vie de Spinosa, écrite par M. Jean COLERUS,
ministre de l'église luthérienne de La Haye; augmentée de beaucoup de particularités tirées d'une
vie manuscrite de ce philosophe, faite par un de ses
amis ( *publiée par l'abbé* LENGLET-DUFRESNOY ). —
*Bruxelles, François Foppens,* 1731. Un vol. in-12.

Quoique ce livre semble ne devoir contenir que ce qui se
trouve indiqué sur le titre, ainsi que dans une table des matières qui suit l'avertissement, et qu'on puisse le regarder comme
terminé à la page 386, où se lit le mot *fin*, il doit cependant,
pour être complet, renfermer encore un opuscule latin finissant à la page 483 (chiffrée par erreur 183), et dont voici le titre :

Certamen philosophicum propugnatæ veritatis divinæ
ac naturalis adversus Joh. Bredenburg ; principia in
fine annexa. Ex quibus quod religio rationi repugnat
demonstrare nititur. Quo in atheismi Spinosæ bara-
thro immersus jacet. Quod religio nil rationi repug-
nans credendum proponit, evidenter ostenditur. Hæc

meditabatur Ishak OROBIO, medicinæ doctor Amste-
lodamensis. — *Amstelædami, ex autographo A. Theo-
dori. Ossaan*, 1703.

A la suite de cet opuscule se trouve une seconde table de
matières plus ample et plus détaillée que la première.

III. Lettre de Fénélon à Louis XIV. — *Paris, Antoine-
Augustin Renouard*, 1825. In-8° de 39 pages, y
compris le titre, le faux-titre et les liminaires.

Cette lettre, imprimée pour la première fois dans le troisième volume des Éloges de d'Alembert, se trouve dans l'édition des œuvres
choisies de Fénélon. *Paris, Guibert*, 1825. Six vol. in-8°.
M. Renouard, en la publiant séparément, y a joint un *fac-
simile* qui en constate l'authenticité. Outre cette édition, recommandable par le choix du papier, la beauté de l'exécution et
deux médaillons de Louis XIV et de Fénélon, placés, l'un au
haut de la page 11, et l'autre vers le milieu de la page 39,
M. Renouard en a fait paraître un autre, à la même date, qui ne
contient que 28 pages en tout, plus le *fac-simile*, mais dans
laquelle ne se trouvent pas les deux médaillons dont il vient d'être
parlé. Inutile de dire que la première seule a quelque prix pour
les amateurs.

## FERRAND ( ANTOINE ).

Pièces libres de M. FERRAND et poésies de quelques
auteurs sur divers sujets. — *Londres*, 1747. Un vol.
in-8°.

Assez rare de cette édition.

## FIOT ( ALBERT-HENRY ).

L'Amour fantasque ou le juge de soy-mesme, comédie
en trois actes. Par A.-H. FIOT. — *Rouen, Jean-
Baptiste Besongne*, 1682. Un vol. in-12.

Cette pièce est la seule que l'on connaisse de cet auteur,
que M. de Beauchamps a mal à propos confondu, dans ses Recherches sur les Théâtres de France (tome 2, page 295), avec
*L. Du Fayot*, dont il cite une comédie en cinq actes et en vers,
imprimée à Paris en 1667, sous le titre de *la Nouvelle Stra-
tonice*.

**FIRMIANUS ( PETRUS ).**

Gyges gallus, Petro FIRMIANO authore (*masque du père* ZACHARIE, *de Lisieux*, capucin). — Un vol. in–12.

Le titre qui est gravé ne porte aucune indication de lieu, de libraire, ni d'année, mais on lit à la fin du volume : *Parisiis, apud viduam et Dionysium Thierry*, etc., 1659.

« Cette fiction, où l'auteur suppose que, devenu possesseur du
» fameux anneau de Gygès, il en profite pour pénétrer dans
» l'intérieur des maisons et décrire ce qu'il y voit, prouve que
» l'idée du Diable Boiteux, de Lesage, n'est pas neuve. Pour
» connaître ce qu'en dit l'abbé Coupé, qui place Gygès au-
» dessus de l'ouvrage français, voir la Bibliothèque des Romans,
» décembre 1779 et février 1780. Ce livre a été souvent réim-
» primé. 1660, in-4° et in-8°. — *Ratisbonne*, 1686, in-8°. Tra-
» duit en français par le P. Antoine de Paris, en 1663, in-12. »

(Note de M. de Manne.)

**FLÉCHIER ( ESPRIT ).**

Oraisons funèbres composées par messire Esprit FLÉ-CHIER, évêque de Nismes. — *Paris, Antoine De-zaillier*, 1691. Deux vol. in–12.

Cette édition, la première qui ait été faite de ce recueil, tant de fois réimprimé depuis, est encore la plus belle qui existe de ce format. Elle joint à ce mérite celui d'être aujourd'hui très-rare.

**FLEURY ( CLAUDE ).**

Les Devoirs des maîtres et des domestiques. Par Me Claude FLEURY, prêtre, abbé du Loc–Dieu. *Sur la copie imprimée à Paris. Amsterdam, Pierre Sa-vouret*, 1688. Un vol. in–12.

Cet ouvrage, le moins connu de tous ceux du célèbre auteur de l'Histoire Ecclésiastique, se paie assez cher dans les ventes, surtout de cette édition, pour peu que les exemplaires soient bien conservés.

#### FLOQUET (auguste).

Histoire du privilége de saint Romain, en vertu duquel le chapitre de la cathédrale de Rouen délivrait anciennement un meurtrier, tous les ans, le jour de l'Ascension; par A. Floquet, greffier en chef de la cour royale de Rouen, ancien élève à l'école des chartes à la bibliothèque du roi. — *Rouen, E. Le Grand*, 1833. Deux vol. in-8°.

On a relié une lettre autographe, avec signature, de l'auteur, à la fin du second volume.

#### FLURANCE (denis DURIVAULT, sieur DE).

Les Baisers spirituels et les moyens de se joindre à Dieu en ce monde. Avec une paraphrase de l'oraison dominicale, du salut angélique et du symbole, en vingt-quatre sonnets qui peuvent servir de prière ordinaire. Par D. du R. S. de Flurance. — *Paris, Regnault Chaudière*, 1599. Un vol. in-24.

Ce petit volume, curieux et singulier, est très-rare. Aussi a-t-il échappé à tous les biographes qui se sont occupés du sieur de Flurance, et ne l'ai-je trouvé indiqué dans aucune des listes qu'ils ont données de ses différents ouvrages.

#### FONTANIER (pierre).

La Henriade, avec un commentaire classique, dédiée à son altesse royale monseigneur le duc de Bordeaux, par M. Fontanier.—*Paris, Galerie Bossange père*, 1823. Un vol in-8°.

Bel exemplaire sur grand papier, avec figure sur papier de chine et une lettre autographe, avec signature, de l'auteur.

#### FORCATEL (étienne).

Prometheus, sive de raptu animorum. Dialogus festivissimus, alienæ inventionis prædones et ineptos imitatores incessens. Steph. Forcatulo jurisconsulto autore.—*Parisiis*, *apud Guillelmum Chaudière*, 1578. Un vol. in–8°.

## FORGET (PIERRE).

Les Sentimens universels de messire Pierre FORGET, chevalier, sieur de Beauvais et de la Picardière, conseiller du roy en ses conseils d'estat et privé, et l'un de ses maistres d'hotel ordinaires, reveus et augmentés par l'autheur, quatriesme édition. — *Paris, Anthoine de Sommaville* (ou *Toussainct Quinet*), 1646. Un vol. in–12.

Cette édition a été donnée au public par Louis Forget, sieur Destouches, frère de l'auteur. Il paraît que M. l'abbé Goujet n'en a point eu connaissance, car il ne mentionne que celles de 1630 et de 1636, moins correctes et moins complètes que celle-ci.

## FOUIN (L.-F.).

De l'Etat des domestiques en France et des moyens propres à les moraliser, par L.-F. FOUIN, notaire à Etrépagny (Eure). — *Paris, Delaunay*, 1837. Un vol. in–8°.

Seul exemplaire tiré sur papier de couleur.

## FOUQUET (NICOLAS) ou FOUCQUET.

Recueil des défenses de M. FOUQUET. (*Hollande, Elzevier*), de 1665 à 1668. Quatre vol. in–12.

On peut consulter sur ce recueil, aujourd'hui plus rare que recherché, l'excellente note de M. Berard dans son Essai Bibliographique sur les éditions des Elzevirs. J'ajouterai seulement que l'on joint ordinairement, aux quatorze volumes dont il se compose, les *Observations sur un manuscrit intitulé traité du Péculat*, qui paraît avoir été destiné à la justification de Fouquet, bien que l'auteur affecte de s'en défendre.

## FOURNIER–VERNEUIL (VINCENT).

Paris, tableau moral et philosophique. Par M. FOUR-

NIER–VERNEUIL, auteur de Curiosité et Indiscrétion et du Huron de Mont–Rouge. — *Paris , les principaux libraires*, 1826. Un vol. in–8°.

Un jugement du tribunal correctionnel de Paris, en date du 19 avril 1826, ayant déclaré M. Fournier-Verneuil coupable d'outrage à la morale publique, pour avoir fait paraître cet ouvrage, contenant des *peintures indécentes et des expressions obscènes*, il a été condamné à six mois d'emprisonnement et 25 fr. d'amende. Le même jugement, confirmé par arrêt de la cour royale, le 13 juin suivant, a ordonné en outre la destruction de tous les exemplaires saisis et de ceux qui pourraient l'être ultérieurement, ce qui donne à ce livre le mérite d'une certaine rareté.

## FRENICLE ( NICOLAS ).

I. Palémon, fable bocagère et pastoralle de N. FRENICLE. — *Paris, Jacques Dugast*, 1632.

II. La Niobé de N. FRENICLE. — *Ibid. , idem, même année*. Deux tomes en un vol. in–8°.

III. L'Entretien des illustres Bergers, par N. FRENICLE. — *Ibid. , idem* , 1634. Un vol. in–8°.

## FURETIÈRE ( ANTOINE ).

I. Poésies diverses du sieur FURETIÈRE, A.–E.–P. ( *avocat en parlement* ). — *Jouxte la copie imprimée à Paris chez Guillaume de Luyne*, 1659. Un vol. in–12.

II. Essais d'un Dictionnaire universel, contenant généralement tous les mots françois , tant vieux que modernes, et les termes de toutes les sciences et des arts , spécifiez dans la page suivante. Le tout extrait des plus excellens auteurs anciens et modernes, recueilli et compilé par messire Antoine FURETIÈRE, abbé de Chalivoy, de l'Académie Françoise. — *Amsterdam, Henri Desbordes*, 1685.

7

On a relié à la suite :

1° Factum ( *et second factum* ) pour messire Furetière, abbé de Chalivoy, contre quelques-uns de l'Académie Françoise. — *Ibid.*, *idem*, *même année.*

2° Troisieme factum, servant d'apologie aux deux précédens, pour M^re Antoine Furetière, abbé de Chalivoy, contre quelques-uns de l'Académie Françoise. — *Ibid.*, *idem.* 1688. Un vol. in-12.

LES MÊMES,

A la suite desquels on a relié de plus :

III. Plan et dessein du poëme allégorique et tragico-burlesque, intitulé les Couches de l'Académie, par messire Antoine Furetière, abbé de Chalivoy, de l'Académie Françoise. — *Ibid.*, *Pierre Brunel*, 1687. Un vol. in-12.

# G.

## GAFFAREL ( JACQUES ).

I. Curiosités inouyes sur la sculpture talismanique des Persans, horoscope des patriarches et lecture des estoiles. Par M. J. Gaffarel. — 1650. Un vol. in-8^p.

II. Jacobi Gaffarelli Curiositates inauditæ, sive selectæ observationes de variis superstitionibus veterum, orientalium maxime, Judæorum, Persarum, etc. De figuris talismanicis, horoscopo patriarcharum, characteribusque cœlestibus. E gallico latina versione donatæ illustratæque a M. Gregorio Michaelis, præposito regio Flensburgensi. Præfixa est huic editioni novæ præfatio Jo.-Alberti Fabricii, D., qua de auctore et scriptis ejus succincte agitur. — *Hamburgi, sumptu Benjaminis Schilleri*, 1706. Un vol. in-8°.

Avec un frontispice gravé sur lequel on lit cet autre titre :

Curiositez inouies. Hoc est : Curiositates inauditæ Jacobi
GAFARELLI. Latine cura M. Gregorii Michaëlis, *etc.*
— *Hamburgi, apud Gotofredum Schultzen*, 1678,
*et Asterodami, apud Jaussonio Waesbergios.*

## GARNIER (SÉBASTIEN).

La Henriade et la Loyssée, de Sébastian GARNIER, procureur de Henri IV au comté et bailliage de Blois.
Seconde édition ; sur la copie imprimée à Blois, chez
la veuve Gomet, en 1594 et 1593.—*Paris, J.-B.-G.
Musier fils*, 1770. Un vol. in–8°.

## GARNIER (ROBERT).

Les Tragédies de Robert GARNIER, conseiller du roy,
lieutenant général criminel au siége présidial et
sénéchaussée du Maine. Au roy. Revues et corrigées
de nouveau.—*Rouen, Raphaël du Petit Val*, 1605.
Un vol. in–12.

## GÉNEVIÈVE, ou l'innocence reconnue. Tragédie chres-
tienne. — *Paris, Estienne Loyson*, 1669. Un vol.
in–12.

On trouve en tête de ce volume une gravure divisée en deux
compartiments, et représentant en même temps une scène de la
tragédie de *Dipne*, infante d'Irlande, et une de celle de *Géne-
viève*. Ce qui, si je ne me trompe, prouve contre l'opinion de
M. Beauchamps, adoptée par l'auteur de la Bibliothèque du
Théâtre François, que cette dernière pièce doit être de François
DAURE, ainsi que l'autre, et par conséquent la même que celle
qu'ils citent comme ayant été imprimée, sous son nom, à Mon-
targis en 1670.

## GERSEN (JEAN).

Joannis GERSEN abbatis Vercellensis italo–benedicti de
imitatione Christi libri quatuor a nonnullis olim

Joanni Gerson, ab aliis nuper Thomæ a Kempis falso tributi. Ex denâ nunc manuscriptorum fide auctori suo vindicati, ac pristinæ integritati restituti. Cum animadversionibus apologeticis F. Francisci Valgravii a. b. ad titulum et textum. — *Parisiis, apud Sebastianum Huré*, 1638. Un vol. in–12.

Cette édition de l'Imitation, citée par plusieurs bibliographes comme très-rare, paraît n'avoir pas été connue de M. de Grégory ; car, dans son Mémoire sur le véritable auteur de l'Imitation, où il a reproduit le commentaire de Valgrave, il ne mentionne que celle de 1643, de manière à faire croire que c'est seulement à cette époque que le commentaire dont il s'agit fut publié pour la première fois.

## GILBERT (GABRIEL).

I. Les Poësies diverses de monsieur GILBERT, secrétaire des commandemens de la reyne de Suède, et son résident en France. — *Paris, Guillaune de Luyne*, 1661. Un vol. in–12.

II. Les Amours d'Ovide, pastorale héroïque, par M. Gilbert, secrétaire, etc. — *Amsteldam, Raphaël Smith*, 1664. Un vol. in–12.

## GIRARDIN (J.)

Leçons de Chimie Élémentaire, faites le dimanche, à l'École Municipale de Rouen, par J. GIRARDIN, professeur de Chimie Industrielle, membre de plusieurs sociétés savantes. — *Rouen, F. Baudry*, 1838. Un vol. in–8°.

Seul exemplaire sur papier de couleur, auquel on a joint une lettre autographe, avec signature, de l'auteur.

## GODARD (JEAN).

Les Trophées de Henry quastrième, très chrestien et très victorieux roy de France et de Navarre, dédiez à luy mesme, par Jean GODARD, Parisien. — *Paris, Frédéric Morel*, 1594. Un vol. in–8°.

**GODEAU** (ANTOINE).

I. Paraphrase des pseaumes de David, en vers françois, par Antoine GODEAU, évesque de Grasse et Vence, et mis nouvellement en chant par Thomas Gobert, maistre de la musique de la chapelle du roy. Dessus. Cinquiesme édition, revëue et corrigée. — *Paris, Pierre Le Petit*, 1659. Un vol. in–12.

II. Poësies chrestiennes (et morales) d'Ant. GODEAU, évêque de Grasse (et de Vence), nouvelle édition, revue et augmentée. — *Paris, Pierre Le Petit*, 1660—1663. Trois vol. in–12.

III. Les Fastes de l'Eglise, pour les douze mois de l'année. Par feu messire Antoine GODEAU, évesque et seigneur de Vence. — *Paris, François Muguet*, 1674. Un vol. in–12.

**GODEFROY**, ou la Jérusalem délivrée. Poëme héroïque en vers françois (*traduit de l'italien par Vincent* SABLON), 1671. Deux vol. in–16.

En tête du premier volume se trouve un titre gravé portant: *La Hiérusalem du Tasse, tome I. — A Paris, chez Denis Thierry.*

**GOMBAULD** (JEAN–OGIER DE).

L'Amaranthe de GOMBAULD, pastorale.—*Paris, François Pomeray*, etc., 1631. Un vol. in–8°.

**GORDON DE PERCEL.**

De l'Usage des Romans, où l'on fait voir leur utilité et leurs différens caractères: avec une Bibliothèque des Romans, accompagnée de remarques critiques sur leur choix et leurs éditions. Par (*l'abbé* LENGLET DUFRESNOY, *sous le masque de*) M. le C. GORDON DE PERCEL. — *Amsterdam, veuve de Poilras*, 1734. Deux vol. in–12.

### GOURDIN (françois–philippe).

De la traduction considérée comme moyen d'apprendre
une langue et comme moyen de se former le goût.
Par dom François–Philippe Gourdin, religieux bénédictin de la congrégation de S. Maur, ancien professeur de rhétorique, de la Société royale des
Antiquaires de Londres, des Académies des Sciences,
Belles-Lettres et Arts de Rouen, de Caën, de Lyon,
de Villefranche, du Musée de Bordeaux, etc. —
*Rouen, de l'imprimerie privilégiée*, 1789. Un vol.
in–12.

On a relié à la fin de ce volume une lettre autographe, avec
signature, de l'auteur.

### GRAND D'AUSSY (pierre–jean–baptiste LE).

Histoire de la vie privée des Français, depuis l'origine
de la nation jusqu'à nos jours. Par M. Le Grand
d'Aussy. — *Paris, Ph.-D. Pierres*, 1782. Trois
vol. in–8°.

### GRÉGOIRE, de Tours.

Gregorii Turonici historiæ Francorum libri decem, quorum quarto duo capita precipua ex manuscripto
exemplari, hac nostra editione accesserunt. Appendix
item sive liber xi, centum et decem annorum histo-
riam continens alio quodam autore, quorum gratia
totum opus recudimus. In quibus omnibus non solum
Francorum res gestæ, sed etiam martyrum cum infi-
delibus bella, et Ecclesiæ cum hæreticis concerta-
tiones exponuntur. Adonis Viennensis chronica. —
*Basileæ, per Petrum Pernam*, 1558 (pour 1568).
Un vol. in–8°.

Ainsi qu'on vient de le voir, ce volume contient, outre
l'histoire de Grégoire de Tours, la chronique d'Adon, évêque

de Vienne, que l'on y joint ordinairement. Voici le titre de ce dernier ouvrage :

Adonis, Viennensis archiepiscopi, breviarium chronicarum ab origine mundi ad sua usque tempora, id est ad regnum Ludovici, Francorum regis, cognomento Simplicis, an. Domini 1353. — *Basileæ*, 1568.

## GRÉGORY (G. DE).

Mémoire sur le véritable auteur de l'imitation de Jésus-Christ, par G. de Grégory, chevalier de la Légion-d'Honneur, membre de plusieurs académies, revu et publié par les soins de M. le comte Lanjuinais, pair de France. — *Paris*, *L. Paris*, 1827. Un vol. in-12.

On a joint dans ce volume une lettre autographe, avec signature, de l'auteur, au *fac simile* d'une lettre de M. Lanjuinais, qui s'y trouve ordinairement. — V. l'art. *Gersen*.

## GRISEL (JEAN).

Les premières Œuvres poétiques de Jehan Grisel, Rouennois, à très chrestien roy de France et de Navarre, Henry IIII. — *Rouen*, *Raphaël du Petit Val*, 1599. Un vol. in-12.

## GUALDI (l'abbé).

Histoire de Dona Olympia Maldachini, traduite de l'italien de l'abbé Gualdi. — *Leyde*, *Jean Duval*, 1666. Un vol. in-12.

M. Barbier, restituant cette histoire à Gregorio Léti, qui s'est déguisé, pour la publier, sous le nom de l'abbé Gualdy, en attribue la traduction à M. Renoult. Quoique le nom des Elzevirs ne se trouve pas en tête de ce petit volume, il est évidemment sorti de leurs presses. Aussi M. Berard l'a-t-il mentionné dans son Essai Bibliographique sur ces célèbres imprimeurs. Mais c'est à tort que, par une faute typographique sans doute, il y est indiqué comme contenant 218 pages. Il n'en contient que 213, y compris le titre.

**GUARINI ( BAPTISTE ).**

Le Berger fidèle, traduit de l'italien de Guarini en vers
françois ( *avec le texte italien en regard et de figures
en taille-douce, par l'abbé* De Torche). — *Cologne,
Pierre Murteau* (Hollande, Elzevir). 1686. Un vol.
petit in—12.

M. Berard ne cite que deux éditions de cet ouvrage, l'une de
1671, et l'autre de 1677, qui ne contient point le texte original
comme la première et celle dont il s'agit ici.

**GUERRE** (la) des médecins, poème en quatre chants,
par un malade (**M. Morlent**). — *Paris* (Rouen),
1829. Un vol. in—12.

Seul exemplaire imprimé sur papier de couleur.

**GUISE ( LOUISE-MARGUERITE DE ).**

Les Amours du grand Alcandre, par M^{lle} De Guise ;
suivis de pièces intéressantes pour servir à l'histoire
de Henri IV. — *Paris, Didot l'aîné*, 1786. Deux
vol. in—12.

Ces deux volumes font partie de la collection des romans historiques publiés par M. de la Borde.
Les pièces intéressantes qui s'y trouvent, à la suite des Amours
du grand Alcandre, sont :

1° Discours *prononcés dans un conseil tenu par Henri IV
pour discuter les raisons pour et contre la dissolution de
son mariage avec Marguerite de Valois;*
2° Notice *sur la vie de Henri le Grand , précédée d'un hommage à Louis XV;*
3° Manifeste *de Henri IV sur son divorce avec Marguerite
de Valois;*
4° Enfin, Poésies *de Henri IV*, dont la pièce la plus importante et la moins connue est un poème intitulé : *L'Amour
philosophe.*

**GUTTINGUER ( JEAN-ULRIC ).**

Mélanges poétiques, par Ulric Guttinguer. — *Paris,
Auguste Roulland et C^{ie}*, 1824. Un vol. in—8°.

On a relié à la suite :

1° Dithyrambe sur la mort de lord Byron, par Ulric Guttinguer. — *Paris, Ladvocat*, 1824 ;

2° M. Balcon, ou le Dilettante, prologue (*par le même*) représenté sur le Théâtre-des-Arts, à Rouen, le jour de la première représentation de la Dame Blanche, opéra de M. Boïeldieu, 25 février 1826. — *Rouen, Nicétas Periaux*, 1826 ;

Et enfin de plus une lettre autographe et le *fac-simile* d'un billet, avec signature, de l'auteur.

## GUYDE ( PHILIBERT ).

La Colombière et Maison rustique de Philibert Guyde, dit Hégemon, de Chalon-sur-Saone : contenant une description des douze moys et quatre saisons de l'année, avec enseignement de ce que le laboureur doit faire par chacun moys. Les épithètes poétiques des arbres, plantes, herbes, animaux terrestres et aquatiques, des pierres précieuses et métaux avec leur propriété. L'Ostracisme, ou exil honorable. L'Abeille françoise du même autheur. Ses Fables morales et autres poésies. — *Paris, Jamet Mettayer.* Un vol. in-8°.

# H.

## HAMCKEMA ( MARTIN ).

Certamen catholicorum cum calvinistis, continuo caractere C conscriptum : concordiæque cœlitus concessæ christiana congratulatio. Adjecta sunt anagrammata, chronologica acrostichides, et quædam alia, de rebus variis. Martino Hamconio frisio authore recognitum et auctum. — *Lovanii, typis Philippi Dormalii*, 1612. Un vol in-4°.

Bel exemplaire ayant appartenu au célèbre abbé de Saint-Léger, et sur lequel se trouve une note écrite par ce savant bibliographe, avec les initiales de sa signature.

## HARDY ( ALEXANDRE ).

Le théâtre d'Alexandre HARDY, P. *(Parisien)*, contenant : Didon se sacrifiant. Scedase , ou l'Hospitalité violée. Panthée. Méléagre. Procris , ou la Jalousie infortunée. Alceste , ou la Fidélité. Ariadne ravie. Alphée , pastorale nouvelle. — *Paris , Jacques Quesnel*, 1626. Un vol. in–8°.

## HEINSIUS ( DANIEL ).

Danielis HEINSII, P. P. Operum historicorum collectio prima ( *et collectio II*). Editio secunda, priori editione multo emendatior et auctior accedunt quædam hactenus inedita. — *Lug. Batav., apud Isaacum Herculis*, 1673. Deux tomes en un vol. in–8°.

On lit dans le Manuel du Libraire : « Il existe des exemplaires » du *Tractatus theologico-politicus* auxquels, pour les faire » circuler plus librement , on a mis des titres ainsi conçus : » *Heinsii operum historicorum collectio I et II*. Lugd. » Batav., 1673 , ou *Fr. Henriquez de Villacorta, opera chi-* » *rurgica omnia*. Amst., 1673. »

Mais cette note n'est pas tout-à-fait exacte , et elle a besoin d'être rectifiée par celle-ci de M. Barbier, n° 20153 de son Dictionnaire des Anonymes, art. *Danielis Heinsii, etc.* :

« Ces deux volumes ne sont autre chose que le *Tractatus* » *theologico-politicus* de SPINOSA , et la *Philosophia sacræ* » *Scripturæ interpres* de Louis MEYER ; c'est pour les vendre » plus tranquillement qu'on les a décorés d'un nouveau fron-» tispice. »

## HÉLIODORE.

Les Amours de Théagène et Chariclée. Histoire éthiopique d'HÉLIODORE. Traduction nouvelle, seconde édition. — *Paris , Samuel Thiboust*, 1626. Un vol. in–8°.

Cette seconde édition des Amours de Théagène et Chariclée, de la traduction de Jean de Montlyard , revue par Vital d'Audiguier , n'est point indiquée dans la Bibliothèque des Romans. Elle se distingue comme la première ; publiée en 1623 ( et non en

1620 [1], ainsi que l'avance M. Lenglet Dufresnoy ), par les nom
breuses figures dont l'a enrichie le burin de Michel Lasnes , et
qui fait aujourd'hui son principal mérite.

**HENRIADE** ( la ) de Voltaire, mise en vers burlesques
auvergnats , imités de ceux de la Henriade travestie
de Marivaux [2], suivie du quatrième livre de l'Enéïde
de Virgile ( *plus les Perdix, conte, quelques chan-*
*sons, et des stances intitulées* : l'Home counten, par
monsieur Joseph PASTUREL ).—1798. Un vol. in–18.

Ce petit volume est indiqué comme rare dans le Bulletin du
Bibliophile de M. Teschner, deuxième série, n° 409, où il est
coté au prix de 7 fr.

**HERMOGÈNE**, tragi–comédie ( *par* DESFONTAINES ).
— *Paris, Toussaint Quinet*, 1639. In–4°.

**HÉRON** ( LOUIS–JOSEPH ).

La Famille républicaine, ou la Mort du jeune Barras,
pièce en un acte, en prose et en vaudevilles, représentée à Rouen sur le théâtre de la Montagne, le
22 brumaire an III de la république française, une et
indivisible, par le citoyen L.-J. HÉRON, de Versailles. — *Rouen* ( de Limoges, an III ). In–8°.

A l'époque de la restauration, l'auteur de cette pièce ( avocat
distingué du barreau de Rouen, où il était connu sous le nom
de HÉRON D'AGIRONE ), ayant eu lieu de regretter de l'avoir
publiée, quoiqu'elle n'eût été imprimée qu'à un petit nombre
d'exemplaires, mit tant de soin à retirer de la circulation tous
ceux qu'il put découvrir, qu'elle est devenue d'une extrême
rareté.

On a joint à celui dont il s'agit ici une lettre autographe, avec
signature, de l'auteur.

---

[1] Le privilége du roi, pour cette première édition, n'a été accordé qu'au
mois de décembre 1622.

[2] L'auteur de cette Imitation de la Henriade, en vers burlesques, s'est
trompé en l'attribuant à MARIVAUX : il est bien constant qu'elle est de M. DE
MONTBRUN.

**HEUREUSES** (les) Infortunes de Céliante et Marilinde, vefves pucelles, par le sieur D. F. (Desfontaines). — *Paris, Nicolas Traboulliet*, 1636. Un vol. in–8°.

**HIÉRÉMIE** (pierre) ou **JÉRÉMIE**.

I. Sermones Petri Hieremie, de fide una cum theologalibus in cujuscumque sermonis inicio questionibus nuperrime additis (68 *feuillets*).

II. Sermones de oratione Petri Hieremie (48 *feuillets*).

III. Sermones de decem preceptis et de quadruplici lege, una cum sermone de passione Domini nostri Jesu Christi (28 *feuillets*). —Un vol. in–8°, gothique.

Bel exemplaire provenant de la bibliothèque des Prémontrés, sous la direction du célèbre abbé l'Ecuy. On lit à la fin de la première partie :

« *Expliciunt sermones de fide, seu de* vii *articulis*
» *fidei, compilati à fratre Petro Jeremia, de Scicilia,*
» *ordinis predicatorum predicatore gloriosissimo.* »

**HISTOIRE** critique de Nicolas Flamel et de Pernelle, sa femme, recueillie d'actes anciens qui justifient l'origine et la médiocrité de leur fortune contre les imputations des alchimistes. On y a joint le testament de Pernelle et plusieurs autres pièces intéressantes, par M. L. V*** (*l'abbé* Villain). — *Paris, G. Desprez*, 1761. Un vol. in–12.

Pour se faire une juste idée de ce livre, on peut lire ce que M. le marquis de Roure en a dit dans son Analectabiblion, tome premier, page 132.

**HISTOIRE** critique des coqueluchons (*par dom* Cajot). — *Cologne*, 1762. Un vol. in–12.

**HISTOIRE** de la conjuration de Louis–Philippe–Joseph d'Orléans, premier prince du sang, duc d'Orléans,

de Chartres, de Nemours, de Montpensier et d'Etam-
pes, comte de Beaujolais, de Vermandois et de Soissons, surnommé ÉGALITÉ. Par l'auteur de la Conjuration de Maximilien Robespierre (F. L. C. MONT-
JOYE). — *Paris*, 1796. Trois vol. in–8°.

Ce livre était devenu très-rare, par l'intérêt qu'une famille
puissante avait eu de le faire disparaître, et on le payait fort
cher avant la réimpression qui en a été faite depuis la révolution de 1830. Les amateurs recherchent cependant toujours
les exemplaires de l'édition originale, et la préfèrent de beaucoup
à ceux de la seconde.

HISTOIRE de la ville de Rouen, divisée en trois parties. La première contient sa fondation, ses accrois-
semens, ses privilèges et ce qui s'y est passé de plus
remarquable depuis la naissance de nostre Seigneur.
La seconde, l'origine de ses églises paroissiales et
collégiales, chapelles et hôpitaux. La troisième, les
fondations et antiquitez de ses monastères et autres
communautez, avec les sépultures et épitaphes de
remarque qui s'y rencontrent. Où sont employez
plusieurs noms, armoiries, alliances, généalogies et
recherches touchant les anciennes familles de la province (*par François* FARIN). — *Rouen, Jacques
Herault*, 1668. — Trois vol. in–12.

Cette édition de l'Histoire de la ville de Rouen, par Farin,
est la plus recherchée. Les exemplaires bien conservés sont peu
communs et se soutiennent toujours à un prix très-élevé dans
les ventes.

HISTOIRE de mademoiselle Cronel, dite Fretillon,
actrice de la comédie de Rouen, écrite par elle-même.
— *La Haye, aux dépens de la compagnie*, 1767. Un
vol. in–12.

M. Barbier, dans la première édition de son Dictionnaire des
Anonymes, avait indiqué, sous le n° 2763, M. le comte de Caylus
pour auteur de cette prétendue histoire, qui n'est qu'un libelle
diffamatoire contre M^lle Clairon. Dans la seconde édition du même
Dictionnaire, sous le n° 7711, il a réparé cette erreur en resti-

tuant ce livre à M. Gaillard de la Bataille, auquel il donne, mais à tort, la qualification de *comédien*, ce qui est d'autant plus étonnant, que dans son Supplément à la Correspondance de MM. Grimm et Diderot, page 334, il cite lui-même, d'après M^lle Clairon, M. Gaillard de la Bataille, *trésorier de France*, comme auteur de l'Histoire de M^lle Cronel, etc., ajoutant qu'on doit être étonné de voir l'écrivain qui a rédigé, pour la Biographie des frères Michaud, l'article du comte de Caylus, lui attribuer le libelle dont il s'agit. En faisant cette remarque, M. Barbier avait sans doute oublié qu'il était peut-être seul coupable de la faute par lui reprochée à M. Ponce, et que tout le tort de ce dernier provenait probablement de sa trop grande confiance dans la première édition du Dictionnaire des Anonymes.

Pour suppléer au silence des biographes sur M. Gaillard de la Bataille, je crois devoir entrer ici dans quelques détails extraits d'un mémoire manuscrit de M. Emmanuel Gaillard, son petit-fils.

Pierre-Alexandre GAILLARD, né à Rouen le 18 mars 1708, et mort en sa terre de Roumare, près la même ville, le 2 octobre 1779, avait pris le surnom de la Bataille d'un petit pré que sa famille possédait aux portes de Rouen, et que l'on appelait ainsi parce qu'il avait été le théâtre du combat livré par Guillaume, fils de Rollon, aux Bas-Normands insurgés. Après une jeunesse assez dissipée, M. Gaillard s'allia à une famille recommandable de Cherbourg. Devenu vicomte de cette ville en 1743, il y acquit, comme juge et comme maire, une grande considération; ayant obtenu, dix ans après, une charge de trésorier de France, le roi lui accorda la faculté de cumuler ces deux charges, mais il résigna la première en 1754. Outre l'*Histoire de mademoiselle Cronel, dite Frétillon*, on a de lui deux autres ouvrages du même genre, intitulés *Mémoires et Aventures du comte de Kermalek* et *Jeannette seconde*.

HISTOIRE de très-noble et chevaleureux Pierre Gerard, comte de Nevers et de Rethel, et de la très-vertueuse et sage princesse Euriant de Savoye, sa mye. Ouvrage enrichy de nottes critiques et historiques (*ou plutôt grammaticales et étymologiques*). — *Paris, Sébastien Ravenel* (1727). Un vol. in-8°.

M. de Bure, dans sa Bibliographie Instructive, fait mention d'un manuscrit de ce roman, in-f°, sur vélin, sans indication d'année, mais qu'il présume être de la fin du xv^e siècle. Ce manuscrit, qui faisait partie de la précieuse collection de M. Gaignat, offre plusieurs différences avec l'imprimé, et l'histoire du héros y est conduite jusqu'à sa mort. Il contient 348 pages, à la fin de la dernière desquelles on lit :

« Si fine le livre de Girart de Nevers et de la belle Euryant, sa
» mye, qui fust *escript* par moi GUYOT D'ANGERANS, par le
» commandement de mon très-redoublé souverain seigneur
» mon seigneur Philippe, par la grâce de Dieu duc de Bour-
» gogne, de Brabant et de Lembourg, comte de Flandres. »

Peut-on conclure de cette note que le joli roman de Gérard, comte de Nevers, attribué par quelques personnes à GILBERT DE MONTREUIL, a pour auteur Guyot d'Angerans? Ou ce nom serait-il seulement celui de l'écrivain auquel on doit la copie citée par M. Debure? Ce doute n'est point encore et ne sera peut-être jamais éclairci.

HISTOIRE des aventures heureuses et malheureuses de Fortunatus, qu'il a eues en son voyage. Avec sa bourse et son chapeau, enseignant comme un jeune homme se doit gouverner, tant en vers les grands que les petits, entre amis et estrangers, tant hors que dedans son pays. Comme Fortunatus, ayant peur qu'on ne le fît chapon, s'en alla à la chasse en haste sans dire adieu à son maistre, renvoya son cheval et l'oiseau. Nouvellement traduit d'espagnol en françois. — *Rouen, Jean Boulley*, 1656. Un vol. in-8°.

HISTOIRE des imaginations extravagantes de monsieur Oufle. Causées par la lecture des livres qui traitent de la magie, du grimoire, des démoniaques, sorciers, loups-garoux, incubes, succubes et du sabbat; des fées, ogres, esprits follets, génies, phantômes et autres revenans; des songes, de la pierre philosophale, de l'astrologie judiciaire, des horoscopes, talismans, jours heureux et malheureux, éclipses, comètes et alma-nachs; enfin de toutes les sortes d'apparitions, de devi-nations, de sortiléges, d'enchantement et d'autres su-perstitieuses pratiques. Le tout enrichi de figures et ac-compagné d'un très grand nombre de notes curieuses, qui rapportent fidèlement les endroits des livres qui ont causé ces imaginations extravagantes ou qui peuvent servir pour les combattre. Nouvelle édition (*par Laurent* BORDELON). — *Paris, Prault père,* 1753 (ou *Duchesne,* 1754). Cinq vol. in–12.

**HISTOIRE** des révolutions de la barbe des Français, depuis l'origine de la monarchie. — *Paris, Ponthieu,* 1826. Un vol. in–12.

Ce petit volume, publié par M. MOTHELET, a été imprimé avec des caractères, vignettes, fleurons, etc., si bien imités de ceux des Elzevirs, qu'au premier aspect on pourrait le croire sorti de leurs presses.

**HISTOIRE** du roi de Bohême et de ses sept châteaux. — *Paris Delangle frères,* 1830. Un vol. in–8°.

Sur le dos de ce volume, relié à la manière anglaise, avec une couverture en toile, non rogné, on lit : *Ch.* NODIER. *Histoire du roi de Bohême et de ses sept châteaux.* — *Prix :* 15 fr.
Ce prix a fléchi un moment à l'époque où la vente à l'encan du fonds de MM. Delangle mit tout-à-coup dans la circulation ce qui leur restait de cet ouvrage original. Mais il n'a pas tardé à reprendre faveur, et ne peut aller qu'en augmentant, par la certitude que l'on a qu'il n'entrera point dans la collection des œuvres soi-disant complètes de l'auteur, et qu'il ne sera probablement jamais réimprimé séparément, surtout avec les vignettes, qui ajoutent au mérite de la belle exécution de cette édition. Car les cuivres de ces vignettes, ayant été dispersés par suite de la vente qui en a été faite, se trouvent aujourd'hui dans différentes mains. Je dois ajouter que les exemplaires restés, comme celui dont il s'agit ici, dans leur reliure primitive, sont recherchés des amateurs, qui les préfèrent aux autres, quelle que soit la richesse de leur habit.

**HISTOIRE** ( l' ) et plaisante cronique du petit Jehan de Saintré, de la jeune Dame des Belles-Cousines, sans autre nom nommer (*par Antoine* DELASALLE), avecques deux autres petites histoires de messire Floridan et de la belle Ellinde (*traduite du latin de* CLEMANGIS, *par Rasse* DE BRICHAMEL *ou* BRINCHAMEL), et l'extrait des cronicques de Flandres. Ouvrage enrichi de notes critiques, historiques et cronologiques, d'une préface sur l'origine de la chevalerie et des anciens tournois , et d'un avertissement pour l'intelligence de l'histoire (*par M. Thomas-Simon* GUEULETTE ). — *Paris, Jean-Raoul Morel,* 1724. Trois vol. in-12.

**HISTOIRE** entière et véritable du procez de Charles Stuart, roy d'Angleterre, contenant, en forme de journal, tout ce qui s'est faict et passé sur ce sujet dans le parlement et dans la haute cour de justice, et la façon en laquelle il a été mis à mort, au mois de janvier 164$\frac{9}{8}$, le tout fidèlement recüeilly de pièces authentiques et traduit de l'anglois. — *Londres, imprimé par J. G.*, 1650. Un vol. in-8° (*de 155 pages*).

LE MÊME, *sur l'imprimé à Londres, par J. G.,* 1650. Un vol. in-12 ( *de 239 pages* ).

Ce livre, de l'un ou de l'autre format, est toujours recherché ; les amateurs préfèrent cependant le premier, qui est de l'édition originale. On peut consulter, pour le détail des pièces qu'il doit contenir, le Bulletin du Bibliophile de M. Thechner, année 1835, n° 1337.

**HISTOIRE** maccaronique de Merlin Coccaye, prototype de Rabelais : avec l'horrible bataille des mouches et des fourmis (*par Jérôme,* dit *Théophile,* FOLENGI ou FOLENGO. ) — 1734. Deux vol. in-12.

On ignore le nom de l'auteur de cette traduction, imprimée pour la première fois en 1606, et dont il a été fait depuis plusieurs éditions, qui ne laissent pas que d'être toutes assez recherchées aujourd'hui.

**HISTOIRE** secrète des règnes des rois Charles II et Jacques II, traduit de l'anglois. — *Cologne, Pierre Marteau,* 1690. Un vol. petit in-12.

**HISTOIRE** véritable de la vie errante et de la mort subite d'un chanoine qui vit encore; écrite à Paris par le défunt lui-même : Dieu lui fasse paix! Publiée

à Mayence depuis sa résurrection avec la filiation
des pièces que sa fermeté a fait naître : le tout pour
l'instruction des juges du révérendissime consistoire
métropolitain. Sans avertissement ni avant-propos, ni
préface quelconque, par déférence pour les lecteurs
qui ne les aiment pas (*par Louis* RUMPLER ).—1784.

On a relié à la suite :

DOSSIER des pièces pour un chanoine ressuscité à demi,
contre les auteurs de sa mort et leurs complices,
tirées du sac des procès despectueux rapportés dans
son histoire véritable, édition de Mayence (*par le
même* ). — 1784. Deux tomes en un vol. in-8°.

HISTORIA flagellantium. De recto et perverso flagel-
lorum usu apud Christianos. Ex antiquis Scripturæ,
patrum, pontificum, conciliorum et scriptorum pro-
fanorum monumentis cum curâ et fide expressa (*par
Jacques* BOILEAU ). — *Parisiis, apud Joannem
Anisson*, 1700. Un vol. in-12. — V. l'art. *Boileau.*

HOBBES ( THOMAS ).

Elementa philosophica de cive, auctore Thom. HOB-
BES, Malmesburiensi. — *Amsterodami, apud Ludovicum Elzevirium*, 1647. Un vol. in-12.

Les Elzevirs ont donné quatre éditions de cet ouvrage postérieurement à celle-ci, qui passe généralement pour être mieux
exécutée que celles qui l'ont suivie, ce qui la fait préférer.

HORACE ( QUINTUS HORATIUS FLACCUS ).

I. Q. HORATII Flacci odarum sive carminum libri quatuor. Epodon liber unus. Cum annotatiunculis in
margine adjectis, quæ brevis commentarii vice esse
possint. Nicolai PEROTTI libellus non infrugifer de
metris odarum Horationarum. — *Parisiis, apud
Simonem Colinæum*, 1528.

II. Q. Horatii Flacci epistolarum libri duo. Sermonum
sive satyrarum libri duo ad Mecœnatem. Ars poetica.
Cum annotatiunculis in margine adjectis, quæ brevis
commentarii vice esse possint. — *Ibidem, idem,
même année.* Deux tomes en un vol. in–8°.

III. Q. F. Horace, première partie. Par le Sr J.
(Jobé). — *Rouen, la veuve d'Antoine Maurry,*
1686. Un vol. in–12.

Ce volume, qui contient la traduction, en vers alexandrins,
des dix-huit premières odes d'Horace, est très-rare. Il a échappé
même aux recherches de M. l'abbé Goujet. Aussi, est-ce probablement au silence qu'il a gardé sur ce livre qu'il faut attribuer
celui des auteurs qui, s'occupant après lui des anciennes traductions en vers des œuvres de l'ami de Mécène, n'ont, pour
la plupart, puisé leurs renseignements que dans sa Bibliothèque
Françoise.

## HOTMAN (François).

Franc. Hotomani jurisconsulti Franco-Gallia. Editio
tertia locupletior. — *Ex officina Johannis Bertul-
phi,* 1576. Un vol in–8°. — V. l'art. *Brisson.*

## HUARTE (Jean).

L'Examen des esprits pour les sciences. Où se montrent
les différences des esprits, qui se trouvent parmi les
hommes, et à quel genre de science un chacun est
propre en particulier. Composé par Jean Huarte,
médecin espagnol, et augmenté de plusieurs additions nouvelles par l'auteur, selon la dernière impression d'Espagne. Le tout traduit de l'espagnol par
François-Savinien d'Alquie.—*Amsterdam, Jean de
Ravestein,* 1672. Un vol. in–12.

## HUET (Pierre–Daniel).

Pet. Dan. Huetii, episcopi abrincensis, commentarius
de rebus ad eum pertinentibus. — *Amstelodami,*

*apud Henricum du Sauzet*, 1718. Un vol. in-12. —
V. l'art. *Origines (les) de la ville de Caën.*

HYMNES des Vertus, représentées au vif par belles et
délicates figures. — (Lyon), *Jean de Tournes*, 1605.
Un vol. in-8°.

Ce livre est extrêmement rare ; je ne l'ai jamais vu mentionné
et n'en connais pas d'autre exemplaire que celui indiqué ici, ce
qui m'engage à entrer dans quelques détails à son égard.
Il est imprimé en lettres italiques, et contient 116 pages, y compris le titre. Les hymnes, au nombre de vingt, en stances de
différentes mesures, sont toutes précédées d'une vignette sur bois
très-bien exécutée et d'un dessin assez correct. Ces vignettes repré-
sentent chaque vertu sous la figure d'une femme dont l'occupa-
tion en suppose l'exercice, comme la Patience, représentée par
une femme pêchant à la ligne ; la Persévérance, par une femme
dévidant du fil, etc. Les trois dernières pièces, traitées de la
même manière que celles qui les précèdent, en diffèrent quant
au sujet, et sont plutôt des allégories sur *la vanité, la distrac-
tion* et *l'astuce.* Aussi a-t-on eu soin d'en prévenir le lecteur
par cette note, qui se lit à la page 99 : *Les trois suyvantes ne
sont point vertus.*

# I.

ILLIADE (l'), traduction nouvelle. — *Paris, Rault,*
1776. Deux vol in-12.

Cette traduction passe généralement pour être de M. Lebrun,
mort DUC DE PLAISANCE ; mais il paraît que c'est à tort, s'il faut
s'en rapporter à la préface des mémoires historiques sur Frédéric II, dit le Grand, etc., publiés par P. R. Auguis, en 1828.

« M. Lebrun, y est-il dit, n'est pas l'auteur de la traduction
» de l'Illiade qu'on s'est toujours obstiné à lui attribuer, et que
» lui-même a eu la complaisance de se laisser attribuer. Cette
» traduction a été composée par un M. Chataignier, ancien
» professeur de rhétorique à l'Université de Paris et ami de
» M. Lebrun, qui permit à celui-ci de la publier et d'en faire
» son profit. Ce M. Chataignier était Normand, quoique son
» procédé ne l'indique guère ; j'ignore s'il vit encore. »

**ILLUSTRES** (les) Proverbes, nouveaux et historiques; expliquez par diverses questions curieuses et morales en forme de dialogue, qui peuvent servir à toutes sortes de personnes pour se divertir agréablement dans les compagnies. Divisez en deux tomes. Dont le premier est augmenté en cette nouvelle édition de plus du tiers; le second, nouvellement adjousté; avec une suite aussi ample que les deux premiers livres, non encore mise en lumière. (*On y a joint* La Comédie des Proverbes, pièce comique, nouvelle édition [1]. — *Paris, N. Pepingué*, 1665. Quatre parties en deux vol. in-12.

Livre curieux et dont le prix est toujours élevé, pour peu qu'il soit d'une bonne conservation. M. Psaume, qui le cite comme étant assez recherché, ne parle pas de la comédie des Proverbes, sans laquelle il serait incomplet, et qui n'en est pas la pièce la moins estimée. M. Charles Nodier, dans ses Mélanges tirés d'une petite Bibliothèque (page 128), signalant les Illustres Proverbes comme n'étant que *la copie mal déguisée* de l'ouvrage de Fleury de Bellingen, imprimé à La Haye chez Adrian Vlacq, en 1656, petit in-8°, sous le titre de l'*Etymologie ou explication des Proverbes françois*, etc., observe que *ce genre de larcin, qui a tous les caractères du dol*, n'a point été remarqué par M. Brunet. Peut-être eût-il dû ajouter qu'il avait déjà été dénoncé au public, en 1789, par M. l'abbé Tuet, dans l'Essai sur les Proverbes placé en tête de ses *Matinées Sénonoises*. Quoiqu'il en soit, M. le marquis de Roure, se rappelant, confusément sans doute, l'observation de M. Nodier, suppose, dans son Analectabiblion, tome 2, page 163, que ce savant philologue a *donné* à Fleury de Bellingen l'ouvrage dont il s'agit ici, *plus judicieusement*, dit-il, que Grosley, qui l'*a attribué* au comte de Cramail; ce qui, comme on vient de le voir, n'est pas tout-à-fait exact.

**INNOCENT** (l') exilé, tragi-comédie. — *Paris, Antoine de Sommaville*, 1640. In-4°.

---

[1] Cette comédie, imprimée pour la première fois à Paris, chez François Targa, en 1634, in-8°, est d'Adrien de Montluc, prince de Chabanois, comte DE CRAMAIL, né en 1568 et mort en 1646, petit-fils du célèbre Blaise de Montluc, maréchal de France.

Quoique l'épitre dédicatoire de cette tragi-comédie soit signée du nom emprunté de *Provais* (et non *Provair* comme on le lit dans la Bibliothèque du Théâtre-François), il demeure constant qu'elle est d'Urbain CHEVREAU.

**INTÉRÊTS** et Maxines des princes et des estats souverains. — *Sur l'imprimé*, *Cologne*, *Jean du Puys*, 1666. Un vol. in–12.

Ce livre est généralement reconnu pour être sorti de la presse des Elzevirs, qui en ont fait deux éditions, sous la même date, la même indication de lieu et de libraire, et ayant exactement le même nombre de pages. Celle dont il s'agit ici est moins estimée que la première, qui se reconnaît à ce que le titre ne porte point les mots *sur l'imprimé*.

Sous le titre général reproduit ci-dessus, ce volume renferme deux ouvrages distincts, ayant chacun une pagination particulière : le second porte pour titre, seulement :

**MAXIMES** des princes et estats souverains. — *Sur l'imprimé*, *Cologne*, 1666.

Le premier, intitulé, au haut de la première page, *Intérêts réciproques des princes et des estats souverains*, est de M. le duc DE ROHAN. Le second paraît avoir été fait d'après ses idées, et l'on y a même intercallé quelques morceaux de sa façon [1], mais l'auteur en est resté inconnu.

Voici comme l'éditeur s'exprime à son égard, dans un avertissement au lecteur placé en tête du volume :

« Il est vrai, dit-il, qu'il a marché sur les traces de M. de
» Rohan, a suivy son dessein et ses pensées, et s'est servy de ses
» mêmes expressions dans la plus part des choses dont ils ont
» traité tous deux, hormis en quelques endroits, où il employe
» d'autres termes et establît des maximes nouvelles et diffé-
» rentes de celles de M. de Rohan, parce qu'étant plus mo-
» derne, il a crû d'avoir une connaissance plus particulière de
» ces affaires. Mais, ajoute-t-il, d'autant que ce duc a fort bien
» réussi dans les maximes qu'il a établies, et qu'il a parlé des
» choses qu'il y traite comme s'il les eût déjà vüës, j'ay voulu les
» ajouter après celles de cet auteur dans les lieux où il en

---

[1] De ce nombre est la préface de M. de Rohan sur les *Intérêts* des princes qu'il a *composés*. On voit, par ce dernier mot, que le livre des *Intérêts* est bien en entier l'ouvrage de M. de Rohan, et que l'opinion contraire, émise par la plupart des bibliographes qui en ont parlé, vient de ce qu'on aura confondu ce livre avec celui des *Maximes*, auquel M. de Rohan n'a contribué que pour une très-faible part.

» donne de différentes, avec les réflexions ou les discours qu'il
» a faits sur les principales affaires qui ont esté agitées de son
» temps dans la chrétienté, etc. »

**INTRIGUES** (les) du cabinet des rats, apologue national, destiné à l'instruction de la jeunesse et à l'amusement des vieillards, ouvrage traduit de l'allemand en français, et enrichi de vingt-deux planches gravées en taille-douce. — *Paris, Leroi, et veuve Marchand*, 1788. Un vol. in-8°.

Cet ouvrage singulier, et assez rare, est la réimpression de celui intitulé : *Le Renard ou le Procès des Bestes.* — Bruxelles, 1739. In-8°.

# J.

**JACQUES** ( JACQUES ).

I. Le faut mourir, ou excuses inutiles qu'on apporte à cette nécessité. Le tout en vers burlesques, par monsieur Jacques JACQUES, chanoine créé de l'église métropolitaine d'Embrun. — *Rouen, Louis Dumesnil*, 1658. Un vol. in-12.

II. LE MÊME, augmenté de l'avocat nouvellement marié, et des pensées sur l'éternité. —*Lyon, Pierre Thened*, 1707. Un vol. in-12.

**JALOUSE** (la) d'elle-mesme, comédie (*par François* LEMETEL DE BOIS - ROBERT ). — *Paris, Augustin Courbé*, 1650. In-4°.

**JAN L'ÉVANGÉLISTE**, D'ARRAS (FRÈRE).

La Philomèle séraphique, divisée en quatre parties. En la première, elle chante les dévots et ardans Soupirs de l'ame pénitente qui s'achemine à la vraye perfection. En la seconde, la Christiade, spécialement les mystères de la passion. En la troisiesme, la

Mariade, avec les mystères du rosaire. En la quatriesme, les Cantiques de plusieurs saincts. Tous en forme d'oraison et de méditation. Sur les airs les plus nouveaux, choisis des principaux auteurs de ce temps. Avec le dessus et la basse. Seconde édition, reveuë, changée et augmentée de plusieurs airs et cantiques. Par Fr. JAN L'EVANGÉLISTE *d'Arras*, prédicateur capucin. — *Tournay, Adrien Quinqué*, 1640. Deux vol. in-8°.

### JEAN DAMASCÈNE (SAINT).

Histoire de Barlaam et de Josaphat, roy des Indes, composée par sainct JEAN DAMASCÈNE, et traduicte par F. Jean DE BILLY, prieur de la chartreuse de Nostre-Dame-de-Bonne-Espérance, près le chasteau de Gaillon. — *Paris, Guillaume Chaudière*, 1578. Un vol. in-8°.

### JOCI. G. du V. (*Guillellmo du Vair*) senatus aquensis principi *(autore Andreâ* ARNAUDO). — *Avenioni, ex typograph. Jacobi Bramereau*, 1600. Un vol.in-12.

### JOHNSON (ABRAHAM).

Lucina sine concubitu. Lucine, affranchie des loix du concours. Lettre adressée à la Société royale de Londres, dans laquelle on prouve, par une évidence incontestable, tirée de la raison et de la pratique, qu'une femme peut concevoir et accoucher sans avoir de commerce avec un homme. Traduite de l'anglois d'Abraham JOHNSON. — 1750. Un vol. in-12.

### JONATHAS, tragédie tirée de l'Écriture Sainte, dédiée au roy (*par* DUCHÉ DE VANCY). — *Paris, Christophe Ballard*, 1700. In-4°.

### JOSEPH (FLAVIEN).

Histoire des Juifs, écrite par Flavien JOSEPH, sous le titre de Antiquitez judaïques, traduite sur l'original grec reveu sur divers manuscrits, par Monsieur Arnauld D'ANDILLY. Nouvelle édition enrichie d'un grand nombre de figures en táille-douce, et augmentée de plusieurs nouvelles planches qui manquoient aux précédentes éditions, concernant les anciennes cérémonies des Juifs. Et des cartes géographiques des quatre grandes monarchies des Assyriens, des Perses, des Grecs et des Romains : avec celle du voyage des Israëlites dans le désert. — *Amsterdam, Pierre Mortier*, 1700. Un vol. petit in-folio.

Cette édition est moins recherchée que celle publiée sous la même rubrique en 1681, et dont les gravures, qui n'ont point été retouchées, sont beaucoup plus belles.

**JOSEPH**, ou l'Esclave fidèle, poème *(par D. Julien Gatien* DE MORILLON*)*. — *Turin* (Tours), *Benoist Fleury et Julien Lebrun*, 1679. Un vol. in-12.

Ce poème, ayant été supprimé à cause de quelques passages trop libres qui s'y trouvent, est aujourd'hui très-rare.

**JOUBERT** (LAURENT).

La première et seconde partie des Erreurs populaires, touchant la médecine et le régime de santé. Par M. Laurent JOUBERT, conseiller et médecin ordinaire du roy, et du roy de Navarre, premier docteur régent, chancelier et juge de l'Université en médecine de Montpellier. Avec plusieurs autres petits traictez, lesquels sont spécifiez en la page suivante. — *Paris, Claude Micard*, 1587. Un vol. in-8°.

Les *petits Traictez* non mentionnés sur le titre, sont :

1° UN MESLANGE *et ramas d'autres propos vulgaires et erreurs populaires, tant de luy que de ses amis.*
2° EXPLICATION *de quelques phrases et mots touchant aucunes maladies.*
3° REMÈDES *métaphoriques et extravagans.*
4° REMÈDES *superstitieux ou vains et cérémonieux.*

5° **Propos** *fabuleux de la vipère, du bièvre* ( ou castor ), *de la salamandre et de l'ours.*

6° **Deux** *Paradoxes de lui-mesme, traduits par Isaac, son fils.*

7° **Question** *vulgaire : Quel langage parlerait un enfant qui n'aurait jamais ouy parler ?*

**JUGEMENT** (le) de Paris et le ravissement d'Hélène, tragi-comédie (*par* **Sallebray**).—*Paris, Toussaint Quinet*, 1639. In–4°.

## JUSTINIEN.

I. D. **Justiniani**, sacratissimi principis Institutionum sive elementerum libri quatuor, notis perpetuis multo quam huc usque diligentius illustrati, curâ et studio Arnoldi **Vinnii** J. C. Editio postrema ab auctore recognita. — *Amstelodami, ex officina Elzeviriana*, 1658. Un vol in–12.

**les mêmes.** — *Amstelodami, ex officina Elzeviriana*, 1669. Un vol. in–12 ( *avec un titre gravé portant la date de* 1679.)

Cette dernière édition, tout-à-fait conforme à la précédente, sur laquelle elle semble si bien calquée, que l'on pourrait la confondre avec elle, et penser que c'est la même, à laquelle on a substitué un nouveau titre, offre cependant, dans les pièces liminaires, quelques différences, suffisantes pour la faire reconnaître. La plus importante consiste en ce que les feuillets contenant la lettre *B. Schotani Arnoldo Vinnio*, qui se trouvent après l'épître dédicatoire, sont, dans l'édition de 1658, intitulés au haut des pages, *Præfatio*, et dans celle de 1669 *Epistola ad D. Vinnium.*

Quoique M. Berard ne fasse mention ni de l'une ni de l'autre de ces deux éditions dans son Essai bibliographique sur les ouvrages imprimés par les Elzevirs, elles ne sont pas moins recherchées des amateurs. MM. Brunet et Fournier citent surtout la dernière au nombre des plus estimées.

## JUVENAL (junius JUVENALIS).

Junii **Juvenalis** aquinatis Satyræ decem et sex. Cum annotatiunculis in margine adjectis, quæ brevis commentarii vice esse possint. — *Parisiis, apud Simonem Colinæum,* 1528. Un vol. in–8°. — V. l'art. *Challine.*

## JUVENTINUS (ALBUS–OVIDIUS).

La Philomèle, poème latin attribué à Albus–Ovidius Juventinus, publié avec de nouvelles leçons et des notes critiques, par Charles Nodier, bibliothécaire du roi, à l'Arsenal ( *plus la traduction en prose par l'abbé* DE MAROLLES). — *Paris, Delangle frères,* 1829. Un vol. in–8°.

Exemplaire de luxe sur grand papier vélin, avec un second titre en caractères noirs et rouges, comme celui que l'on vient de lire, portant :

Albi–Ovidii Juventini elegia de philomela. Emendavit et curavit Carolus Nodier. — *Lutetiæ Parisiorum,* 1829.

# K.

## KÉRATRY (AUGUSTE–HILARION).

Inductions morales et physiologiques, par A.–H. Kératry; seconde édition, revue et augmentée.—*Paris, Maradan, Treuttel et Wurtz,* 1818. Un vol. in–8°.

On a inséré à la fin de ce volume une lettre autographe, avec signature, de l'auteur.

## KORNMANN (HENRI).

Sibylla trygandriana seu de virginitate, virginum statu et jure, tractatus novus et jucundus, in quo ex jure naturali, divino, canonico et civili, scriptoribus ecclesiaticis et prophanis, virginitatis status laudatur, virginum jura pertractantur, multa jocunda jocunde leguntur, multa antiquorum monimenta explicantur. Quæsita physica, medica, theologica et juridica accuratius et plenius resolvuntur. Opera Henrici Korn-

MANNI ex Kirchaina Chattorum. Accessit noviter ejusdem authoris de linea amoris, annulo usitato, sponsalitio et signatorio tractatus absolutissimus. — *Francofurti, apud hæredes Jac. Fischeri,* 1629. Un vol. in-12.

# L.

## LABBE (PHILIPPE).

I. Tableaux généalogiques de la maison royale de France, et le blazon royal des armoiries des roys, reynes, dauphins, fils et filles de la maison royale de France, et leurs descendants en lignes directe et collatérale, traictées d'une façon nouvelle et aisée, par P. LABBE. — *La Haye, Adrian Vlacq,* 1654. Un vol. in-12.

II. Les Etymologies de plusieurs mots françois contre les abus de la secte des hellénistes de Port-Royal. Sixième partie des racines de la langue grecque, du R. P. Philippe LABBE, de la compagnie de Jésus. — *Paris, Guillaume et Simon Benard,* 1661. Deux tomes en un vol. in-12.

## LABÉ (LOUISE).

Euvres de Lovize LABÉ, lionnoise, surnommée la Belle Cordière. — *Brest, Michel,* 1815. Un vol. in-8° *(sur carré ordinaire).*

Cette réimpression d'un recueil devenu très-rare est elle-même peu commune, n'ayant été tirée qu'à cent quarante exemplaires, *vingt* sur carré ordinaire, *cent seize* sur carré vélin, *trois* sur papier rose de pâte, et *un seul* sur peau de vélin, en deux volumes.

**LABOUREUR ( louis LE ).**

Charlemagne poëme héroïque. A son Altesse Sérénis-
sime Monseigneur le Prince. Par Louys LE LABOU-
REUR, bailly du duché de Montmorency. — *Paris,
Louys Billaine*, 1664. Un vol. in–8º.


**LA CROIX DU MAINE (françois GRUDÉ, *plus connu
sous le nom de* )**

Les Bibliothèques françoises de LA CROIX DU MAINE et
de DU VERDIER, sieur DE VAUPRIVAS; nouvelle édition, dédiée au roi, revue, corrigée et augmentée d'un
discours sur le progrès des lettres en France, et des
remarques historiques, critiques et littéraires de
M. DE LA MONNOYE et de M. le président BOUHIER,
de l'Académie françoise ; de M. FALCONET, de l'Académie des Belles-Lettres. Par M. RIGOLEY DE JUVIGNY,
conseiller honoraire au parlement de Metz. — *Paris,
Saillant et Nyon*, et *Michel Lambert*, 1772 et 1773.
Six vol. in–4º.


**LALLEMANT ( nicolas et richard ).**

Bibliothèque historique et critique des théreutico-
graphes ou écrivains qui ont traité de la chasse.
Objet qui représente les mœurs des diverses nations,
celles des animaux, et qui renferme la clef de l'histoire naturelle ; avec diverses origines. Par MM.
LALLEMANT. — *Rouen, de l'Imprimerie privilégiée,*
1763. Un vol. in–8º.

Cette Bibliothèque, composée pour être placée en tête de
l'Ecole de la chasse aux chiens courants, de Verrier de la Con-
terie, publiée, en 1763, par MM. Lallemant, ne se rencontre
jamais séparée de cet ouvrage avec un titre particulier. L'exemplaire dont il s'agit ici pourrait même bien être unique. Il a
appartenu à MM. Lallemant, qui avaient fait intercaler un
feuillet blanc entre chaque feuillet imprimé, pour y ajouter des
notes, corrections, etc.

**LANGLOIS** ( EUSTACHE-HYACINTHE ).

**I.** Notice sur l'Incendie de la cathédrale de Rouen, occasionné par la foudre, le 15 septembre 1822, et sur l'histoire monumentale de cette église, ornée de six planches, par E.-H. LANGLOIS, du Pont-de-l'Arche, peintre, memb. de la Soc. roy. des Antiq. de France, de la Soc. d'Em. de Rouen, de la Comm. pour la rech. des Antiq. de la Seine-Inf. , des Soc. acad. de Nantes et de Metz. — *Rouen*, 1823. Un vol. in-8°.

Exemplaire sur grand papier vélin, auquel on a ajouté une lettre autographe, avec signature, de l'auteur.

**II.** Hymne à la cloche, par E.-H. LANGLOIS, du Pont-de-l'Arche, peintre. — *Rouen*, *F. Baudry*, 1832. Un vol. in-8°.

Cette ingénieuse bagatelle a le double mérite d'être très-bien exécutée et d'une assez grande rareté, puisqu'elle n'a été imprimée qu'à cent vingt-deux exemplaires. Celui mentionné ici se recommande spécialement par un hommage écrit de la main et revêtu de la signature de l'auteur.

**III.** Souvenirs de l'école de Mars et de 1794, par E.-Hyacinthe LANGLOIS, du Pont-de-l'Arche. — *Ibid.*, *id.*, 1836. Un vol. in-8° ( *sur grand papier vélin* ).

Cet exemplaire est un de ceux tirés, au nombre de *huit* seulement, sur ce papier, avec un titre à trois couleurs, ce qui est attesté par une note écrite de la main de l'auteur et revêtue de sa signature.

**LAU** ( THÉODORE-LOUIS ).

Méditations philosophiques sur Dieu, le monde et l'homme, par T.-L. LAU, ci-devant ministre du duc de Courlande. — *Königsberg*, *aux dépens des parents de l'auteur*, 1770. Un vol. in-12.

Petit volume que l'on rencontre difficilement aujourd'hui. M. Barbier (qui n'a probablement jamais eu occasion de le voir, et n'en a parlé que sur des renseignements inexacts [1]) prétend qu'il faisait partie d'une collection de livres philosophiques publiés à Londres en 1773, sous le titre de *Bibliothèque du bon sens portatif.*

Il est la réimpression, avec la traduction française en regard et une préface contenant quelques détails sur la vie de l'auteur, d'un livre que son extrême rareté a fait échapper aux recherches de tous les bibliographes, et dont le seul exemplaire connu est peut-être celui mentionné ci-après à l'article *Méditations.*

## LAUNAY (DE).

Les Aphorismes d'Hypocrate mis en vers françois. Dédiez à monsieur Boudet, conseiller, premier chirurgien du roy. Par le sieur DE LAUNAY, chirurgien. — *Rouen, Jean Viret*, 1642. Un vol. in-8°.

## LAUVERGNE (Madame DE).

Recueil de poésies. Par Madame DE LAUVERGNE. Dédié à Madame la marquise de Neuville. — *Paris, Claude Barbin*, 1680. Un vol in-12.

## LEBEUF (JEAN).

I. Recueil de divers écrits pour servir d'éclaircissemens à l'histoire de France, et de supplément à la Notice des Gaules. Par M. l'abbé LEBEUF, chanoine et sous-chantre de l'église d'Auxerre. — *Paris, Jacques Barois fils*, 1738. Deux vol. in-12.

II. Dissertation sur l'histoire ecclésiastique et civile de Paris, suivie de plusieurs éclaircissemens sur l'histoire de France. Ouvrage enrichi de figures en taille-douce. (*Par LE MÊME*). — *Paris, Lambert et Durand*, 1739 à 1743. Trois vol. in-12.

[1] Ce qui justifie cette conjecture, c'est que M. Barbier place dans son Dictionnaire, sous le n° 10,997, ce volume au nombre des livres anonymes, quoique le nom de l'auteur se trouve sur le titre, et qu'il l'indique comme étant in-18, tandis qu'il est in-12.

**LEBRUN** ( pierre ).

Le Voyage de Grèce. Poëme par M. Pierre Lebrun. — *Paris, Ponthieu et C^{ie}*, 1828. Un vol. in-8°.

A la fin duquel on a inséré une lettre autographe, avec signature, de l'auteur.


**LEBRETON** ( théodore ).

Heures de repos d'un ouvrier, par Théodore Lebreton. Deuxième édition. — *Rouen, E. Legrand*, 1838. — Un vol. in-18.

On a relié à la fin de ce volume une copie de la pièce intitulée l'*Ame d'un Poète*, écrite de la main et revêtue de la signature de l'auteur.


**LECARPENTIER** ( charles-jacques-françois ).

Itinéraire de Rouen, ou Guide des voyageurs dans cette ville et ses environs, par C.-J.-F. Lecarpentier, professeur de l'Académie de dessin et de peinture, membre de l'Académie et de la Société d'Emulation de Rouen, correspondant de l'Institut, etc. Troisième édition, revue et augmentée. — *Rouen, les principaux libraires*, 1826. Un vol. in-12.

Exemplaire unique sur grand papier vélin de couleur. Cette édition, faite après le décès de l'auteur, arrivé en 1822, a été publiée par M. Alexandre-Louis Marquis, professeur de botanique à Rouen, auquel on doit les nombreuses augmentations et améliorations que l'on y remarque, en la comparant aux deux précédentes.


**LEFEVRE** (guy) **DE LA BODERIE.**

La Galliade, ou de la Révolution des arts et sciences. A Monseigneur fils de France, frère unique du roy. Par Guy Lefevre de la Boderie, secrétaire de monseigneur et son interprète aux langues pérégrines. — *Paris, Guillaume Chaudière*, 1578. Un vol. in-4°.

LEFEVRE (ISIDORE–SIMON).

Chansons par I.-S. LEFEVRE. — *Rouen, imprimerie de D. Brière*, 1832. Un vol. in–18.

Exemplaire unique sur papier de couleur, à la fin duquel on a ajouté six chansons inédites et autographes, avec signature, de l'auteur.

LEFILLEUL DES GUERROTS.

Fables et Poésies diverses, par LEFILLEUL des Guerrots. Nouvelle édition, revue, corrigée et augmentée. — *Paris, Firmin Didot*, 1824. Un vol. in–8°.

On a inséré à la fin de ce volume une fable inédite, écrite de la main et revêtue de la signature de l'auteur.

LE GENDRE.

La Manière de cultiver les arbres fruitiers, par le sieur LE GENDRE curé d'Hénouville. Où il est traitté des pépinières. Des espalliers. Des contr'espalliers. Des arbres en buisson et à haute tige. Seconde édition. — *Paris, Antoine Vitré*, 1653. Un vol. in–12.

Ce petit traité, plein de renseignements utiles et curieux, est aujourd'hui fort rare et très-recherché des amateurs.
Quoique le nom de M. Le Gendre se trouve, non-seulement sur le titre, mais encore au bas de l'épître dédicatoire, dans le privilége du roi, daté du 22 avril 1652, ainsi que dans le transport de ce privilége au libraire, et que M. Servin lui ait consacré un article dans son Essai sur la Normandie littéraire, tous les biographes s'accordent pour lui contester la paternité de cet ouvrage. Mais ils sont loin de s'entendre sur le véritable auteur, dont le curé d'Hénouville n'aurait été que le prête-nom, si toutefois il n'a pas fourni quelques mémoires ou observations qui ont pu servir de base au travail. On peut consulter à ce sujet l'excellente note, insérée sous le n° 10734, du Dictionnaire des Anonymes et Pseudonymes de M. Barbier. Je remarquerai seulement que ce savant bibliographe paraît n'avoir pas connu l'édition dont il s'agit ici, puisqu'il ne cite que la première, qui parut en 1652, et une autre publiée à Paris chez de Beaujeu, en 1672, augmentée de l'instruction sur les arbres fruitiers, par M. R. T. P. D. S. M. (*R. Triquet, prieur de Saint-Marc*).

9

## LEMESLE (CHARLES).

Proverbes dramatiques, par Charles LEMESLE.—*Paris*, *P. Mongie aîné*, 1830. Un vol. in-8°.

On a relié dans le même volume :

Petite Fronde de 1831, chansons, par Charles LEMESLE. —*Paris, veuve Charles Béchet, septembre ;*

Et de plus une lettre autographe, avec signature, de l'auteur, à l'occasion de ses Proverbes dramatiques.

On a encore de M. Lemesle un autre recueil intitulé : *Macédoine poétique, par C. L. — Paris, Rignoux*, 1824. In-18. A l'occasion duquel je ferai observer que M. Barbier, trompé sans doute par la ressemblance du titre, l'a attribué mal à propos à M. Leger, qui avait publié, en 1819, la *Macédoine poétique, ou poésies et chansons érotiques, badines et grivoises, de F. P. A. Leger*, etc.

## LEMIRE (ALPHONSE-RÉNÉ).

Grammaire philosophique ou Cours complet de langue anglaise ; méthode analytique pour apprendre facilement cette langue ; par A. LEMIRE, professeur de langues et de littérature. — *Rouen, imprimerie de D. Brière*, 1831. Un vol. in-8°.

Exemplaire unique tiré sur papier de couleur.

## LEMOYNE (PIERRE).

I. Entretiens et lettres poétiques de P. LEMOYNE, de la Compagnie de Jésus. —*Paris, Estienne Loyson*, 1665. Un vol. in-12.

II. Saint Louys, ou la sainte couronne reconquise, poème héroïque par le P. Pierre LEMOYNE, de la Compagnie de Jésus.—*Paris, Louys Bilaine*, 1666. Un vol. in-12.

## LEMONTEY (PIERRE-ÉDOUARD).

Essai sur l'établissement monarchique de Louis XIV, et sur les altérations qu'il éprouva pendant la vie de ce prince. Morceau servant d'introduction à une histoire critique de la France, depuis la mort de Louis XIV ; précédé de nouveaux mémoires de Dangeau, contenant environ 1000 articles inédits, sur les événements, les personnes, les usages et les mœurs de son temps, avec des notes autographes, curieuses et anecdotiques, ajoutées à ces mémoires par un courtisan de la même époque. Par Pierre-Edouard LEMONTEY. — *Paris, Déterville*, 1818. Un vol. in-8°.

Cet essai, réimprimé dans la collection des œuvres de l'auteur publiée depuis sa mort, est difficile à trouver aujourd'hui séparément, par le soin que M. Lemontey, qui éprouvait quelque regret de l'avoir fait paraître, a mis à en supprimer tous les exemplaires. On peut voir ce que dit à cet égard M. Arnault dans ses Notices sur quelques Contemporains, tome 5 de ses œuvres, page 504.

## LENGLET-DUFRESNOY (NICOLAS).

I. L'Histoire justifiée contre les romans. Par M. l'abbé LENGLET-DUFRESNOY. — *Amsterdam, J.-F. Bernard*, 1735. Un vol. in-12.

II. Recueil de dissertations anciennes et nouvelles, sur les apparitions, les visions et les songes. Avec une préface historique, par M. l'abbé LENGLET-DUFRESNOY. — *Avignon et Paris, Jean-Noël Leloup*, 1751. Deux tomes en quatre vol. in-12.

III. Histoire de Jeanne d'Arc, vierge, héroïne et martyre d'état ; suscitée par la Providence pour rétablir la monarchie françoise. Tirée des procès et autres pièces originales du temps. Par M. l'abbé LENGLET-DUFRESNOY. — *Orléans, Couret de Villeneuve*, 1753 et 1754. Trois parties en deux vol. in-12. — V. les art. *Fénélon III, Gordon de Percel, Martial d'Auvergne, Marot*, et le *Moyen de parvenir*.

**LENTULUS** (cyriacus).

I. Cyriaci Lentuli Augustus, sive de convertenda in monarchiam republica juxta ductum et mentem Taciti. — *Amstelodami, apud Ludovicum Elzevirium,* 1645. Un vol. in–12.

Livre très-rare et du petit nombre de ceux imprimés par les Elzevirs, échappés aux recherches de M. Berard sur ces imprimeurs célèbres.

II. Nova Renati Descartes sapientia faciliori quam antehac methodo detecta, a Cyriaco Lentulo.—*Herbornæ Nassoviorum,* 1651. Un vol. in–12.

**LESCARBOT** ( marc ).

Le Tableau de la Suisse et autres alliez de la France ès hautes Allemagnes. Auquel sont descrites les singularités des Alpes, et rapportées les diverses alliances des Suisses : particulièrement celles qu'ils ont avec la France. Par Marc Lescarbot advocat en parlement. — *Paris, Adrian Perier,* 1618. Un vol. in–4°.

**LESFARGUES.**

David. Poème héroïque, dédié à Monseigneur le chancelier. Par le sieur Lesfargues. — *Paris, Pierre Lami,* 1660. Un vol. in–12.

Poème qui n'a d'autre mérite que celui d'être difficile à trouver complet et d'une condition passable ; ce qui a fait dire à M. Brunet qu'il est plus rare que recherché.

**LETTRE** neuvième, relative à la bibliothèque publique de Rouen, traduite de l'anglais, avec des notes, par M. The Licquet, conservateur de cette bibliothèque. — *Paris, imprimerie de Crapelet,* 1821. Un vol. in–8°, de 48 pages.

Le faux-titre porte : *Voyage bibliographique, archéologique et pittoresque, en France et en Allemagne, par le rév. Th. Frognall* Dibdin.

M. Licquet, qui depuis a, conjointement avec M. Crapelet, traduit l'ouvrage de M. Dibdin, publié sous ce dernier titre, quatre vol. in-8°, Paris, 1825, avait fait, quatre ans avant cette publication, imprimer séparément quelques exemplaires de cette neuvième lettre, sur grand papier vélin, pour ses amis, ce qui fait qu'on ne la trouve point dans le commerce. L'exemplaire dont il s'agit ici contient un hommage écrit de la main et revêtu de la signature du traducteur.

## LETTRES.

Lettres d'amour d'une religieuse portugaise. Escrites au chevalier de C. (*Noël Bouton de Chamilly*), officier françois en Portugal. Enrichies et augmentées de plusieurs nouvelles lettres, fort tendres et passionnées de la présidente de F. (*Ferrand*) à M. le baron de B. (*Breteuil*). Dernière édition. — *La Haye, Jacob van Ellinckhuysen*, 1696. Un vol. in-12.

Cette édition, assez rare aujourd'hui, paraît n'avoir pas été connue de MM. de Saint-Léger et Barbier. Sans quoi ils auraient certainement évité deux erreurs qui se sont glissées dans la notice historique et bibliographique dont ils ont enrichi l'édition des Lettres portugaises imprimée à Paris chez Delance en 1807. La première de ces erreurs consiste à ne citer comme publiées par van Ellinckhuysen que deux éditions des Lettres portugaises, l'une en 1688, l'autre en 1707; et la seconde, à affirmer que c'est dans cette dernière édition que l'on joignit, *pour la première fois*, les lettres de la présidente Ferrand au baron de Breteuil, et que cette même édition de 1707 contient aussi, *pour la première fois*, douze lettres au lieu de cinq, et onze réponses du chevalier de Chamilly.

La rareté du petit volume qui fait l'objet de cet article, et que je n'ai jamais vu cité, ni même indiqué dans aucun dictionnaire bibliographique, quoiqu'il soit d'une très-belle exécution, m'engage à en donner ici une description détaillée.

Il contient en tout 310 pages, y compris un avis au lecteur, le titre et même une gravure qui se trouve en regard. La première lettre commence à la page 7, et la douzième finit à la page 94. Viennent ensuite deux feuillets non numérotés. Sur le premier se trouve un faux-titre portant : *Réponces du chevalier de C. aux lettres d'amour d'une religieuse en Portugal. Edition nouvelle.* Le second contient un *Avis au lecteur.* Les réponses, au nombre de onze, remplissent l'intervalle des pages 99 à 213. Le feuillet suivant, non numéroté, porte en

faux-titre : *Nouvelles Lettres d'amour fort tendres et passionnées de la présidente F. à M. le baron de B.* Ces dernières
lettres occupent les pages 217 à 308. A la page 309 se trouve
un *sonnet* souscrit du nom de *Chapelle*, et à la page 310, des
*vers sur une absence*, sans indication d'auteur. Ces deux
dernières pièces sont, ainsi que les avis au lecteur, en lettres
italiques.

**LETTRES** sur l'amour, adressées à Madame A. D....
( *Aurore Dupin*). Par C. R. ( *Narcisse-Honoré* CEL-
LIER.) — *Paris*, *Delaunay*, 1837. Un vol. in-12.

On a relié à la fin quatre feuillets du manuscrit, constatés par
la signature de l'auteur, apposée sur le dernier.

**LETTRES** sur l'éducation des princes. Avec une lettre
de Milton, où il propose une nouvelle manière d'é-
lever la jeunesse en Angleterre. — *Edimbourg*,
*John True-Man* ( Paris, Barrois ), 1746. Un vol.
in-12.

Ces lettres, composées pour être adressées à M. le duc de
Chartres, depuis duc d'Orléans et régent du royaume, sont de
M. DE FONTENAY, qui eut la plus grande part à l'éducation de ce
prince. Elles sont précédées d'une préface très-remarquable de
M. l'abbé LEBLANC, auquel on doit aussi la traduction de
la lettre de Milton qui termine le volume.

On trouve, dans la Bibliographie instructive de M. de Bure,
sous le n° 4156, des détails très-curieux sur une contrefaçon de
ce volume, faite à Londres, quelques mois après sa publication,
par le libraire Brindley, sous le même titre et à la même date;
et sur les soins que prit alors le prince de Galles pour faire supprimer et remplacer par un carton une note relative au jeune
prétendant Edouard d'Ecosse, insérée à la page 78 de la
préface.

Les exemplaires d'où cette note n'a pas été retranchée sont
en très-petit nombre et par conséquent fort rares, ce qui m'engage à la reproduire ici :

« C'est, dit l'auteur (à l'occasion d'Agésilas), parce que Henri
» IV avoit eu une éducation semblable, qu'il est devenu un des
» plus grands rois de la monarchie françoise, et qu'il a sçu conqué-
» rir par sa valeur un royaume qui lui étoit dû par sa naissance,
» qu'il méritoit par ses vertus. Puisse (ajoute-t-il) le jeune
» héros d'Ecosse, qui suit si glorieusement ses traces, triom-
» pher aussi heureusement de ses ennemis ! Comment ne s'in-

» téresseroit-on pas au sort d'un prince qui, pour monter sur
» un trône qui lui appartient, fait aujourd'hui ce qu'ont fait les
» plus grands héros de l'antiquité! Il peut bien dire, avec
» l'Egiste de M. de Voltaire:

> « Hercule, ainsi que moi, commença sa carrière ;
> » Il sentit l'infortune en ouvrant la paupière ;
> » Et les Dieux l'ont conduit à l'immortalité,
> » Pour avoir, comme moi, vaincu l'adversité. »

**LIBERTÉ** (la) du cloître; poëme, par l'auteur des Lettres à Emilie ( *Charles – Albert* DEMOUSTIER). — *Paris, Bossange et C^{ie}; et Nantes, Louis*, 1790. Un vol. in–8°.

Ce poème, que l'auteur regretta plus tard d'avoir fait paraître, n'ayant jamais été réimprimé depuis, ni compris dans la collection de ses œuvres publiée après sa mort, a aujourd'hui le mérite d'une certaine rareté, qui fait tout son prix aux yeux des amateurs.

**LICQUET** (FRANÇOIS–THÉODORE).

Recherches sur l'histoire religieuse, morale et littéraire de Rouen, depuis les premiers tems jusqu'à Rollon, mémoire couronné par la Société libre d'Emulation de Rouen, dans sa séance publique du 9 juin 1826, par Théod. LICQUET, conservateur de la bibliothèque publique de Rouen, membre de l'Académie royale de cette ville et de la Société des Antiquaires de Normandie. — *Rouen, J. Frère*, 1826. Un vol. in–8°.

Cet exemplaire est l'un des deux seuls qui aient été imprimés sur papier de couleur. — V. l'art. *Lettre neuvième*.

**LINGENDES** (JEAN DE).

Les Changemens de la bergère Iris. A Madame la princesse de Conty. Par J. DE LINGENDES, reveus, corrigez et augmentez par l'autheur. — *Paris, Toussaint du Bray*, 1618. Un vol in–12.

I. **LIVRE** (le) à la mode. — *A Verte-feuille, de l'imprimerie du Printemps, au Perroquet, l'année nouvelle* (Paris, 1759).

**II.** LIVRE (le) à la mode, nouvelle édition, marquetée, polie et vernissée. — *En Europe, chez les libraires,* 1000 700 60 (Paris, 1760).

**III.** LIVRE (le) de quatre couleurs. — *Aux Quatre-Eléments, de l'imprimerie des Quatre-Saisons,* 4444 (Paris, 1760). Trois tomes en un vol. in–12.

Ces trois bagatelles sont de M. le marquis de Caraccioli. Leur principal mérite consiste dans la bizarrerie de l'impression : le premier étant en encre verte, le second en encre rouge, et le troisième en encres de quatre couleurs différentes. Elles sont assez rares aujourd'hui, et ne laissent pas que d'avoir quelque prix pour les amateurs, lorsqu'ils les trouvent réunies. M. Barbier, trompé sans doute par la petite dimension du papier sur lequel ces livres ont été imprimés, les a indiqués, à tort, comme étant in-12. Il a commis encore une autre erreur, en ne citant, à l'article du *Livre à la mode*, que le second, qu'il a probablement pris pour une réimpression du premier, en voyant sur le titre *nouvelle édition*, tandis que c'est un ouvrage tout-à-fait différent.

## LORET (JEAN).

**I.** Poësies burlesques, contenant plusieurs épistres à diverses personnes de la cour. Et autres œuvres en ce genre d'escrire, par le sieur LORET. — *Paris, Antoine de Sommaville,* 1647. Un vol. in–4°.

**II.** La Muse historique ; ou Recueil de lettres en vers, escrites à Son Altesse Mademoiselle de Longueville, par le sieur LORET, année mil six cent cinquante, livre premier, dédié au roy. —*Paris, Charles Chenault,* 1656. Un vol. in–f°.

## LORME (T. DE).

La Muse nouvelle, ou les agréables Divertissemens du Parnasse, par T. DE LORME, A. E. P. (*avocat en parlement*). — *Lyon, Benoît Coral,* 1665. Un vol. in–12.

Assez rare pour avoir échappé aux recherches de M. l'abbé Goujet.

**LORRIS** ( GUILLAUME DE ) et JEAN **DE MEUNG.**

Le Roman de la Rose , par Guillaume DE LORRIS et Jean DE MEUNG , dit CLOPINEL. Edition faite sur celle de Lenglet–Dufresnoy, corrigée avec soin, et enrichie de la dissertation sur les auteurs de l'ouvrage, de l'analyse, des variantes et du glossaire , publiés en 1737, par J.–B. LANTIN DE DAMEREY, avec figures.—*Paris, J.–B. Fournier et fils et P.–N.–F. Didot, an VII* (1799). Cinq vol. in–8°.

**LORTIGUE (DE ).**

Les Poëmes divers du sieur DE LORTIGUE , Provençal, où il est traicté de guerre, d'amour, gayetez, poincts de controverses, hymnes , sonnets et autres poésies au roy.—*Paris , Jean Gesselin*, 1617. Un vol. in–12.

**LUCAIN** ( MARCUS–ANNÆUS **LUCANUS** ).

Marci – Annæi LUCANI Pharsalia, cum supplemento Thomæ Maii. — *Parisiis, typis Barbou* , 1767. Un vol. in–12.

**LUCAIN** travesti, ou les Guerres civiles de César et de Pompée, en vers enjouez. — *Rouen , L. Maurry*, 1656. Un vol. in–12.

Ouvrage de la jeunesse de BRÉBEUF , et le plus rare aujourd'hui de tous ceux qu'il a publiés.

**LUCIEN.**

LUCIEN, de la traduction de N. PERROT, sieur D'ABLANCOURT. Avec des remarques sur la traduction. Nouvelle édition revue et corrigée. — *Amsterdam, Pierre Mortier*, 1709. Deux vol. in–8°.

# M.

## MAGNON (JEAN).

I. Josaphat, tragi-comédie de Mʳ MAGNON. — *Paris, Toussainct Quinet*, 1647. In–4°.

II. Jeanne de Naples. Tragédie. Par Mʳ MAGNON. — *Paris, Louis Chamhoudry*, 1656. In–4°.

## MAGNY ( OLIVIER DE ).

Les Amours d'Olivier DE MAGNY, Quercinois, et quelques odes de luy, ensemble un recueil d'aucunes œuvres de monsieur SALEL, abbé de Saint–Chéron, non encore veuës. — *Paris, Estienne Groulleau*, 1553. Un vol. in–12.

## MAHOMET.

L'Alcoran de MAHOMET. Translaté d'arabe en françois, par le sieur DU RYER, sieur de la Garde Malezair. — *Suivant la copie imprimée à Paris chez Antoine de Sommaville* (Hollande, Elzevirs), 1649. Un vol. in–12.

On peut consulter la note de M. Bérard sur cette édition, bien préférable à celle sortie des mêmes presses, en 1672. J'ajouterai seulement, à la description très-exacte qu'il en a donnée, que le titre est imprimé partie en lettres rouges et partie en lettres noires.

## MAILLARD ( OLIVIER ).

I. Opus quadragesimale egregium magistri Oliverii MAILLARDI, sacre theologie preclarissimi ordinis minorum preconis : quod quidem in civitate Nannetenum fuit per eumdem publice declamatum, ac nuper Parisiis impressum. — *Jehan Petit* ( 1506).

II. Divini eloquii preconis celeberrimi fratris Oliverii Maillardi, ordini minorum professoris Sermones de adventu, declamati Parisiis in ecclesia sancti Johannis-in-Gravia. — (*Le même, même année.*) Deux tomes en un vol. in–8°.

Ces recueils, imprimés à deux colonnes, en caractères gothiques, sont très-rares, et je ne me rappelle pas les avoir jamais vus indiqués. M. de la Bouderie lui-même n'en a fait aucune mention dans la notice spéciale par lui publiée en 1826 sur Olivier Maillard, notice qui d'ailleurs laisse beaucoup de choses à désirer.

## MAIRET ( JEAN ).

I. La Silvanire, ou la Morte-vive, du Sr Mairet, tragi-comédie, pastorale dédiée à Mme la duchesse de Montmorency, avec les figures de Michel Lasne. *(Et de plus à la suite)* : Autres œuvres lyriques du Sr Mairet. — *Paris, François Targa*, 1631. Un vol. in–4°.

II. Le Marc-Antoine, ou la Cléopâtre, tragédie de Mairet. — *Paris, Antoine de Sommaville*, 1637. In–4°.

III. LE MÊME. — *Sur l'imprimé, à Paris chez Antoine de Sommaville*, 1639. In–12.

## MAISONFLEUR ( ÉTIENNE DE ).

Les Cantiques du Sieur DE MAISONFLEUR, gentilhomme françois. OEuvre excellent et plein de piété, auquel ont de nouveau esté adjoustez en ceste dernière édition plusieurs opuscules spirituels, recueillis de divers autheurs, comme il est contenu en la page suivante. — *Paris, Guillaume Auvray*, 1586. Un vol. in–12.

Les opuscules insérés dans ce recueil à la suite des cantiques du sieur de Maisonfleur, et dont l'indication sommaire se trouve au verso du titre, sont :

1° PRIÈRES *et Sainctes doléances de Job*, *par* R. Belleau;.

2° MUSE *chrestienne, c'est-à-dire recueil de sonets, odes et autres œuvres de divers autheurs* (Philippe Despostes, Marin Le Saulx, Th. de Santemont *et* Joachim du Bellay), *aucuns desquels sont de nouveau mis en lumière*;

3° OCTONNAIRES, *sur la vanité et inconstance du monde*, *par A. Z.* ( André Zamariel, ou le ministre de la Roche-Chandieu, *qui s'est caché sous ce nom*);

4° DE LA GRANDEUR *de Dieu et de la Cognoissance qu'on peut avoir de lui par ses œuvres. Item de la Sapience et de la bonté de Dieu*, *par* P. du Val, *évesque de Séez*;

5° HYMNE *chrestien*, *par* Joach. du Bellay;

6° PARAPHRASE *sur le* Te Deum laudamus, *etc., de* P. de Ronsard;

7° DÉPLORATION *des maulx et vices que voyons régner ce jourd'hui sur la terre*;

8° QUATRAIN *de la vanité des richesses*;

9° QUATRAINS *spirituels de l'Honeste amour, nouvellement mis en lumière, par* Y. R. S. (Yves Rouspeau, Sainctongeois);

10° LES QUATRAINS *du seigneur de* Pibrac, *conseiller du roy en son conseil privé*, *etc.*

Et 11° ODE *de* Philippe Desportes *sur le plaisir de la vie rustique.*

## MALHERBE (FRANÇOIS DE).

Les Œuvres de Fronçois DE MALHERBE, avec les observations de Mʳ Ménage et les remarques de Mʳ Chevreau sur les poésies. — *Paris, les frères Barbou*, 1723. Trois vol. in–12.

## MALINGRE (c.).

Traicté de la loy salique, armes, blasons et devises des François, retirez des anciennes chartes, panchartes, chroniques et annales de France, par C. MALINGRE, historiographe. — *Paris, Claude Collet*, 1614. Un vol. in–8°.

## MALLEVILLE (CLAUDE DE).

Poésies du sieur DE MALLEVILLE. — *Paris, Augustin Courbé*, 1649. Un vol. in–4°.

LES MÊMES. — *Paris, Nicolas Bessin*, 1659. Un vol. in–12.

## MANOURY (P.-A.) et DROUET (V).

Manuel du marin, par P.-A. MANOURY et V. DROUET, anciens élèves de l'école spéciale de marine à Brest, capitaines au long–cours. — *Paris, Bachelier*, 1837. Un vol. in–18.

Seul exemplaire tiré sur papier de couleur.

## MANUEL révolutionnaire, ou pensées morales sur l'état des peuples en révolution (*par* DE TOULONGEON). — *Paris, Dupont, an IV.* Un vol. in–18.

Quoique le faux-titre porte : *Collection des Moralistes*, ce joli volume, aujourd'hui peu commun, n'est point ordinairement compris au nombre de ceux dont se compose cette collection.

## MARAT (JEAN-PAUL).

I. Recherches physiques sur l'électricité; par M. MARAT, docteur en médecine, et médecin des gardes–du-corps de Monseigneur le comte d'Artois. — *Paris, Clousier, etc.*, 1782. Un vol. in–8°.

II. Les Chaînes de l'esclavage. Ouvrage destiné à développer les noirs attentats des princes contre les peuples ; les ressorts secrets, les ruses, les menées, les artifices, les coups–d'état qu'ils emploient pour détruire la liberté, et les scènes sanglantes qui accompagnent le despotisme. Par J.-P. MARAT, l'ami du peuple. — *Paris, Marat, l'an premier de la république.* — Un vol. in–8°.

Ce livre, que l'auteur avait d'abord publié en anglais, en 1774, était très-recherché avant une réimpression qui en a été faite depuis la révolution de 1830. Mais les amateurs préfèrent toujours les exemplaires des deux premières éditions, à cause de leur rareté, à ceux de cette dernière.

## MARCONVILLE ( JEAN DE ).

De la Bonté et Mauvaisetie des femmes. Par Jean DE
MARCONVILLE, gentilhomme percheron. — *Lyon ,
Jean Pigot,* 1568. Un vol. in–16.

Les biographes ne sont point d'accord sur le nom de cet auteur, que la plupart écrivent MARCOUVILLE. Sur quoi M.
Rigaley de Juvigny, à l'occasion de son article dans la Bibliothèque Françoise de la Croix-de-Maine, prétend que, quoiqu'on
écrive MARCONVILLE, on doit prononcer MARCOUVILLE, comme
dans les mots *monstier* et *convent*, qui se prononcent *moutier*
et *couvent*.

## MARESCHAL (ANTOINE).

La généreuse Allemande , ou le Triomphe de l'Amour ,
tragi–comédie mise en deux journées, par le sieur
MARESCHAL, où, sous nom empruntez et parmy
d'agréables et diverses feintes, est représentée l'histoire de feu monsieur et madame de Cirey.—*Paris,
Pierre Rocolet,* 1631. Un vol in–8°. — V. l'art.
*Railleur ( le ).*

## MARGUERITE DE VALOIS.

I. Marguerites de la MARGUERITE des princesses,
très illustre royne de Navarre ( *recueillies par* Jean
Delahaye, *son valet de chambre* ). — *Lyon , Jean
de Tournes,* 1547. Un vol. in–8°.

Ce recueil est indiqué par plusieurs bibliographes comme
devant être en deux volumes. D'après l'analyse que M. de Roure
en a donnée, dans son Analectabiblion, tome I, page
355, celui-ci serait un tirage du second, avec un titre spécial.
Il contient ce qu'on pourrait appeler les Poésies profanes de
Marguerite de Valois, l'autre n'étant composé que de pièces
sur des sujets de piété.

II. Mémoires de la reyne MARGUERITE. Dernière édition plus correcte ( *publiée par* Auger de Mauléon,
*sieur* de Granier ). — *Goude , Guillaume de Hoeve,*
1649. Un vol. in–12.

III. L'Heptameron, ou histoire des amans fortunèz.
Des nouvelles de très–illustre et très–excellente
princesse MARGUERITE DE VALOIS, royne de Navarre.
Réunis en son vrai ordre, confus auparavant en sa
première impression. Dédié à très–illustre et très–
vertueuse princesse Jeanne, royne de Navarre. Par
Claude GRUGET, Parisien. — *Sur l'imprimé à Paris,
chez Jacques Bessin*, 1698. Deux vol. in–12.

## MARIA STELLA.

Maria Stella, ou échange criminel d'une demoiselle du
plus haut rang contre un garçon de la condition la
plus vile. Se vend au profit des pauvres. — *Paris,*
1830. Un vol. in–8°.

Le but de cet ouvrage très-curieux est d'établir que Louis-
Philippe, élevé par la révolution du mois de juillet 1830, sur le
trône des Français, n'est point le fils du duc d'Orléans, connu
sous le nom de Philippe *Egalité*, mais celui d'un huissier de
Modigliana, nommé Laurent Chiappini, et qu'un échange
criminel aurait eu lieu, au moment de sa naissance, contre une
fille, dont la duchesse d'Orléans serait accouchée en 1773, pendant un voyage qu'elle fit incognito, à cette époque, en Italie,
avec son mari, sous les noms du comte et de la comtesse *de
Joinville*.
Il ne m'appartient pas d'entrer, surtout ici, dans plus de
détails sur cette importante question d'état, qui probablement
restera toujours indécise. Mais je ne puis m'empêcher de remarquer que, quoique le résultat des événemens du mois de juillet
semble avoir été en quelque sorte improvisé par les circonstances, il avait cependant dû être prévu d'avance et préparé
de longue main. En effet, on trouve page 197 de ce volume, publié au commencement de juin, et annoncé dans le numéro de la
Bibliographie de la France, du 10 du même mois, ce passage,
bien digne de fixer l'attention, d'une lettre de M. Lafont
d'Aussonne, à celle qui se prétend fondée à contester à Louis-
Philippe sa possession d'état :

« D'après *les choses que je sais et les événemens qui se pré-*
» *parent*, je demeure persuadé que votre cause n'est point
» sans périls, etc. »

**MARIANNE** (la), tragédie (*par* TRISTAN L'HERMITE).

Quatriesme édition, reveue et corrigée. — *Paris,
Augustin Courbé*, 1644. In–4°.

## MAROT (CLÉMENT).

Œuvres de Clément MAROT, valet-de-chambre de François Ier, roy de France, revues sur plusieurs manuscrits et sur plus de quarante éditions ; et augmentées
tant de diverses poésies véritables que de celles qu'on
lui a faussement attribuées : avec les ouvrages de Jean
Marot, son père, et ceux de Michel Marot, son fils,
et les pièces du différend de Clément avec François
Sagon : accompagnées d'une préface historique et
d'observations critiques (*par* LENGLET-DUFRESNOY).
— *La Haye, P. Gosse et J. Neaulme*, 1731. Six
vol. in–12.

## MAROT (JEAN).

Les Œuvres de Jean MAROT. Nouvelle édition. —
*Paris, Antoine-Urbain Coustelier*, 1723. Un vol.
in–8°.

Outre les poésies de Jean Marot, père du célèbre Clément,
ce recueil, que MM. Fournier et Psaume indiquent, à tort,
comme étant en deux volumes, contient encore quelques pièces
de Michel Marot, fils de ce dernier.

## MARQUIS (ALEXANDRE-LOUIS).

I. Podalire, ou le Premier Age de la Médecine ; par
A.-L. MARQUIS docteur en médecine, professeur de
botanique au Jardin des Plantes de Rouen, membre
de plusieurs Sociétés savantes. — *Paris, Alexis
Emery*, 1815. Un vol. in–12.

On a ajouté à la fin de ce volume une lettre autographe, avec
signature, de l'auteur, adressée à M. Emery, son éditeur.

II. Recueil d'opuscules de feu A. L. MARQUIS, professeur
de botanique à Rouen et membre de plusieurs

Sociétés savantes, orné de son portrait et précédé d'une notice historique et bibliographique, par E. CARAULT. — *Rouen, pour un amateur*, 1830. Un vol. in-8°.

Sous ce titre, dont il n'a été imprimé qu'un exemplaire, on a réuni, dans ce volume vraiment unique, les opuscules suivans :

1° NOTICE historique et bibliographique sur M. Marquis, par E. CARAULT, docteur en médecine. — *Rouen, F. Baudry*, 1829.

2° ESQUISSE du règne végétal, ou tableau caractéristique des plantes, *etc.*, par A.-L. MARQUIS, *etc.* — *Rouen, F. Baudry et Renault*, 1820.

3° FRAGMENS de philosophie botanique, *etc.* — *Paris Méquignon Marvis et Béchet le jeune*, 1821.

4° CONSIDÉRATIONS sur quelques végétaux du dernier ordre, chapitre additionnel aux Fragmens de philosophie botanique, *etc.* — *Rouen, F. Baudry*, 1826.

5° FRAGMENT d'une traduction du poëme anglais d'Arsmtrong, intitulé l'Art de conserver la santé, *etc.* ( *Ibidem, idem*, 1818. )

6° CONJECTURES sur le temple antique auquel on croit communément qu'a succédé l'église de Saint-Lô, de Rouen, *etc.* ( *Ibidem, idem*, 1820. )

7° NOTICE sur un monument celtique, inédit, *etc.* (*Ibidem, idem, même année.*)

8° NOTICE sur quelques antiquités observées à Dreux, *etc.* ( *Ibidem, idem*, 1824. )

9° CONSIDÉRATIONS sur l'état actuel de quelques parties des sciences, des lettres et des arts, *etc.* (*Ibidem, ( idem*, 1823. )

10° CONSIDÉRATIONS sur l'école romantique, et particulièrement sur le caractère de ses productions, *etc.* ( *Ibidem, idem*, 1824. )

11° NOTICE sur le chêne-chapelle d'Allouville, dans le pays de Caux, *etc.*

12° CONSIDÉRATIONS sur l'Art d'écrire, *etc.*

13° De la Délicatesse dans les arts, *etc.*

14° Du Caractère distinctif de la poésie, *etc.* (*Ibidem, idem,* 1827.) — V. l'art. *Carpentier.*

## MARTIAL ( MARCUS-VALERIUS MARTIALIS ).

M. Valerii MARTIALIS Epigrammatum libri; ad optimos codices recensiti et castigati. — *Parisiis, apud Carolum Robustel et Natalem Le Loup,* 1754. Deux vol. in-12.

C'est à M. Jean-Baptiste Le Mascrier, de Caen, mort à Paris en 1760, que l'on doit cette édition, l'une des plus estimées des épigrammes de Martial.

## MARTIAL D'AUVERGNE.

I. Les Poésies de MARTIAL DE PARIS, dit D'AUVERGNE, procureur au parlement. — *Paris, Antoine-Urbain Coustelier,* 1724. Deux vol. in-8°.

II. Les Arrêts d'amours, avec l'amant rendu cordelier à l'observance d'amours. Par MARTIAL D'AUVERGNE, dit DE PARIS, procureur au parlement. Accompagnez des commentaires juridiques, et joyeux de Benoît DE COURT, jurisconsulte. Dernière édition, revue, corrigée et augmentée de plusieurs arrêts, de notes et d'un Glossaire des anciens termes (*par l'abbé* LENGLET-DUFRESNOY). — *Amsterdam, François Changuion,* 1731. Un vol. in-12.

## MARTIN.

Les Géorgiques de Virgile, traduites en vers françois. Ouvrage posthume de M^r MARTIN.—*Rouen, Maurry,* 1708. Un vol. in-8°.

Quoique l'épître dédicatoire, adressée à M^me la maréchale de La Motte, gouvernante des enfants de France, soit signée des initiales L. B. D. C., le privilége du roi indique le sieur Jean Asse de la Montagne pour éditeur de cette traduction des Géorgiques, mentionnée par M. Psaume comme très-rare.

**MARTIN** (LOUIS-AIMÉ).

Lettres à Sophie sur la physique, la chimie et l'histoire naturelle, par L. AIMÉ-MARTIN; avec des notes par M. PATRIN, de l'Institut. Nouvelle édition. — *Paris, Charles Gosselin*, 1822. Quatre vol. in–18.

On a relié un billet autographe, revêtu de la signature de l'auteur, à la fin du quatrième volume.

**MATANASIUS, ou MATHANASIUS** (CHRYSOSTOME).

I. Le Chef-d'Œuvre d'un inconnu, poëme heureusement découvert et mis au jour, avec des remarques savantes et recherchées, par M. le docteur Chrisostôme MATANASIUS (*masque de* SAINT-HYACINTHE, *en société avec* S'GRAVESENDE, DE SALLENGRE, *Prosper* MARCHAND *et autres*). On trouve de plus une dissertation sur Homère et sur Chapelain (*par* VAN EFFEN); deux lettres sur des antiques; la préface de Cervantes sur l'histoire de D. Quixotte de la Manche; la déification d'Aristarchus Masso, et plusieurs autres choses non moins agréables qu'instructives. Troisième édition, revuë, corrigée, augmentée et diminuée.— *La Haye, Pierre Husson*, 1745. Deux vol. in–12.

II. Chanson d'un inconnu, nouvellement découverte et mise au jour, avec des remarques critiques, historiques, philosophiques, théologiques, instructives et amusantes, par (NICOLAS JOUIN *sous le masque de*) M. le docteur Chrisostôme MATHANASIUS, sur l'air des Pendus. Ou histoire véritable et remarquable arrivée à l'endroit d'un R. P. de la compagnie de Jésus (*le P. Couvrigny*). — *Turin* (Rouen), *Alithophile*, 1737. Un vol. in–12.

**MATINÉES** Royales. — ( *Sans indication de lieu, de libraire, ni d'année.* ) Un vol. in–16.

Cette édition, sans doute la première (après celle gravée en Hollande) de ce petit volume, réimprimé quatre fois depuis à ma connaissance ( en 1766, en l'an v de la république, en 1801 et en 1828 ), est aujourd'hui la plus rare et la plus recherchée. M. Barbier, qui n'a probablement pas eu occasion de la voir, la cite inexactement, en ajoutant au titre l'article *les*, qui ne s'y trouve pas, et en la supposant de format in-18. On peut voir dans son Dictionnaire la note qu'il a faite pour établir que c'est faussement que l'on a attribué au Grand-Frédéric ces Matinées. J'irai plus loin, et je dirai que non-seulement elles ne sont pas de Frédéric, mais qu'elles n'ont pu être composées que par un de ses ennemis. Il ne faut, pour s'en convaincre, que lire, dans la quatrième Matinée, à l'article *sur les Plaisirs*, la manière dont on fait faire à ce monarque l'aveu des plus avilissantes faiblesses.

M. Dieudonné Thiébault, dans ses Souvenirs de vingt ans de séjour à Berlin ( tome quatrième, page 179), dit positivement qu'il est sûr que Frédéric n'a jamais rédigé ni composé ces prétendues Matinées, quoiqu'il soit possible et même assez vraisemblable qu'il ait tenu, en diverses conversations, une partie des propos qu'on y trouve. Enfin, il les attribue à un officier français, qu'il ne nomme pas, mais qu'il désigne comme ayant accompagné en Prusse le maréchal de Saxe en qualité d'aide-de-camp. Puis il ajoute que cet officier s'étant hasardé, après la publication de cet ouvrage apocryphe, à reparaître dans les états de Frédéric, y fut arrêté et conduit à Spandaw, où il fut enfermé pour le reste de ses jours. D'après ce fait, qui paraît constant, on voit que ce n'est ni à Voltaire, comme l'a prétendu M. Jouyneau Deslogés, ni au baron Patono, ainsi que l'a avancé l'abbé Denina, qu'il faut attribuer les Matinées royales.

**MAYNARD** (FRANÇOIS).

Les OEuvres de **MAYNARD**.—*Paris, Augustin Courbé*, 1646. Un vol. in–4°.

**MÉDECIN** (le) de soi–même. Ou l'art de se conserver en santé, par l'instinct (*par Jean* DEVAUX ).—*Leyde, de Graef*, 1682. Un vol. in–12.

On peut consulter, sur ce petit volume, devenu très-rare,

la note de M. Barbier, sous le n° 10974 de son Dictionnaire des Anonymes, et, pour avoir des détails sur la personne de l'auteur, le tome VIII de la continuation des Mémoires de littérature et d'histoire de Desmolets, pages 116 à 146.

**MEDITATIONES** philosophicæ de Deo : mundo : homine. — (*Auctore T. L. Lau*) anno 1717. Un vol. in-8° ( *de 48 pages, titre et liminaires compris*).

Cet exemplaire est le seul que l'on connaisse aujourd'hui de cette première édition des *Meditationes philosophicæ*, qui fut saisie avec soin et brûlée en totalité, par la main du bourreau, au moment de sa publication. Il a appartenu au célèbre Christian Thomasius, qui le tenait de l'auteur, son ancien élève ; et l'on trouve sur presque toutes les pages des mots soulignés et des notes marginales écrites de la main de ce savant professeur. Ce qui, joint au mérite d'une extrême rareté, donne à ce petit volume un prix infini.

Il fut vendu 200 fr. à la foire de Francfort, en 1717. J'ignore si c'est dès ce moment, ou plus tard, qu'il devint la propriété d'un sieur Bobée, mort à Rouen il y a environ cinquante ans. Mais, par suite de la révolution de 1789 et de quelques autres circonstances particulières, la bibliothèque, assez remarquable, de cet amateur distingué, ayant été, jusqu'à l'année 1830, renfermée dans des armoires sans que personne en eût connaissance, le trésor bibliographique dont il s'agit ici demeura enseveli dans le plus profond oubli, et l'inutilité des recherches de tous ceux qui l'avaient vu cité, pour le découvrir, fit même long-temps douter de son existence. Elle fut enfin révélée au public dans le catalogue de M. G. Fontaine, héritier de M. Bobée, catalogue où ce livre figura pour la première fois.

La vente de la bibliothèque de M. Fontaine eut lieu à une époque si peu favorable à la littérature, qu'il ne s'y trouva qu'un seul amateur capable d'apprécier les *Meditationes philosophicæ*. Il ne balança pas à en offrir de suite 100 fr. Mais cette première mise à prix, jugée bien insuffisante, n'ayant point été couverte, M. Fontaine préféra garder le petit volume, qui lui avait été signalé comme le plus rare de tous ceux dont il avait hérité. Etant mort lui-même peu après, sans en avoir disposé, je cherchai l'occasion de savoir si sa veuve voudrait s'en défaire, ce à quoi elle consentit. Je ne tardai donc pas à me mettre d'accord avec elle sur les conditions, heureux de pouvoir sauver encore une fois de l'oubli, et peut-être d'une destruction plus ou moins prochaine, un livre aussi précieux. — V. l'art. *Lau.*

**MÉDITATIONS** chrestiennes, par l'auteur de la recherche de la vérité (*Nicolas* MALEBRANCHE).— *Cologne, Balthasar d'Egmond,* 1673. Un vol. in–12.

**MEERMAN** (GÉRARD).

Conspectus originum typographicarum, a Meermanno proxime in lucem edendarum. In usum amicorum typis descriptus. — 1761. Un vol. in–8°.

On trouve une analyse de cet ouvrage, devenu rare, ainsi que celle des *Origines typographiques*, du même auteur, dans un volume in-8° publié à Paris chez F. Schoelle, en 1809, sous ce titre :

DE L'INVENTION de l'imprimerie, ou analyse des deux ouvrages publiés sur cette matière, par M. MEERMAN, conseiller et pensionnaire de la ville de Rotterdam; avec des notes historiques et critiques. Suivie d'une notice chronologique et raisonnée des livres avec et sans date, imprimés, avant l'an 1501, dans les dix–sept provinces des Pays–Bas, par M. Jacques VISSER; et augmentée d'environ deux cents articles par l'éditeur (JANSEN), avec une planche.

**MELANDER** (OTHO).

Jocorum atque seriorum tum novorum, tum selectorum atque memorabilium, centuriæ aliquot jucundæ, utiles, lectuque maximopere dignæ, recensente Othone MELANDRO, I. V. D. cum indice jocorum ac seriorum. — *Francofurti, e libraria Palthenii officina,* 1603. Un tome en deux vol. in–12.

Cette édition, la première que l'on ait faite de ce recueil, plusieurs fois réimprimé depuis, est, par cela même, la moins commune. Elle contient 816 pages de texte, y compris le titre et les liminaires, plus 12 feuillets d'index non chiffrés. On la relie ordinairement en deux volumes d'égale grosseur, dont le second commence à la feuille S, page 409.

**MÉMOIRES** de littérature (*par Albert–Henri* DE SAL-

LENGRE). — *La Haye, Henri du Sauzet*, 1715 *à* 1717. Deux tomes en quatre vol. in–8°.

**MÉMOIRES** de M. D. L. R. (*le duc* DE LA ROCHEFOUCAULD), sur les brigues à la mort de Louys XIII. Les guerres de Paris et de Guyenne, et la prison des princes. Lettre du cardinal *(de Mazarin)* à Monsieur de Brienne. Articles dont sont convenus Son Altesse Royale et Monsieur le prince pour l'expulsion du cardinal Mazarin. Apologie de M. de Beaufort. Mémoires de Monsieur DE LA CHASTRE. — *Cologne, Pierre Van Dyck* (Hollande, Elzevir), 1664. Un vol. in–12.

LES MÊMES. — *Ibidem, idem*, 1669. Un vol. in–12.

M. Bérard cite quatre éditions de ces Mémoires, publiées en 1662, 1663, 1664 et 1665. Mais il ne fait point mention de celle-ci, contenant, comme les précédentes, 400 pages, non compris le titre et un feuillet liminaire, et le même nombre de pièces, mais rangées dans un autre ordre que dans les trois dernières, ce qui me porte à croire qu'elle a été faite sur celle de 1662, qui en diffère également sous ce rapport.

**MÉMOIRES** historiques et secrets, concernant les amours des rois de France (*par* SAUVAL). Avec quelques autres pièces dont on verra le titre en la page suivante. — *Paris, vis-à-vis le Cheval de bronze*, 1739. Un vol. in–12.

Les pièces réunies dans ce recueil, attribué par M. Barbier au marquis D'ARGENS, sont, outre les mémoires historiques, etc. :

1° RÉFLEXIONS *historiques sur la mort du roi Henri-le-Grand. Copié sur un manuscrit très-rare de la main d'*Augustin CONON, *avocat au parlement de Rouen;*

2° LE MAL *de Naples, son origine et ses progrès en France; remède qu'on a tâché d'y apporter et réglements faits à cet égard;*

Et 3° TRÉSORS *des rois de France.*

**MÉMOIRES** pour servir à l'histoire de la Calotte, nou–

velle édition, augmentée des III et IV parties. —*Aux états Calotins*, 1752. Quatre parties en un vol. in–18.

## MENOT (MICHEL).

Sermones quadragesimales reverendi patris F. Michaelis MENOTI, sacre theologie quondam professoris Parisiensis, ab ipso olim Parisiis declamati, nunc denuo et diligentissime castigati, et novis legum atque canonum additamentis locupletati.— *Parisiis, ex officina Claudii Chevallonii*, 1526. Un vol. in–8°.

## MERCURE (le) de Gaillon, ou recueil de pièces curieuses, tant hiérarchiques que politiques. — *A Gaillon, de l'imprimerie du chasteau archiépiscopal*, 1644. Un vol. in–4°.

Ce recueil, fait par les ordres et sous les yeux de François DE HARLAY, archevêque de Rouen, se compose de différentes pièces imprimées séparément au château de Gaillon, dans les années 1643 et 1644. Pour être complet, il doit contenir vingt-quatre pièces, indiquées dans la table des matières, se terminant par ces mots : « Fin de la table du *premier tome* du Mercure » de Gaillon, ou recueil de pièces curieuses, tant hiérar- » chiques que politiques. » D'où l'on peut inférer que l'on avait eu d'abord le projet de donner une suite à ce Mercure, projet qui n'a point été réalisé, ce volume étant le seul qui en ait été publié.

## MEURSIUS (JOANNES).

I. Joannis MEURSII de funere liber singularis. In quo græci et romani ritus. Additum est de puerperio syntagma. — *Hagae-Comitis, ex officina Hillebrandi Jacobi*, 1604. Un vol. in–8°.

II. Joannis MEURSII elegantiæ latini sermonis. — Petri Aretini pornodidascalus, de astu nefario, horrendisque dolis quibus impudicæ mulieres juventuti incautæ insidiantur, dialogus. — (*Sans titre principal, date, nom de lieu ni d'imprimeur.*) Un vol. in–8°.

Cette édition est la moins connue de toutes celles que l'on a de cet infâme ouvrage que Nicolas Chorier a publié sous le nom de Meursius. J'ai quelques raisons de la croire antérieure à celle que M. Barbier mentionne comme la première qui en ait été faite, sous le n° 20740 de son Dictionnaire des Anonymes.

L'extrême rareté de ce livre, que je n'ai vu cité que par M. Brunet, qui se contente d'en indiquer le format et le nombre de pages, m'engage à entrer ici dans quelques détails qui pourront faciliter les moyens de le reconnaître.

Il est imprimé sur petit papier, ce qui, au premier aspect, pourrait le faire supposer n'être qu'in-12, et contient en tout 430 pages. La réclame qui se trouve au bas de chacune d'elles fait aisément connaître qu'il n'a point été imprimé en France. Le titre et le *monitum lectori* occupent les cinq premières pages, qui ne sont point chiffrées. La première partie de l'ouvrage commence à la sixième et finit à la cent trente-sixième, au bas de laquelle se lit le mot *finis*. Vient ensuite un feuillet non chiffré, portant en faux-titre : *Aloisiæ Sigeæ toletanæ Satiræ sotadicæ. Pars altera.* Cette seconde partie remplit les pages de 139 à 300 inclusivement. Elle est suivie de différentes annexes, tant en prose qu'en vers, qui se terminent à la page 340, au bas de laquelle on lit encore le mot *finis*. Les pages 341 et 342 contiennent l'argument du *Pornodidascalus*. Enfin, ce dernier ouvrage commence à la page 343, sous le titre de *Colloquio de las Damas*, et finit à la page 430, où se trouve encore une fois le mot *finis*, suivi d'un fleuron. Il est à remarquer que jusques et y compris la page 343, le chiffre des pages, au haut desquelles le titre n'est point répété, est placé au milieu entre deux parenthèses, et qu'à partir de la page 343 jusqu'à la fin, ce chiffre est au coin, et que les mots *Pornodidascalus latinus* se lisent en titre au milieu.

## MICHAUD (joseph).

Le Printemps d'un Proscrit, suivi de l'enlèvement de Proserpine, sixième édition, revue et corrigée; par M. Michaud. Avec quatre gravures. — *Paris, L.-G. Michaud*, 1811. Un vol. in–18.

A la fin duquel se trouve une lettre autographe, avec signature, de l'auteur.

## MILLIN (a.-l.).

Annuaire du républicain, ou légende physico-écono-
nomique. Avec l'explication des trois cent soixante-
douze noms imposés aux mois et aux jours : ouvrage
dont la lecture journalière peut donner aux jeunes
citoyens, et rappeler aux hommes faits les connaissances les plus nécessaires à la vie commune, et les
plus applicables à l'économie domestique et rurale,
aux arts et au bonheur de l'humanité. On y a joint
le rapport et l'instruction du comité d'instruction
publique, dans lequel se trouve la nouvelle division
décimale des jours et des heures. Par Eleutérophile
MILLIN, professeur d'histoire naturelle. Seconde
édition, revue et corrigée par l'auteur. — *Paris,
Marie-François Drouhin, l'an II de la république
française (*1794*)*. Un vol. in-12.

Je crois devoir rapporter ici une note de M. Salgues (Mémoires pour servir à l'Histoire de France, etc., tome IVe, page
273) sur cet ouvrage devenu très-rare :

« Il faut, dit-il, conserver dans les bibliothèques l'Annuaire
» républicain comme un monument de l'excès d'ineptie où le
» fanatisme irréligieux peut faire descendre l'esprit humain.
» Qui pourra jamais croire qu'il y eut un temps où le nom des
» saints honorés par l'église fut remplacé par celui des légumes
» et des animaux, où l'on osait proposer à des Français d'ho-
» norer le loup, la ciguë, à la place des Chrysostôme, des Fran-
» çois de Sales, des Vincent de Paule ? où des enfants furent
» forcés de s'appeler *Chou* ou *Carotte ?* Aujourd'hui encore
» quelques personnes, nées dans ces temps malheureux, portent
» ces noms ridicules, comme quelques-unes avaient porté au-
» paravant celui de *Marat* ou de *Robespierre*. Depuis le con-
» cordat, le baron de Pommereul, ennemi né du clergé, essaya
» d'opposer au calendrier catholique un almanach de sa façon,
» où il avait fait entrer tous les philosophes anciens et mo-
» dernes; mais Bonaparte, ennemi des philosophes, le fit sup-
» primer. »

J'ajouterai que l'idée attribuée par M. Salgues au baron de
Pommereul avait déjà été mise à exécution long-temps auparavant par Sylvain Maréchal, auteur d'un *Almanach des honnêtes
gens*, qui, supprimé lors de sa publication, se retrouve dans le
tome premier d'une collection, aujourd'hui assez rare, de pamphlets, publiée en 1788 sous le titre de **Chefs-d'œuvre politiques**

*et littéraires de la fin du XVIII^e siècle*, etc. [1], et dans lequel les noms des saints sont également remplacés par ceux d'hommes célèbres de tous les temps et de tous les pays. Chose assez remarquable, cet almanach, daté de *l'an I^er de la raison*, est, comme l'a été depuis l'Annuaire républicain, divisé par *décades*, et une note dont il est suivi indique que l'on peut substituer aux fêtes du calendrier romain d'autres fêtes purement morales consacrées à l'amour, à l'amitié, à la reconnaissance, etc. L'auteur de cette espèce de prélude de la révolution expia son impiété par quatre mois de détention dans la maison de Saint-Lazare.

## MILTON (JEAN).

Εικονοκλαστης, ou réponse au livre intitulé Εικων Βασιλικη : ou le pourtrait de sa sacrée majesté durant sa solitude et ses souffrances. Par le S^r Jean MILTON. Traduite de l'anglois sur la seconde et plus ample édition ; et revuë par l'auteur. A laquelle sont ajoutées diverses pièces, mentionnées en ladite réponse, pour la plus grande commodité du lecteur. — *Londres, Guill. Du-Gard*, 1652. Un vol. in-16.

## MOLINET (JEHAN).

Les faicts et dictz de feu de bonne mémoire maistre Jehan MOLINET contenans plusieurs beaulx traictez, oraisons et champs royaux, comme l'on pourra facilement trouver par la table qui s'ensuyt. — *Nouvellement imprimez à Paris*, 1537. Un vol. in-8°. — V. l'art. *Bourdigné*.

MOMUS redivivus, ou les Saturnales françaises, Biblia jovialis ad usum compagnonorum adhuc ridentium. Editio modernissima grandissimis soinis collecta, excusa et emendata, a minimo Merlini Cocaii filio, sumptibus achetantium utriusque sexus (*par Claude-François* MERCIER, *de Compiègne*). — *Lutipolis, de*

[1] Voir cet article.

*l'imprimerie du libraire-auteur*, 2496 (1796). Deux tomes en un vol. in-18.

Collection de facéties en vers, dont la plupart, extrêmement rares, ne se retrouvent plus que dans ce recueil, qui n'est lui-même pas très-commun aujourd'hui. Ce motif avait engagé le libraire Rousseau à le réimprimer en 1822. Mais un jugement du tribunal de police correctionnelle de Paris, du 12 octobre de la même année, qui en ordonnait la suppression, ayant été cassé, pour vice de forme, la cour royale, par arrêt du 16 novembre suivant, n'en a pas moins, du consentement du prévenu, ordonné la destruction de tous les exemplaires saisis.

## MONIN (JEAN-ÉDOUARD DU).

L'Uranologie, ou le Ciel de Jan Edouard du MONIN P. P. Contenant, outre l'ordinaire doctrine de la sphère, plusieurs beaus discours dignes de tout gentil esprit. A Monseigneur M. Philippe Desportes. — *Paris, Guilhaume Julien*, 1583. Un vol. in-12.

## MONTAIGNE (MICHEL DE).

Les Essais de Michel, seigneur DE MONTAIGNE. Nouvelle édition exactement purgée des défauts des précédentes, selon le vray original : et enrichie et augmentée aux marges du nom des autheurs qui y sont citez, et de la version de leurs passages ; avec des observations très-importantes et nécessaires pour le soulagement du lecteur. Ensemble la vie de l'autheur et deux tables, l'une des chapitres et l'autre des principales matières, de beaucoup plus ample et plus utile que celle des dernières éditions. — *Bruxelles, François Foppens*, 1659. Trois vol. in-12.

Cette édition, qui est la même que celle publiée à Amsterdam par Antoine Michiels, est assez recherchée. Elle fait partie de la précieuse collection des Elzevirs, et passe généralement pour être sortie de leurs presses. Ce n'est cependant pas l'opinion de M. Brunet, mais elle a été fortement combattue par M. Bérard, dans son Essai bibliographique sur les éditions des Elzevirs, que l'on peut consulter à cet égard.

## MONTCHRESTIEN ( ANTOINE DE ).

Les tragédies d'Anthoine DE MONTCHRESTIEN, sieur de
Vasteville. A Monseigneur le prince de Condé. Edi-
tion nouvelle, augmentée par l'autheur. — *Rouen,
Martin de la Motte*, 1627. Un vol. in–8°.

## MONTEMAIOR ( GEORGES DE ).

La Diane de Georges DE MONTEMAIOR. Divisée en trois
parties, et traduites d'espagnol en françois. Reyeue et
corrigée outre les précédentes impressions, comme
il est mentionné en l'épistre liminaire. — *Tours,
Georges Drobet*, 1592. Un vol. in–12.

M. Barbier paraît avoir ignoré l'existence de ce livre, car
il ne mentionne que la traduction d'Ant. Vitray, Paris, 1623.
On doit à Nicole COLIN la première partie de celle-ci, et les
deux autres à Guillaume CHAPPUYS Tourangeau, qui y prend
les titres d'annaliste, translateur et garde de la librairie du roy.

## MONTREUIL ( MATHIEU DE ).

Les OEuvres de Monsieur DE MONTREUIL. — *Paris,
Claude Barbin*, 1671. Un vol. in–12.

## MOREAU DE SAINT–MÉRY.

De la Danse. Par le conseiller d'état MOREAU DE
SAINT–MÉRY, administrateur général des états de
Parme, Plaisance et Guastalla, membre de plusieurs
sociétés savantes et littéraires. — *Parme, Bodoni*,
1803. Un vol. in–8°.

## MOREL DE VINDÉ ( CHARLES ).

Primerose. Par le C. Ch. MOREL ( VINDÉ. ) Seconde
édition. — *Paris, Bleuet*, 1798. Un vol. in–18.

On a relié à la fin de ce joli volume un billet autographe,
avec signature, de l'auteur.

## MORESTELLUS ( PETRUS ).

Pompa feralis, sive justa funebria Petri Morestelli, tornusiensis, artium liberalium magistri, doctoris theologi et Sancti-Nicolai-de-la-Taille rectoris. Ad illustrissimum potentissimumque principem Henricum a Lotharingia, comitem de Briosne et de la Carnaille, etc. — *Parisiis, apud Melchiorem Mondière*, 1521. Un vol. in–8°.

**MORET** (pierre).

Poésies de Marc-Antoine Muret, mises en vers françois par M. P. Moret, controlleur général des finances de Montauban. — *Paris, Christophe Journel*, 1682. Un vol. in–12.

**MORILLON** ( d. julien gatien DE ).

I. Paraphrase sur le livre de Job, en vers françois; par dom Gatien de Morillon, religieux bénédictin de la congrégation de Saint-Maur. — *Paris, Louis Billaine*, 1668. Un vol in–8°.

II. Paraphrase du livre l'Ecclésiaste, en vers françois ( *par le même* ). — *Ibid.*, id., 1670. Un vol.in–12. — V. l'art. *Joseph, poëme*.

**MORT** (la) de Louis XVI, tragédie en trois actes. *(Plus)* le Martyre de Marie-Antoinette, reine de France, tragédie en cinq actes. — *Paris*, 1793.

On a relié à la suite :

**Elisabeth** de France, sœur de Louis XVI, tragédie en trois actes et en vers. — *Paris, Robert*, 1797.

**Charlotte Corday**, ou la Judith moderne, tragédie en trois actes et en vers. — *Caën*, 1797. Un vol. in–18.

M. Barbier, ne faisant qu'un seul article des deux premières tragédies de ce recueil, les avait d'abord attribuées à M. Bar тнѐ s ; mais il a depuis rectifié cette erreur, quant à la première, en reconnaissant qu'elle est l'ouvrage de M. Aignan et de M. Berthevin. Selon M. Mahul, la coopération de ce dernier se bornerait à avoir mis en vers le plaidoyer de de Sèze et le débat entre Garan Coulon et les conventionnels, formant les seconde et troisième scènes du premier acte.

Je n'ai pu me procurer de renseignements sur les auteurs des autres tragédies, plus que médiocres, d'Elisabeth de France et de Charlotte Corday, dont tout le mérite consiste dans la rareté. Car il est plus difficile de se les procurer que les deux autres, qui ne sont pas elles-mêmes aujourd'hui très-communes.

MORT (la) de Mitridate. Tragédie (*par* Gauthier de Costes, *sieur* de la Calprenède). — *Paris, Anthoine de Sommaville.*, 1637. In-4°.

MORT (la) des Enfans d'Hérode, ou suite de la Mariane. Tragédie (*par le même*). — *Paris, Augustin Courbé*, 1639. In-4°.

MORUS (thomas).

Ad lectorem. Habes candide lector opusculum illud vere aureum Thomæ Mori non minus utile quam elegans de optimo reipublicæ statu, deque nova insula utopia, jam iterum, sed multo correctius quam prius, hac enrichidii forma ut vides multorum tum senatorum tum aliorum gravissimorum virorum suasu æditum, quod sane tibi ediscendum non modo in manibus quotidie habendum censeo. Cui quidem ab innumeris mendis undequaque purgatio propter Erasmi annotationes ac Budæi epistolam : virorum sane qui hoc sæculo nostro extra omnem ingenii aleam positi sunt : addita est etiam ipsius Mori epistola eruditissima. Vale. — Cum gratia et privilegio. (*Sans indication de lieu ni d'imprimeur.*) Un vol. in-8°.

Sur la dernière page se trouve une belle vignette gravée en bois, représentant les insignes et la devise de Gilles de Gourmont, qui florissait, comme on le sait, au commencement du xvie siècle. — V. l'art. *Poème sur la naissance de Jésus-Christ.*

MOTS(les) à la mode, et nouvelles façons de parler ; avec des observations sur diverses manières d'agir et de s'exprimer. Et un discours en vers sur les mêmes matières. Troisième édition. Augmentée de plusieurs nouvelles façons de parler et de quelques observavations sur les mots nouveaux. ( *Par François* de Callières. ) — *Paris , Michel Brunet* , 1698.

Du bon et du mauvais usage dans les manières de s'exprimer. Des façons de parler bourgeoises, et en quoy elles sont différentes de celles de la cour. Suitte des mots à la mode *(par le même)*. — *Ibid., id., même année.* Deux vol. in-12.

## MOULINET ( nicolas DE ) sieur DU PARC.

La vraye Histoire comique de Francion. Composée par Nicolas de Moulinet , Sieur du Parc , gentilhomme Lorrain ( *masque de Charles* Sorel ). Soigneusement reveue et corrigée. — *Leyde , Henri Drummont,* 1685. Deux vol. in-12.

MOYEN ( le ) de parvenir : contenant la raison de tout ce qui est, a été et sera. Dernière édition, exactement corrigée et augmentée d'une table des matières. — *Nulle part* (Hollande), 100070038. Deux vol. in-12.

M. de la Monnoye , en publiant cette édition , l'une des plus estimées de ce livre singulier, souvent réimprimé, a placé en tête du premier volume une dissertation pleine de détails curieux sur la personne de Beroalde de Verville , auquel il l'attribue.

LE MÊME , nouvelle édition. — **100070073.**

Cette édition , publiée par M. Lenglet-Dufresnoy , contient, outre la dissertation de M. de la Monnoye , dont on vient de parler , un sommaire des chapitres et des imitations, tant en vers latins qu'en vers français , des contes les plus plaisants de ce fécond sottisier.

Le Moyen de parvenir passe généralement, depuis plus d'un siècle, pour être l'ouvrage de Beroalde de Verville. Mais,

comme il n'y a point de prescription pour les opinions littéraires, M. Charles Nodier ne balance pas aujourd'hui à combattre celle mise en crédit par M. de la Monnoye, et à la
regarder au moins comme très-contestable. Selon lui, cette
bizarre production serait plutôt l'œuvre d'Henri Etienne, ainsi
que l'indique une note placée en tête d'un exemplaire de la
première édition, qu'il possède, et que l'on reconnaît facilement pour avoir été écrite par quelque contemporain à l'époque
même de sa publication. Comme on a lieu d'espérer que
M. Nodier finira par publier une notice qui ne pourra qu'é-
claircir beaucoup cette question, je ne crois pas devoir entrer ici dans plus de détails sur les raisons qui peuvent militer
en faveur de sa manière de l'envisager.

MOYENS sûrs et honnestes pour la conversion de tous
les hérétiques, et avis et expédients salutaires pour la
réformation de l'église. — *Cologne, Pierre Marteau,*
1681. Deux tomes en un vol. in-12.

M. Barbier, qui mentionne ce livre, sous la date de 1683,
assure, d'après M. Bayle (œuvres diverses, tome deux, page 78),
qu'il a été impossible d'en découvrir l'auteur.

MUET ( le ) par amour, comédie en un acte et en prose,
mêlée de vaudevilles. — 1799. Un vol. in-8°.

Manuscrit autographe, revêtu de la signature de l'auteur.

MUNSTER ( SÉBASTIEN ).

Dictionarium hebraicum, jam ultimo ab autore Sebas-
tiano MUNSTERO recognitum, et ex rabinis, præsertim
ex radicibus David Kimhi, auctum et locupletatum.
— 1548 ( *Basileæ apud Hier. Frobenium et Nic.
Episcopium* ). Un vol. in-8°.

MURET ( MARC-ANTOINE ).

M. Antonii MURETI variarum lectionum libri XV. Ad
Hippolytum Estensem cardinalem, ac principem
illustrissimum. — *Antuerpiæ, ex officina Christo-
phori Plantini,* 1580. Un vol. in-8°. — V. l'art.
*Moret.*

**MURET** (PIERRE).

Cérémonies funèbres de toutes les nations, par le Sʳ MURET. — *Paris, Etienne Michallet*, 1677. Un vol. in-12.

**MURET** (THÉODORE).

Georges ou un entre mille, par Théodore MURET, auteur du chevalier de Saint-Pons. — *Paris, Ambroise Dupont*, 1835. Un vol. in-8°.

On a rélié à la fin de ce volume une lettre autographe, avec signature, de l'auteur.

**MUSE** (la) guerrière. Dédiée à Monsieur le conte d'Aubijoux (*par Claude* DE TRELLON). — *Paris, Abel l'Angelier*, 1589. Un vol. in-8°.

**MUSES** (les) ralliées (*par le Sʳ* DESPINELLE). — *Paris, Mathieu Guillemot.* (*Sans date, mais avec un privilége du roi portant celle du 6 novembre 1598*). Un tome en trois vol. in-12.

Ce recueil, aujourd'hui assez rare, est imprimé en caractères italiques. Il se compose, non compris le frontispice gravé, de :

1° Cinq feuillets liminaires non chiffrés ; 2° de trois cent quarante-un feuillets chiffrés ; 3° d'un recueil de vers funèbres et poésies chrestiennes, contenant cent vingt autres feuillets aussi chriffrés, de 1 à 120 ; 4° d'un supplément de vingt-un feuillets également chiffrés, à l'exception du premier ; 5° enfin, d'un feuillet blanc et de dix autres non chiffrés renfermant la table et le privilége du roi.

**MUSETTE** (la) D. S. D. (*du sieur* D'ALIBRAY). — *Paris, Toussainct Quinet*, 1647. Un vol. in-8°.

# N.

**NADIR.** Lettres orientales. (*Par Jean-Ulric* GUTTINGUER.) — *Paris, Ladvocat*, 1822. Un vol. in-12.

A la fin duquel on a inséré un billet autographe de l'auteur, revêtu de sa signature.

## NAUDÉ (GABRIEL).

I. Instruction à la France sur la vérité de l'histoire des frères de la Roze-Croix. Par G. NAUDÉ Parisien. — *Paris, François Julliot*, 1623. Un vol. in-8°.

II. Advis pour dresser une bibliothèque. Présenté à Monseigneur le président de Mesme. Par G. NAUDÉ, P. Seconde édition, reveue, corrigée et augmentée. — *Paris, Rolet Le Duc*, 1644. Un vol. in-8°.

III. Considérations politiques sur les coups d'estat. Par Gabriel NAUDÉ, Parisien. — *Sur la copie de Rome* (Hollande, Elzevir), 1667. Un vol. in-12.

IV. Apologie pour les grands hommes soupçonnez de magie par G. NAUDÉ Parisien. Dernière édition où l'on a ajouté quelques remarques. — *Amsterdam, Pierre Humbert*, 1712. Un vol. in-8°.

## NEUFGERMAIN (LOUIS DE).

I. Les Poësies et Rencontres du sieur DE NEUFGERMAIN poète hétéroclite de Monseigneur frère unique du roy. Imprimé par commandement de mondict seigneur. — *Paris, Jacques Jacquin*, 1630. Un vol. in-4°.

II. La seconde partie du livre intitulé les Poësies et Rencontres du sieur DE NEUFGERMAIN poète hétéroclite de Monseigneur frère unique de sa majesté. Par commandement de mondit seigneur. — 1637. Un vol. in-4°.

M. l'abbé Gouget observe que ce dernier volume, quoiqu'il ne porte aucun nom de ville ni de libraire, paraît avoir été aussi imprimé à Paris chez Jacques Jacquin, offrant, dit-il, le même papier et le même caractère que le premier.

NEUVILLE ( CHARLES FREY DE ).

Observations sur l'Institut des Jésuites. — V. l'art.
*Charles*.

NOBLE (DELAMOTTE LE ).

Les Sexes des esprits. Par M. DELAMOTTE LE NOBLE.—
*Rouen*, *Antoine Maurry*, 1666. Un vol in–8°.

NOEL DE LA MORINIÈRE ( SIMON–BARTHÉLEMY–
JOSEPH ).

Essais sur le département de la Seine–Inférieure ( *le
premier* contenant les districts de Gournay, Neuf-
châtel, Dieppe et Cany; *le second ceux* de Monti-
villiers, Yvetot et Rouen). Ouvrage topographique,
historique et pittoresque, dans lequel l'auteur examine la nature et les produits territoriaux du sol, la
population, la constitution morale et physique, l'industrie manufacturière, le commerce ancien et
moderne des habitans de ces districts, les pêches lit-
torales et pelasgiennes, les ports, canaux de navi-
gations, etc., par S.–B.–J. NOEL, rédacteur du
Journal de Rouen. — *Rouen*, *de l'imprimerie des
Arts*. 1795.

On a relié à la suite :

VOYAGE du premier consul, en l'an XI de la république,
dans les départements de l'Eure, de la Seine–Inférieure et de l'Oise. — *Rouen*, *V. Guilbert*. Deux
tomes et trois cahiers, en un vol. in–8°.

NOELS nouveaux sur les chants anciens. Par un curé
du diocèse de Paris (*Pierre* BONJAN). — *Paris*,
*Valleyre*, 1740. Un vol. in–8°.

L'approbation est du 3 décembre 1712, et le privilége en faveur de *J.-B. Christophe Ballard*, du 10 des mêmes mois et
an, ce qui me fait présumer que cette édition n'est pas la pre-

mière de ces noëls, qui ont échappé aux recherches de M. Barbier. Le volume se termine par une pièce, assez curieuse, de cent deux *Vers sur la naissance de Nostre Seigneur, dont tous les mots n'ont qu'une sillable.*

Cette pièce est un des tours de force les plus extraordinaires en ce genre, et présente une autre difficulté vaincue que la lettre si connue et si souvent citée de M. de Boufflers.

## NOSTRADAMUS ( MICHEL ).

**Les Vraies Centuries, Présages et Prédictions, de maître Michel NOSTRADAMUS, exactement revus, et fidellement corrigés sur les premières éditions; précédés de la vie de l'auteur, et suivis d'une notice des principaux événemens accomplis, et d'une interprétation complette de tout ce qui a rapport à la révolution de France, et à une autre révolution, qui ne peut manquer d'arriver à Rome. — *Anvers*, *Peter Wan Duren* ( Rouen, de Limoges), 1792. Un vol. in–12.**

LES MÊMES,

A la suite desquelles on a relié :

**Fatum Galliæ revolventis, a decima–septima Julii die anni M.DCC.XCIX ( *par erreur pour* 1789 ), usque ad eamdem diem anni M.DCC.XCVI; tam ab Apocalypsis undecimo capite, quam ab aliis prophetiis depromptum. — *Monasterii* ( Rouen, Montier Dumesnil), 1794. In–8°.**

Cette édition des Centuries de Nostradamus, la plus complète que l'on connaisse, est due aux soins de M. DESDOUITZ DE SAINT-MARS, auteur de la notice et de l'interprétation en vers français qui la terminent. Le but dans lequel il les a composées étant peu conforme aux principes de la révolution de 1789, le chevalier de Limoges, rédacteur d'un journal qui se publiait alors à Rouen, sous le titre de l'*Abeille*, des presses duquel ce volume est sorti, ayant été arrêté, comme suspect, au moment où il en avait à peine achevé l'impression, tous les exemplaires qui existaient chez lui ont été détruits ou mutilés. Aussi sont-ils devenus extrêmement rares, et est-il presqu'impossible d'en rencontrer aujourd'hui de complets. La plupart de ceux que l'on trouve, par hasard, dans le commerce, ne contiennent ni la notice ni l'interprétation (commençant à la page 251 et finissant à la page 312), et se terminent à la page 250. J'en ai même rencontré plusieurs qui n'allaient pas au-delà des pages 136 ou 205, au bas de chacune desquelles on lit le mot *fin*.

Le *Fatum Galliæ*, qui, quoique d'un autre format, peut être considéré comme faisant suite aux Centuries, est en entier l'ouvrage de M. Desdouïtz de Saint-Mars. Cette petite brochure de 54 pages, y compris le titre et l'*errata*, est extrêmement rare, parce qu'elle a été imprimée à très-petit nombre, et que les exemplaires en ont presque tous disparu pendant le temps de la terreur. Elle est écrite entièrement en latin, et contient un argument en vers ; une espèce d'avis *Credentibus in verbum Dei* ; des extraits de l'Apocalypse et des prophètes Nahum, Joel et Zacharie ; une concordance des calculs de Nostradamus avec ceux de l'Apocalypse ; une pièce intitulée : *Preliminare carmen* ; une ode à Louis XVI, *Mortuo reputato et in solium reascensuro*, et enfin la traduction en vers pentamètres et hexamètres de plusieurs Centuries de Nostradamus et d'une prophétie de Saint-Césaire.

## NOSTREDAME (CÉSAR DE).

I. Les Perles, ou les larmes de la Saincte Magdeleine, avec quelques rymes sainctes, dédiées à Madame la comtesse de Carces. Par César DE NOSTREDAME, gentilhomme provençal. — *Tolose, les Colomiez*, 1606.

II. Le Songe de Scipion. Poëme héroïque et très-excellent, de César DE NOSTREDAME, gentilhomme provençal, dédié à la sérénissime altesse du très-haut et très-héroïque prince, Charles duc de Savoye. — *Ibid., id., même année*.

III. Dymas, ou le bon larron. Dédié à Son Altesse sérénissime de Lorraine. Par César DE NOSTREDAME, gentilhomme provençal. — *Ibid., id., même année*.

IV. Vers funèbres sur la mort de Charles Duverdier, escuyer de Monseig. le duc de Guise. Et très-excellent joueur de luth. Par César DE NOSTREDAME, gentilhomme provençal. — *Ibid., id.*, 1607.

V. Rimes spirituelles dédiées à Messeigneurs les archevesques et princes d'Arles et d'Ambrun. Par César DE NOSTREDAME, gentilhomme provençal.

VI. La Marie Dolente. Au sieur Delshermes, advocat tolosain. Par César DE NOSTREDAME, gentilhomme provençal.

VII. Pièces héroïques et diverses poésies. De César DE NOSTREDAME, gentilhomme provençal. Dédiées à très–illustre, très–magnanime et très–héroïque prince, Monseigneur le duc de Guise.—*Tholose, veuve de Jacques Colomiez, et Raym. Colomiez*, 1608. Un vol. in–12.

Ce petit volume, aujourd'hui très-rare, contient tout ce que l'on connaît d'imprimé des poésies de César de Nostredame.

M. l'abbé Gouget, qui en a parlé, sous le nom de *Cesar Nostradamus* (tome XV de sa Bibliothèque Françoise), a omis de mentionner, dans la notice qu'il a donnée de ses ouvrages, le poème de la *Marie Dolente*, à la suite duquel se trouvent une ode pindarique *sur le trespas de damoiselle Marguerite du Perier, décédée à l'aage de cinq ans*, et un sonnet *pour une marguerite*.

NOTICE biographique sur M. G.-A.-R. Baston.— *Rouen, Baudry*, 1826. Un vol. in–8°.

Cette notice, n'étant point destinée à être vendue, a été imprimée à cinquante exemplaires seulement, y compris deux sur papier de couleur, que l'auteur s'est réservés, outre celui dont il s'agit ici, et à la fin duquel il a fait relier plusieurs lettres autographes relatives à son opuscule.

NOUE ( ODET DE LA ).

Poésies chrestiennes de messire Odet DE LA NOUE, capitaine de cent hommes d'armes et gouverneur pour Sa Majesté au fort de Gournay–sur–Marne. Nouvellement mise en lumières par le S$^r$ DE LA VIOLETTE (*Joseph* DUCHESNE). — *Genève, héritiers d'Eustache Vignon*, 1594. Un vol. in–8°.

NOUE ( JEAN–BAPTISTE SAUVÉ dit LA ).

Choix de pièces de théâtre de LA NOUE. — *Londres et Paris, Cazin*, 1787. Un vol. in–18.

La pièce la plus remarquable de ce théâtre est la tragédie de *Mahomet II*, à laquelle La Noue n'aurait fait que prêter son nom, si l'on en croit cette note extraite des Saisons du Parnasse, printemps 1806, page 219 :

« Peu de gens savent que *Mahomet II*, tragédie qui a eu du
» succès, est de M. GAYOT, subdélégué de l'intendant d'Alsace,
» et ensuite intendant de la guerre. Il n'osa point la risquer
» sous son nom, crainte de porter atteinte à sa considération
» dans les affaires ; et il la fit passer sous le nom de Lanoue,
» acteur célèbre. »

NOUVEAU cours de Philosophie en vers françois. Dédié à monseigneur le duc De Mercœur *(par* DE CHEVALIER). — *Paris, Henry Legras et H. Hameau*, 1655. Un vol. in–12.

NOUVEAUX intérêts des princes de l'Europe, revus, corrigés et augmentés par l'auteur ( *Gratien* DE COURTILZ ), selon l'état où les affaires s'y trouvent aujourd'huy. Seconde édition. — *Cologne, Pierre Marteau*, 1686. Un vol. in–12. — V. l'art. *Intérêts et maximes des princes.*

NOUVELLE instruction facile pour la culture des fi-guiers. Où l'on apprend la manière de les élever, multiplier et conserver, tant en caisses, qu'autrement. Avec un traité de la culture des fleurs. — *Paris, Charles de Sercy*, 1692. Un vol. in–12.

M. Barbier attribue ce livre à MM. Ballon et Garnier ; mais il paraît qu'ils n'ont fait que le revoir. Car, dans un avis au lec-teur, le libraire assure que l'Instruction sur la culture des fi-guiers et le Traité sur celle des fleurs ont été *dressés* par l'au-teur du Traité des orangers, et *revus de même et examinés* par M. Ballon, directeur des jardins du roi, et par M. Garnier, jardinier du roi à la Pepinière. Il y a plus, quant à M. Ballon : c'est qu'un certificat de lui, daté du Roule, le 30 mai 1692, prouve qu'il a été chargé, par ordre de monseigneur le chance-lier, de *donner son avis* sur le Traité de la culture des figuiers et des fleurs, ce qui n'eût certainement pas eu lieu s'il en avait été l'auteur.

**NOUVELLES** (les) lumières politiques pour le gouvernement de l'Église, ou l'Evangile nouveau du cardinal Palavicin révélé par luy dans son histoire du Concile de Trente. — *Suivant la copie imprimée à Paris chez Jean Martel* (Hollande, Elzevir), 1666. Un vol. in-12.

Sur cet exemplaire, ayant appartenu à M. Formont, si connu par la correspondance de Voltaire, se trouvent sa signature et une note de sa main, indicative du nom de l'auteur, Lenoir, *chanoine de Sées.*

**NOUVELLES** remarques sur tous les ouvrages du sieur D*** (*Despréaux*). (*Par* Pradon). — *La Haye, Jean Strik*, 1685. Un vol.in-16.

**NUGÆ** venales, sive thesaurus ridendi et jocandi ad gravissimos severissimosque viros, patres melancholicorum conscriptos. Editio ultima auctior et correctior. — *Londini, sumptibus Societatis*, 1741.

Ou :

Le petit Trésor latin des ris et de la joye, dédié aux révérends pères de la mélancolie. Dernière édition augmentée, corrigée et enrichie de figures. — *Londres, aux dépens de la Compagnie*, 1741. Un vol. in-12.

**NUITS** (les) parisiennes, à l'imitation des Nuits attiques d'Aulu-Gelle, ou recueil de traits singuliers, anecdotes, usages remarquables, faits extraordinaires, observations critiques, pensées philosophiques, etc. etc. — *Londres et Paris, Lacombe*, 1769. Deux vol. in-8°.

Ce recueil passe généralement pour être de M. le marquis de Pézai; et cette opinion se trouve consignée dans un discours sur sa vie et ses ouvrages, placé en tête du recueil de ses œuvres agréables et morales, et dans la notice qui précède un choix de ses poésies, jointes à celles de Saint-Péravy et de la Condamine, publié en 1810. Cependant M. Barbier, je ne sais sur quel fondement, attribue les Nuits Parisiennes au frère du médecin Chomel.

# O.

**OBSERVATIONS** critiques sur l'Homme des champs, ou les Géorgiques françaises, poême de Jacques Delille. — *Septembre*, 1800. Un vol. in–4°.

Manuscrit autographe, en tête duquel se trouve une note souscrite de la signature de l'auteur.

**OBSERVATIONS** sur un manuscrit, intitulé Traitté du péculat. (*Par* Roland Levayer de Boutigny.) — (*Hollande, Elzevir*), 1666. Un vol. in–12. — V. l'art. *Fouquet*.

**OEUVRES** diverses du Sr D**, augmentées de Rome, Paris et Madrid ridicules, avec des remarques historiques et un recueil de poésies choisies. Par M. de B***. (de Blainville) (1). — *Amsterdam, Frisch et Bohm*, 1714. Deux vol. in–12.

On peut voir, dans le Dictionnaire des Anonymes de M. Barbier, combien on a été long-temps incertain sur le véritable auteur des œuvres diverses composant la majeure partie de ce recueil. Mais il n'est plus permis de douter aujourd'hui qu'elles ne soient de Louis Petit, d'après les preuves qui en ont été données dans une dissertation insérée au Précis analytique des travaux de l'Académie des Sciences, Belles-Lettres et Arts de Rouen, pour l'année 1827, et dont il a été tiré quelques exemplaires séparément.

---

(1) Ce titre est celui du second volume. Le premier est intitulé seulement : *OEuvres diverses du sieur D**. Avec un recueil de poésies choisies de M. de B***.*

**OEUVRES** (les) posthumes de défunt Monsieur B. ( *Gilles* BOILEAU ), de l'Académie françoise, contrôleur de l'argenterie du roy. — *Paris, Claude Barbin*, 1670. Un vol. in–12.

LES MÊMES ( avec un autre titre portant), — *Paris, Charles Osmont*, 1672. Un vol. in–12.

**OPUSCULES** académiques. — Un vol. in–8°, *titre manuscrit.*

On lit en tête de ce recueil la note suivante :

« On a réuni dans ce volume, bien certainement unique, les » seuls exemplaires tirés sur papier de couleur de six opus- » cules imprimés à si petit nombre, qu'il serait probablement » très-difficile d'en former une collection aussi complète, même » sur papier ordinaire. »

Les six opuscules dont il s'agit dans cette note sont :

1° EXTRAIT *du Précis analytique des travaux de l'Académie royale des Sciences, Belles-Lettres et Arts de Rouen, pour l'année* 1827. *Notices bibliographiques*, etc. Pierre Angot et Louis Petit.

2° AUTRE extrait du même Précis, pour l'année 1828. *Notice bibliographique sur un ouvrage intitulé :* Prosa cleri parisiensis, etc.

3° PROPOSITION *lue dans une séance particulière de l'Académie royale des Sciences, Belles-Lettres et Arts de Rouen, le* 15 *janvier* 1830.

4° NOTICE *bibliographique sur la tragédie de* Tyr et Sidon, etc.

5° DU ROYAUME *d'Yvetot, mémoire lu dans une séance particulière de l'Académie royale des Sciences, Belles-Lettres et Arts de Rouen,* etc.

6° Enfin, DISCOURS *prononcé à l'ouverture de la séance publique de l'Académie Royale, etc., le* 7 *août* 1835.

**ORDÈNE** (l') de chevalerie, avec une dissertation sur l'origine dela langue françoise. Un essai sur les étimologies. Quelques contes anciens. Et un glossaire pour en faciliter l'intelligence. (*Par Etienne* BARBAZAN). — *Lauzanne et Paris, Chaubert et Claude Hérissan*, 1759. Un vol. in–8°.

**ORIGINES** ( les ) de la ville de Caën. Revûes , corrigées et augmentées. Seconde édition. ( *Par Pierre-Daniel* HUET ). — *Rouen, Maurry,* 1706. Un vol. in–8°.

**OURSEL** ( JEAN ).

Les Beautez de la Normandie , ou l'origine de la ville de Rouen. Contenant tout ce qui est de plus ancien et de plus considérable dans ladite ville, et dans toutes les autres de la province, bourgs et villages. Avec les foires et marchés qui s'y tiennent chaque jour de la semaine. Par Jean OURSEL. — *Rouen, la veuve de Jean Oursel*, 1700. Un vol. in–12.

Avec un beau plan de la ville de Rouen à la fin du XVII<sup>e</sup> siècle, qui manque dans la plupart des exemplaires que l'on rencontre de ce livre, et qui ajoute au mérite de ceux où il se trouve.

**OUVILLE** ( ANTOINE LE MÉTEL , sieur D' ).

L'Esprit folet, comédie. Par M<sup>r</sup> D'OUVILLE. — *Paris, Toussainct Quinet*, 1642. In–4°. — V. l'art. *Dame (la) suivante*.

**OVIDE** ( PUBLIUS OVIDIUS NASO ).

I. Pub. OVIDII Nasonis opera. Daniel Heinsius textum recensuit. Accedunt breves notæ ex collatione codd. Scaligeri et Palatinis Jani Gruteri. — *Lugd. Batavorum, ex officina Elzeviriana*, 1629. Trois vol. in–16.

Cette édition est la plus recherchée de toutes celles des œuvres d'Ovide données au public par les Elzevirs. On peut, pour plus de détails à son égard , consulter l'excellente note de M. Bérard, page 60 de son Essai Bibliographique sur ces célèbres imprimeurs.

II. Métamorphoses d'Ovide , en rondeaux. ( *Par* BEN-SERADE.) Imprimez par ordre de Sa Majesté, et dédiez

à Monseigneur le dauphin. —*Jouxte la copie imprimée à Paris, de l'imprimerie royale* (Hollande,
Elzevir), 1677. Un vol. petit in-12.

Voir l'ouvrage cité en la note précédente, page 120.

OWEN (JEAN).

Epigrammatum Joan. OWENI Cambro–britanni Exo-
niensis editio postrema, correctissima, et posthumis
quibusdam adaucta. — *Amsterodami apud Lud.
Elzevirium.* 1647. Un vol. in–16.

# P.

PALME ( PIERRE – VICTOR **PALMA CAYET**, sieur
DE LA).

L'Heptaméron de la Navarride ou histoire entière du
royaume de Navarre depuis le commencement du
monde. Tirée de l'espagnol de dom Charles, infant de
Navarre. Continuée de l'histoire de Pampalonne de
N. Lévesque, jusques au roy Henri d'Albret, et depuis par l'Histoire de France, jusques au roy très-
chrestien Henri IIII, roy de France et de Navarre.
Le tout fait et traduit par le Sieur DE LA PALME, lecteur du roy. — *Paris, Pierre Portier, 1602.* Un
vol. in–12.

PARADOXES ou les Opinions renversées de la pluspart
des hommes. Livre non moins profitable que facétieux. Par le docteur incognu. — *Rouen, Jacques
Cailloué*, 1638. — Un vol. in–12.

Ce petit livre, extrêmement rare, n'a été, que je sache, indiqué par aucun bibliographe. Mais tous ceux que j'ai consultés,
entr'autres MM. Barbier, Brunet, Fournier, Psaume, etc., en
citent un sur le même sujet intitulé : *Paradoxes : ce sont propos*

*contre la commune opinion, débattus en forme de déclarations forenses , pour exciter les jeunes esprits en causes difficiles ;* publié à Paris, en 1653, chez Charles Estienne, auquel on l'attribue, et qui pourrait bien n'être qu'une réimpression de celui dont il s'agit ici.

**PARAPILLA** et autres œuvres libres et galantes de M. B\*\*. Edition considérablement augmentée et faite sur les manuscrits de l'auteur. — *Florence,* 1784. Un vol. in-24.

Quoique l'opinion générale ait de tout temps attribué à M. Borde le poème de Parapilla, M. P.-R. Auguis ne lui en a pas moins contesté la paternité, en assurant, dans la préface soi-disant envoyée de Berlin, qu'il a placée en tête des Mémoires historiques de Frédéric II, dit le Grand, par lui publiée chez Béchet aîné en 1828, que le véritable auteur de ce poème est l'abbé Charbonnet, « qui était, avant la révolution, professeur » de rhétorique au collége Mazarin, connu aussi sous le nom » du collége des Quatre-Nations, et qui se fit ordonner prêtre » après la promulgation de la constitution civile du clergé, » dans l'espoir d'obtenir l'évêché de Troyes, etc. »

**PASQUIER** (Étienne).

I. Le Monophile. Par Estienne Pasquier, Parisien. — *Paris , Estienne Groulleau ,* 1555. Un vol. in-8°.

II. Les Recherches de la France d'Estienne Pasquier. Augmentées par l'autheur en ceste dernière édition, de plusieurs beaux placards et passages , et de dix chapitres entiers : dont le contenu se void au feuillet suivant. — *Paris , Laurent Sonnius ,* 1617. Un vol. in-4°.

**PASSERAT** (Jean).

I. Recueil des œuvres poétiques de Jan Passerat lecteur et interprète du roy. Augmenté de plus de la moitié , outre les précédantes impressions : dédié à Monsieur de Rosny. — *Paris, Abel l'Angelier,* 1606.

II. Joannis Passeratii, eloquentiæ professoris, et inter–

pretis regii, Kalendæ januariæ, et varia quædam poematia. Quibus accesserunt ejusdem autoris Miscellanea nunquam antehac typis mandata. — *Parisiis*, *apud Abel Angelerium*, 1606. Deux tomes en un vol. in-8°.

## PASSERAT (FRANÇOIS).

OEuvres de Monsieur PASSERAT dédiées à Son Altesse électorale de Bavière. — *Brusselles*, *Georges de Backer*, 1695. Un vol. in-12.

## PASTORET (EMMANUEL-CLAUDE-JOSEPH-PIERRE DE).

Tributs offerts à l'Académie de Marseille par M. DE PASTORET, conseiller à la Cour des Aides de Paris, membre de cette Académie. — *Paris*, *Jombert jeune*, 1782. Un vol. in-18.

Ce joli petit volume, sorti des presses de M. Didot l'aîné, se trouve difficilement aujourd'hui, l'auteur ne l'ayant fait imprimer qu'à un très-petit nombre d'exemplaires pour ses amis. Les 32 pages dont il se compose, non compris le titre et l'approbation, contiennent quatre pièces de vers : *les Sociétés de Paris, épitre morale ; la Servitude abolie dans les domaines du roi, sous le règne de Louis XVI, ode ; les Comédiens de campagne, et l'Idée de la mort, épitre morale.*

### LES MÊMES,

Auxquels on a joint une lettre autographe, avec signature, de l'auteur.

## PAUL (l'abbé).

Art poétique de Boileau, et divers morceaux choisis de poésie française, traduits en vers latins par l'abbé PAUL, ancien professeur d'éloquence. Seconde édition, revue et corrigée. — *Paris*, *Tournachon-Molin et H. Séguin*, 1820. Un vol. in-8°.

On a relié à la fin de ce volume une lettre autographe, avec signature, de l'auteur.

**PAYS** ( réné LE).

Les nouvelles OEuvres de Monsieur LE PAYS. — *Paris, Charles de Sercy*, 1672. Deux vol. in–12.

**PELETIER** ( jacques ).

L'Art poétique de Jaques PELETIER du Mans, dé-parti an deus livres. — *Lyon , Jan de Tournes e Guil. Gazeau*, 1595. Un vol. in–8°.

Jacques Peletier, ou Pelletier, ayant, long-temps avant les modernes novateurs, tenté d'introduire dans l'orthographe française une réforme adoptée depuis, avec plus ou moins de modifications, et qui consisterait à écrire comme on prononce, en a fait usage dans ce livre, qui contient aussi quelques-uns de ses opuscules en vers.

**PERIERS** ( bonaventure DES ).

I. Les nouvelles Récréations et joyeux Devis, de Bona-venture DES PERIERS, varlet de chambre de la royne de Navarre. Augmentées et corrigées de nouveau. — *Paris, Nicolas Bonfons*, 1572. Un vol. in–16.

II. Contes et Nouvelles, et joyeux Devis de Bonaventure DES PERIERS. On a joint à cette édition des observations sur le *Cymbalum mundi* de cet auteur. ( *Par M.* de la Monnoye. ) — *Amsterdam , Jean-Frédéric Bernard*, 1711. Deux vol. in–12.

III. Cymbalum mundi, ou dialogues satyriques sur différens sujets, par Bonaventure DES PERIERS. Avec une lettre critique dans laquelle on fait l'histoire, l'analyse, et l'apologie de cet ouvrage. Par Prosper MARCHAND. Nouvelle édition, revue, corrigée et augmentée de notes et remarques, communiquées par plusieurs savans. — *Amsterdam et Leipzig, Arkstée et Merkus*, 1753. Un vol. in–8°.

**PERRAULT** ( CHARLES ).

I. Saint Paulin évesque de Nole, avec une épistre chrestienne sur la pénitence, et une Ode aux nouveaux convertis. Par M<sup>r</sup> PERRAULT de l'Académie Françoise.—*Paris, Jean-Baptiste Coignard*, 1686. Un vol. in-8°.

II. Adam, ou la Création de l'homme, sa chûte et sa réparation. Poëme chrestien. Par M. Perrault, de l'Académie Françoise. — *Ibid., id.*, 1697. Un vol. in-12.

**PERRINON** ( AUGUSTE-FRANÇOIS ).

Aperçu sur l'artillerie de la marine. Par A.-F. PERRINON, lieutenant de l'arme, attaché à la 3<sup>e</sup> compagnie d'ouvriers d'artillerie de la marine à Rochefort. — *Rouen, imprimé par D. Brière*, 1838. Un vol. in-8°.

Seul exemplaire tiré sur papier de couleur.

**PERSE** ( AULUS PERSIUS ).

Satires de PERSE, traduites en français par SÉLIS ; nouvelle édition, revue et augmentée de notes et observations par N.-L. ACHAINTRE. — *Paris, Dalibon*, 1822. Un vol. in-8°.

Ce superbe exemplaire est un de ceux tirés au nombre de vingt-cinq seulement sur papier vélin fort. Il est orné de deux beaux portraits de Perse, avant la lettre, l'un à l'eau-forte et l'autre sur papier de Chine. Mais ce qui ajoute encore à son mérite, et en fait un volume vraiment unique, c'est qu'on a relié à la fin deux lettres autographes, avec signature, de M. Selis et de M. Achaintre, sur la seconde desquelles se trouve une apostille de M. Sylvestre de Sacy.

**PHILELPHE** ( FRANÇOIS ).

Ode Francisci PHILELPHI equitis aurati laureatique poetæ et oratoris ac philosophi clarissimi variis car-

12

minum generibus ornatæ magistri Jacobi de Alneto Vindocinensis presbyteri facili interpretatione enucleatis. Quæ nunquam antehac Parrhisiis impressæ fuerunt. — *Parrhisiis , a Johanne Granion.* Un vol. in–8°.

## PHILOTHÉMIS (JEAN).

Les Sortiléges de Jean PHILOTHÉMIS. — *A Paris ,* 1790. Un vol. in–4°.

Ce manuscrit autographe contient différents opuscules en vers français, plus deux en prose et une petite pièce de vers latins. Une note placée au verso du faux-titre nous apprend que l'auteur, M. *Jean-Baptiste-Olivier* BONNET DE LA VERDIÈRE, est né à Nantes, le 5 octobre 1726.

## PIBRAC ( GUY DU FAUR , seigneur DE ).

Les Quatrains des sieurs PYBRAC , FAVRE et MATHIEU; ensemble les Plaisirs de la vie rustique , enrichis de figures en taille–douce. — *Paris , Antoine Robinot,* 1646. Un vol. in–8°.

## PIÈCES de théâtre, en vers et en prose. ( *Par le président* HÉNAULT. ) — 1770. Un vol. in–8°.

Les bibliographes ne sont point d'accord sur la rareté de ce recueil, dont on cite des exemplaires vendus jusqu'à 25 fr. Quoi qu'il en soit, il paraît que le président Hénault, qui ne le destinait point au public, ne l'a fait tirer qu'à très-petit nombre et pour ses amis seulement. Les pièces dont il se compose ont toutes été imprimées séparément et portent une pagination particulière. En voici la liste :

1° CORNÉLIE *vestale, tragédie en vers en cinq actes* (1769) ;
2° NOUVEAU *Théâtre-Français : François II , roi de France, en cinq actes* (et en prose), *seconde édition , enrichie de notes nouvelles* (1768);
3° LA PETITE MAISON, *comédie en trois actes en prose* (1769);
4° LE JALOUX *de lui-même , comédie en trois actes* (1769);
5° LE RÉVEIL *d'Epiménide , comédie en prose en un acte* (1769) ;
Et 6° LE TEMPLE *des Chimères, divertissement lyrique* (1770).

PIÈCES (les) du procès de Henri de Tallerand, comte de Chalais, décapité en 1626. — *Londres* (Paris), 1781.

On a relié à la suite :

LETTRE de Marion de Lorme aux auteurs du Journal de Paris. — *Londres* (Paris), 1780. Un vol. in–12.

Le faux-titre de ce volume, dont la publication est due à M. Benjamin DE LA BORDE, porte : « RECUEIL de pièces inté- » ressantes pour servir à l'Histoire des règnes de Louis XIII et » de Louis XIV. »

PIÈCES échapées du feu. (*Par Albert–Henri* DE SAL-LENGRE.) — *A Plaisance*, 1717. Un vol. in–8°.

On a relié à la suite : *Odes Philippiques* (*par* LA GRANGE CHANCEL), avec des notes instructives.

PIÈCES fugitives (*en vers*), par M. P^re PIERY, ancien capitaine de chasseurs à cheval. — *Paris, de l'im-primerie de P. Didot l'aîné, an XIII* (1805). Un vol. in–8°.

Ce recueil ayant été, comme l'annonce l'épître dédicatoire (*Familiæ et amicis*), imprimé seulement pour les parents et les amis de l'auteur, n'a été tiré qu'à un très-petit nombre d'exem-plaires, tous sur papier vélin. Aussi est-il assez rare.

PIÈCES morales et sentimentales de Madame J. W. C–t–sse DE R–s–G. (*Justine* WYNNE *comtesse* DE ROSEMBERG), écrites à une campagne, sur les rivages de la Brenta, dans l'état Vénitien. — *Londres, J. Robson*, 1785. Un vol. in–8°.

PIEUSE (la) Alouette avec son tirelire. Le petit cors, et plumes de notre alouettte, sont chansons spi-rituelles, qui toutes luy font prendre le vol, et aspirer aux choses célestes, et éternelles. Elles sont partie recueillies de divers autheurs, partie aussi composées de nouveau ; la plupart sur les airs mondains et plus communs, qui servent aussi de vois à notre alouette pour chanter les louanges du commun Créateur. (*Par Antoine* DE LA CAUCHIE *ou* DE LA CHAUSSÉE.) — *Valencienne, Jean Veruliet*, 1619 *et* 1620. **Deux vol. in–8°.**

## PIGNORIUS ( LAURENTIUS ).

Laurentii PIGNORII Patavini de servis, et eorum apud veteres ministeriis commentarius. In quo familia, tum urbana, tum rustica, ordine producitur et illustratur. Editio novissima aucta, emendata, et figuris æneis exornata. — *Amstelodami, sumptibus Andreæ Frisii*, **1674.**

On a relié à la suite :

Titi POPMÆ Phrysii de operis servorum liber. Editio novissima, ab innumeris mendis expurgata, et diversitate characterum exornata. — *Amstelodami, apud Andream Frisium*, 1672. **Deux vol. in–12.**

## PITHOU ( PIERRE ).

Petri PITHOEI comes theologicus sive spicilegium ex sacra messe. — *Parisiis, apud Dionysium Thierry*, 1684. **Un vol. in–12.**

Quoique le prénom de l'auteur de ce recueil soit assez positivement indiqué sur le titre pour qu'il ne puisse y avoir lieu à aucune méprise, le Dictionnaire Historique de Chaudon et Delandine l'attribue à son frère, FRANÇOIS *Pithou*, et cette erreur a été depuis propagée par M. Désessart et autres, qui se sont probablement bornés à copier l'article de ce dictionnaire sans plus d'examen.

## PLAINTES (les) du palais, ou la Chicane des plaideurs, comédie. (*Par M.* DENIS, *avocat.*) — *Paris, Etienne Loyson*, 1679. **Un vol. in–12.**

## PLAIDOYERS et Responses concernans le privilége de la Fierte S. Romain. Par Mᶜ Guillaume DE SERI-

say advocat au grand conseil. M<sup>e</sup> Jean DE MONS-
TRUEL advocat au parlement de Paris. M<sup>e</sup> Denis
BOUTHILLIER advocat audit parlement. Et les doien,
chanoines et chappitre de l'Eglise Cathédralle de
Roüen. Ensemble les arrests intervenus au grand
conseil sur les playdoiers. — *Paris , Barthélemy
Macé* , 1611. Un vol in–8°.

## PLATINA ou PLATINE ( BAPTISTE DE'SACCHI, *plus connu sous le nom de* ).

Bap. PLATINÆ Cremonensis, de honesta voluptate et va-
letudine libri decem. Cum indice gemino, rerum
pariter ac verborum ita locuplete, ut momento,
quod velis , invenias. — *Coloniæ , ex officina Eu-
charii Cervicorni* , 1537. Un vol. in–8°.

Cette édition, très-bien exécutée, en caractères italiques,
mais dont les bibliographes n'ont point parlé, parce qu'elle est
d'une cinquantaine d'années postérieure à celles que leur date
seule fait rechercher, paraît être la première où l'on ait donné
à Platine le prénom de *Baptiste*, auquel on avait jusqu'alors
substitué celui de *Barthélemy*. Aussi, l'éditeur a-t-il cru devoir
rendre raison de ce changement dans une note placée à la suite
de la table des matières, note que n'ont sans doute pas connue
MM. Chaudon, Delandine , Weiss, etc.

## PLINE (c. PLINIUS , CÆCILIUS SECUNDUS).

C. PLINII Cæcilii Secundi epistolarum libri X et Panegy-
ricus. Accedunt variantes lectiones. — *Lugd. Batavorum, ex officina Elziviriorum* , 1640. Un vol.
in–12.

Cette édition, la première que les Elzevirs aient donnée de ce
livre, est aussi la plus belle et la plus estimée. On peut consulter
à ce sujet la note de M. Bérard. L'exemplaire dont il s'agit ici
est revêtu de la signature du célèbre conventionnel Buzot, auquel il a appartenu.

## PLUQUET (FRÉDÉRIC ).

I. Notice sur la vie et les écrits de Robert Wace, poëte

normand du xii<sup>e</sup> siècle ; suivie de citations extraites de
ses ouvrages, pour servir à l'Histoire de Normandie
( *plus une notice sur Benoît de Sainte - More et
Geoffroi Gaimar* ) : par Frédéric PLUQUET, asso-
cié correspondant de la Société royale des Antiquaires
de France, membre de l'Académie de Caen, de la
Société Linnéenne du Calvados, et de celle des Antiquaires de Normandie. — *Rouen, J. Frère*, 1824.
Un vol. in–8°.

II. Contes populaires, préjugés, patois, proverbes,
noms de lieux, de l'arrondissement de Bayeux, recueillis et publiés par Frédéric PLUQUET, membre
de l'Académie des Sciences, Arts et Belles–Lettres
de Caen, des Sociétés des Antiquaires de France, de
Normandie et d'Ecosse. Deuxième édition. — *Rouen,
Edouard Frère*, 1834. Un vol. in–8°.

On a relié à la suite dans le même volume :

CURIOSITÉS littéraires, concernant la province de Normandie. ( *Par le même.* ) — *Caen, T. Chalopin*, 1827.

Et de plus un billet autographe, avec signature, de l'auteur.

PLUSIEURS Mémoires et Fragmens concernans l'histoire de Madame la duchesse d'Orléans. — *Guillel-
mus* IMBERT *scripsit duodecimo kalendas Julii*, 1685.
Un vol. in–4°.

Ce manuscrit, d'une belle exécution calligraphique, contient,
outre plusieurs passages supprimés dans l'histoire des amours
de la duchesse d'Orléans et du comte de Guiche, imprimée en
Hollande, la suite inédite de cette histoire.

POÈME sur la naissance de Jésus–Christ. ( *Traduit du
latin de Thomas* MORUS *en vers français par* PÉRA-
CHON. ) Seconde édition, revue et corrigée. — *Paris,
Olivier de Varennes*, 1669. Un vol. in–12.

POÉSIES diverses de Monsieur F... (FLORIOT).—*Paris,
François Mauger*, 1664. Un vol. in–12.

M. Gouget mentionne ce volume comme étant intitulé :

Poésies *diverses* de M. C. Floriot, *avocat en parlement.*

Ce qui n'est pas exact, l'initiale du prénom, le nom et l'indication de la profession de l'auteur, ne se trouvant pas sur le titre, mais seulement au bas de l'épître dédicatoire et dans l'extrait du privilége du roi.

**POÉSIES** ( les ) diverses du sieur D***. — 1718. Un vol. in–12.

On peut consulter sur ce recueil une note de M. Barbier, Dictionnaire des Anonymes, n° 14,384. Mais je ne vois pas pourquoi il conclut, des détails dans lesquels il est entré à ce sujet, que les poésies diverses sont du père de M. Bouret, lieutenant-général de Gisors, auteur d'un *Recueil de poésies diverses,* publié in-8° en 1733, plutôt que de M. Bouret lui-même. En effet, il y a entre les pièces de 1718 et celles de 1733 tant d'analogie et de rapports, soit pour le fond, soit pour la forme, elles ont une physionomie si semblable, que tout porte à croire qu'elles sont sorties de la même plume, et l'on aurait tort de supposer que, parce qu'elles ont paru à quinze années d'intervalle, elles doivent appartenir pour ainsi dire à deux générations ; surtout si l'on considère que M. Bouret n'était plus jeune lors de la publication du second recueil, comme il prend soin de nous l'apprendre lui-même, page 79, lorsqu'il s'appelle

> Vieux barbon par Vénus de Cythère chassé,

et qu'il apporte les rides et le plis de son front pour excuse de ne plus faire de vers galants et amoureux. Dans une autre pièce du même volume, page 67, et qu'une note indique avoir été composée en 1721, on voit qu'il y avait déjà long-temps qu'il faisait des vers à cette époque.

**POÉSIES** ( les ) du roy de Navarre, avec des Notices et un Glossaire françois ; précédées de l'Histoire des Révolutions de la langue Françoise, depuis Charlemagne jusqu'à Saint-Louis ; d'un Discours sur l'ancienneté des chansons françoises et de quelques autres pièces. ( *Par* Lévesque de la Ravallière. )—*Paris, Hypolite-Louis Guérin et Jacques Guérin* , 1742. Deux vol. in-8°.

**POÈTE** (le) sincère, ou les véritez du siècle : poëme

héroï–comique. Divisé en treize discours, et chants.
Première édition. ( *Par* De Bonecorse ). — *Anvers,
Jacques le Censeur*, 1698. Un vol. in–12.

## POGGIO–BRACCIOLINI.

Les Contes de Pogge Florentin, avec des réflexions. —
*Amsterdam , Jean–Frédéric Bernard*, 1772. Un
vol. in–12.

## POILLE, sieur DE S. GRATIEN ( jacques ).

Les Œuvres de Jacques Poille sieur de S. Gratien,
conseiller au parlement de Paris. Divisées en onze
livres. Rome en sept livres. La Grèce en un livre. Les
Barbares, les grands roys, les grands seigneurs, les
derniers hérésiarques en un livre. L'Icare françois,
en deux livres. — *Paris , Thomas Blaise*, 1623. Un
vol, in–8°.

## POIRIER ( hélie ).

Les Soupirs salutaires de Hélie Poirier Parisien. —
*Amsterdam , Jean Blaeu*, 1646. Un vol. in–12.

## PONGERVILLE ( j.–b.–s. DE ).

Lucrèce , de la Nature des Choses, traduit en vers français par M. J.–B.–S. de Pongerville, texte en
regard ; précédé d'un Discours préliminaire ; des vies
de Lucrèce et d'Epicure ; de divers fragmens du
Traité de la Nature, par le philosophe grec, re-
trouvés à Herculanum , et de quatre planches représentant plusieurs de ces précieux fragmens; avec des
notes du traducteur et des variantes du texte. Ouvrage dédié au roi. — *Paris , Dondey–Dupré père
et fils*, 1823. Deux vol. in–8°.

On a relié à la fin du second volume un billet autographe, avec
signature, de l'auteur.

**POSTEL** ( GUILLAUME ).

I. L'Histoire mémorable des expéditions depuys le déluge faictes par les Gauloys ou Françoys depuis la
France jusques en Asie, ou en Thrace et en l'orien-
tale partie de l'Europe, et des commodités ou incom-
modités de divers chemins pour y parvenir et re-
tourner. Le tout en brief ou épitome, pour monstrer
avec quelz moyens l'empire des infidèles peult et
doibt sur cela estre deffaict. A la fin est l'apologie de
la Gaule contre les malevoles escripvains, qui d'icelle
ont mal ou négligentement escript, et en après les
très anciens droictz du peuple gallique et de ses
princes. Par Guillaume POSTEL. — *Paris, Sébastian
Nivelle*, 1552. Un vol. in–16.

Petit volume, très-rare. Il contient, titre et liminaires compris, 95 [1] feuillets, dont le cinquante-sixième est tout blanc et
les deux derniers non chiffrés.

II. Divinationis sive divinæ summæque veritatis discus-
sio, qua constat quid sit de clarissima inter Christianos et Ismaëlitas victoria futurum, atque ubinam
gentium et locorum contingere debeat, et quam ob
rem. Guilielmo POSTELLO authore.— *Parisiis*, 1571.
Un vol. in–16.

Ce petit volume, plus rare encore que le précédent, mais
bien moins recherché, ne contient, en tout, que 32 feuillets
non chiffrés.

III. Les très-merveilleuses Victoires des femmes du
nouveau monde, et comment elles doibvent à tout
le monde par raison commander, et même à ceulx
qui auront la monarchie du monde vieil. A Madame
Marguerite de France. A la fin est adjoustée (*avec un
titre spécial et une pagination particulière*) : la Doctrine du Siècle doré, ou l'Evangélike règne de Jésus roy

---

[1] Et non 97, comme l'indique M. de Roure dans son Analectabiblion,
tome Ier, page 387.

des roys. Par Guillaume POSTEL. — *Sur l'imprimé à Paris, chez Jehan Ruelle*, 1553. Un vol. in–12.

Cette réimpression, dont M. Brunet indique le titre comme portant : *Imprimé sur la copie de* 1553, est précédée d'un *Avertissement servant de préface* qui contient quelques détails sur la vie de l'auteur, et un extrait des Mémoires du père Niceron, relatif à *sa très-merveilleuse Histoire des Femmes et à la mère Jeanne*, qui fait, dit-il, le premier objet de son livre.

IV. La Loy salique, livret de la première humaine vérité, là où sont en brief les origines et auctoritez de la Loy Gallique nommée communément salique, pour monstrer à quel poinct fauldra nécessairement en la république gallique venir : et que de ladicte république sortira ung monarche temporel. Par Guillaume POSTEL.—*Suivant la copie de* 1552, *à Paris, chez Lamy*, 1780. Un vol. in–32.

**POT–POURRI** (le) de Ville–d'Avray. (*Par M.* Moreau, *l'historiographe.*)—*A Paris, de l'imprimerie de Monsieur, aux dépens de l'auteur et pour ses seuls amis*, 1781. Un vol. in–18.

Ce volume, tiré à un très-petit nombre d'exemplaires, et destiné par l'auteur *aux seules personnes qui pourraient y montrer un vers fait pour elles*, devient de jour en jour plus rare.

L'exemplaire mentionné ici a appartenu à M. de la Mesangère, et contient une note de sa main, indiquant qu'il l'avait acheté 10 fr., le 3 septembre 1812.

**PRADEL** ( PIERRE–MICHEL–MARIE–EUGÈNE DE ).

Les Etincelles, recueil de chants patriotiques et guerriers, de chansons de table et d'amour, précédé d'une épître aux braves, par Eugène DE PRADEL, membre correspondant des soupers de Momus. Orné d'une gravure et de musique par Mme Clary de Pradel. — *Paris*, 1822. Un vol. in–18.

Ce livre, à la fin duquel on a inséré une lettre autographe, avec signature, de l'auteur, ne laisse pas que d'être rare, un jugement du tribunal correctionnel de Paris, du 23 mai 1822, confirmé par un arrêt de la cour royale du 11 juillet suivant, ayant, entr'autres dispositions pénales, ordonné la confiscation de tous les exemplaires saisis.

**PRADON** (JEAN–NICOLAS).

Le Triomphe de PRADON. — *Lyon*, 1684. Un vol. in–8°.

M. De Manne cite une autre édition de cet ouvrage, aujourd'hui peu commun, également imprimée à Lyon, en 1686, présentant, dans le titre, l'addition des mots: *Sur les satires du S* $D^{***}$, et quelques différences assez notables dans le texte.

**PRÆADAMITÆ** sive exercitatio super versibus duo-decimo, decimotertio et decimoquarto, capitis quinti epistolæ D. Pauli ad Romanos. Quibus inducuntur primi homines ante Adamum conditi. (*Auctore* DE LAPEYRÈRE.) — *Anno salutis* 1655. Un vol. in–12.

**PRÉDICTION** où se voit comme le roy Charles II, roy de la Grand'Bretagne doit être remis aux royaumes d'Angleterre, Escosse et Irlande après la mort de son père. Avec la conférence du feu roy et le docteur Henderson Escossois touchant le gouvernement de l'église anglicane. Ensemble diverses pièces de quoy le contenu est en la page suivante. Le tout ensuitte du portrait royal. (*Par Denis* CAILLOUÉ). — *Rouen, Jacques Cailloué, etc.*, 1650. Un vol. in–24.

Ce petit volume, très-rare, contient plusieurs pièces curieuses en vers et en prose, que l'on ne trouve point ailleurs. Voici le détail de celles qui ne sont point mentionnées sur le titre:

1° LETTRE *du chevalier de Suckling à un sien ami, touchant les affaires d'Angleterre;*
2° COPIE *d'une lettre envoyée au roy par le prince de Galles;*
3° MÉTAMORPHOSE *des Isles Fortunées. A la reyne douairière de la Grande-Bretagne* (I et II parties);
4° VERS *sur la mort de Charles I, roy de la Grande Bre-tagne;*

5° Apothéose *du sérénissime roy de la Grande Bretagne Charles I ;*

6° Pieux devoirs *aux mânes sacrez du roy de la Grande Bretagne ;*

7° Sur les Méditations *sacrées du sérénissime roy de la Grande Bretagne, Charles I ;*

8° Au roy *de la Grande Bretagne Charles II. Ode ;*

9° Avis *aux roys et peuples.*


## PREVOST (jean).

Les Tragédies et autres OEuvres poëtiques de Jean Pre-vost, advocat en la Basse-Marche. —*Poictiers, Julian Thoreau*, 1614. Un vol. in-12.

Ce recueil, composé de divers ouvrages imprimés séparément, contient :

1° Les quatre tragédies d'*Edipe*, de *Turne*, d'*Hercule* et de *Clotilde ;*

2° Les trois livres de l'*Apothéose* (en vers) *du très-chrestien roy de France et de Navarre Henri IIII*, etc. ;

Et 3° deux livres de poésies diverses, intitulées : *le Bocage.*


## PRINCESSES (les) malabares, ou le Célibat philoso-phique. Ouvrage intéressant et curieux, avec des notes historiques et critiques. (*Par Louis-Pierre* de Longue.) — *Andrinople, Thomas Franco*, 1734. Un vol. in-12.

Ce livre, ayant été lacéré et brûlé, à Paris, par la main du bourreau, le mardi quatrième jour de janvier 1735, en exécution d'un arrêt de la cour du parlement, rendu le 30 décembre pré-cédent, est aujourd'hui assez rare, et son prix se soutient dans les ventes, pour peu que les exemplaires soient en bon état. Il est cependant bien moins cher qu'avant la libre circulation des ou-vrages philosophiques, car alors il se vendait communément de 24 à 30 fr.


## PROCÉDURES curieuses de l'inquisition de Portugal contre les francs-maçons. Pour découvrir leur secret, avec les interrogatoires et les réponses, les cruautés exercées par ce tribunal, la description de l'intérieur

du S. office, son origine, et ses excès. Divisées en trois parties, par un franc—maçon sorti de l'inquisition. Revues et publiées par L. T. V. I. L. R. D. M.—*Dans la vallée de Josaphat, l'an de la fondation du temple de Salomon, MM.DCCCIII.*

**PROCÈS** en diffamation intenté par M. Binet, maire de la ville de Dieppe, à M. J. Delamare, gérant du Mémorial Dieppois. — *Dieppe, bureau du Mémorial Dieppois* ( Rouen, D. Brière ), 1836.

On a relié à la suite :

1° Procès et acquittement du Journal de Rouen devant la cour d'assises de la Seine—Inférieure, le 17 août 1836. — *Rouen, au bureau du Journal*, 1836.

2° Procès de l'Echo de Rouen contre M. Senard, avocat à la cour royale de Rouen. — *Rouen, imprimerie de D. Brière*, 1836. — Trois parties en un vol. in-12.

Seul exemplaire de chacune des trois parties imprimé sur papier de couleur.

**PROPRIÉTÉ** ( de la ) dans ses rapports avec le droit politique. — *Paris, G. Clavelin*, 1792. Un vol. in-18 ( *en tête duquel se trouve une* Lettre à **M\*\*\*** sur le système de deux chambres indépendantes, ou de la balance des trois pouvoirs ).

On a inséré à la fin de ce volume une lettre autographe, avec signature, de l'auteur, M. Germain GARNIER, ministre d'état et membre de la chambre des pairs, mort à Paris le 4 octobre 1821, auquel on doit, entr'autres ouvrages de littérature et d'économie politique, la traduction la plus estimée des Recherches d'Adam Smith sur la nature et les causes des richesses des nations.

**PROSA** cleri Parisiensis, ad ducem de Mena, post cædem regis Henrici III.—*Lutetiæ, apud Sebastianum*

*Nivellium, typographum Unionis*, 1589. Un vol.
in–8°.

A la page 13 de ce petit volume, qui n'en contient en tout
que 25, se trouve la traduction de cette pièce singulière, sous
le titre de :

Prose du Clergé de Paris, adressée au duc de Mayne
après le meurtre du roi Henri III, traduite en ( *vers* )
françois, par M. Pierre Pighenat, curé de Saint–
Nicolas–des–Champs.

Ce livre est la réimpression, faite, en 1786 ou 1787, par
M. Didot l'aîné, à 56 exemplaires seulement, dont 6 sur peau
de vélin, d'un opuscule excessivement rare, qui fut payé 360
livres 19 sous à la vente de M. Sépher. M. l'abbé Duclos, qui
n'avait probablement pas eu occasion de le lire, trompé par le
titre, le cite, dans son Dictionnaire Bibliographique, publié par
Cailleau, comme *un monument du plus horrible fanatisme*.
Cette erreur, partagée par MM. Fournier, Psaume et autres, a
été signalée pour la première fois dans une notice insérée au
Précis analytique des travaux de l'Académie royale des Sciences, Belles-Lettres et Arts de Rouen, pour l'année 1828, dont il
a été tiré quelques exemplaires séparément.

L'auteur de cette notice prouve que, loin d'être, comme on
l'avait cru jusqu'alors, un monument du fanatisme des ligueurs,
cette prétendue *prose* est l'ouvrage d'un de leurs adversaires,
dont le but évident a été de vouer au mépris public le duc de
Mayenne (ou de Mayne) et la duchesse de Montpensier, sa sœur,
qu'il va jusqu'à taxer, en termes des plus indécens, de s'être
prostituée à Jacques Clément, pour l'exciter à assassiner
Henri III.

M. C. Leber a, depuis, fixé de nouveau, sur ce point, l'attention du public, dans le piquant opuscule qu'il a fait paraître
en 1834 sur l'état des pamphlets avant Louis XIV, et M. le marquis de Roure, ignorant sans doute l'existence de la notice
publiée plusieurs années avant l'opuscule de M. Leber, attribue à ce savant philologue tout l'honneur de la découverte de
l'erreur dont il s'agit, qu'il avoue avoir lui-même partagée, et
ne balance pas à qualifier de *bévue* (Analectabiblion, tome II,
page 85).

PUY (le) de la conception de Nostre–Dame fondé au
couvent des Carmes à Rouën. Son origine, érection,
statuts et confirmation. — (*Rouen*, 1614). Un vol.
in–8°.

# Q.

QUADRINS historiques de la Bible. (*Par Claude* PA-
RADIN; *avec de jolies figures en bois de* BERNARD
SALOMON, *dit le* PETIT BERNARD). — *Lyon., Jean
de Tournes.*

On a relié à la suite :

Figures du Nouveau–Testament (*avec des sixains,
par Charles* FONTAINE). — *Ibid., id.*, 1559. Deux
tomes en un vol. in–8°.

Le titre du premier de ces deux volumes étant enlevé (lacune
dont on est heureusement dédommagé par deux notes écrites de
la main et constatées par la signature de M. E.-H. Langlois, auquel il a appartenu), il a été impossible d'en indiquer ici la date.
Mais il est certainement d'une des éditions postérieures à celle
de 1553, puisqu'on y trouve deux cent trente-un quatrains et
autant de figures, et que cette dernière n'en contient que
deux cent vingt-six.

QUATRAINS du voyageur. Avec les hymnes propres
pour le temps de Noël. Et les lamentations de la très-
sacrée Vierge. Et autres compositions déclarées en la
page suivante. — *Au faux–bourg S. Germain lez
Paris, par Fleury Bourriquant*, 1603. Un vol.
in–8°.

Ce petit volume étant assez rare, je crois devoir mentionner
ici les pièces qu'il contient, outre celles indiquées sur le titre.
Ces pièces sont :

1° UN HYMNE *sur la réjouissance du Roy boit ;*
2° DE L'HONNEUR *précieux des femmes ;*
3° DE LEUR VALEUR *et prouesse ;*
4° DE LEUR SATISFACTION ;
6° JACOB *Ænigme ;*
6° JUGEMENT *royal sur la contention de trois dames à qui
aurait la pomme d'or ;*

Et 7° *les sept premiers et cinq derniers* Pseaumes *de Da-*
*vid, mis en ritme françoise, au plus près de la version Sainct-*
*Jérôme.*

## QUESNAY DE BOISGUIBERT ( DU ).

De Imitatione Christi , libri quatuor versibus heroïcis
traducti a domino du Quesnay de Boisguibert , in
suprema rationum regiarum curia cognoscendis ratio-
nibus præfecto. — *Parisiis, Langlois*, 1729. Un
vol. in–8°.

QUESTION royalle et sa décision. — *Paris, Toussainct*
*du Bray*, 1609. Un vol. in–12.

QUESTION royale et politique, avec sa décision, où il
est montré en quelle extrémité, principalement en
temps de paix, le sujet est obligé de conserver la vie
du prince aux dépens de la sienne propre. Par J. Du-
verger de Hauranne, abbé de S. Cyran. — Du fonds
de Toussainct du Bray, 1609.—*Paris, P. M. Lamy,*
1778. Un vol. in–12.

Ce dernier livre est absolument le même que le précédent.
Il n'offre d'autre différence que celle du titre et de la trans-
position de l'extrait du privilége du roi ; qui, dans le premier,
se trouve en regard de la première page, et, dans le second,
en regard de la dernière. Les amateurs préfèrent cependant
les exemplaires sous la date de 1609 . qui sont toujours portés
dans les ventes à un prix beaucoup plus élevé.

## QUILLET ( claude ).

La Callipédie, ou la Manière d'avoir de beaux enfans.
Poëme didactique. Traduction libre, en vers françois,
du poème latin de Claude Quillet ( *avec le texte en*
*regard*). — *Amsterdam et Paris, Dupuis et J.-F.*
*Bastien*, 1774. Un vol. in–8°.

M. Renouard , auteur des Essais historiques sur le Maine ,
atribue cette traduction de la Callipédie à M. Lancelin, natif de
Laval.

QUINQUE illustrium poetarum Ant. Panormitæ; Ramusii, Ariminensis; Pacifici Maximi, Asculani; Joan. Joviani, Pontani; Joan. Secundi, Hagiensis, Lusus in Venerem partim ex codicibus manuscriptis nunc primum editi. — *Parisiis*, 1791. Un vol. in–8°.

QUINTE–CURSE ( QUINTUS CURTIUS RUFUS ).

Quintus Curtius de rebus gestis Alexandri Magni, regis Macedonum, cum annotationibus Desid. Erasmi Roterodami. — *Parisiis, apud Simonem Colinæum*, 1543. Un vol. in–8°.

QUINZE (les) Joyes de mariage. Ouvrage très–ancien ( *d'Antoine* Lasale [1]; *mis en lumière par* F. de Rosset ); auquel on a joint le Blason des fausses amours ( *en vers, par* Guillaume Alexis ), le Loyer des folles amours ( *en vers, attribués à* Guillaume Crétin ), et le Triomphe des Muses contre Amour ( *aussi en vers* ). Le tout enrichi de remarques et de diverses leçons. ( *Par* Le Duchat *et* de la Monnoye. ) — *La Haye, A. de Rogissart*, 1734. Un vol. in–12.

M. le marquis de Roure, qui a inséré une analyse succincte de ce livre dans son Analectabiblion (tome 1er, page 135), en indique ainsi le titre : *Les Quinze Joyes de Mariage* (ou la nasse), *ouvrage très-ancien, etc.* Mais il n'a pas pris soin de justifier cette variante dont je ne connais point d'autre exemple.

# R.

RACAN ( honorat DE BEUIL, seigneur DE ).

Les OEuvres de M. Honorat de Beuil, chevalier, sei-

---

[1] C'est à M. A. Potier, conservateur de la Bibliothèque publique de Rouen, que l'on doit la découverte du nom jusqu'alors inconnu de l'auteur des Quinze Joyes de Mariage. On peut voir comment il est parvenu à le trouver dans une notice de M. Leroux de Lincy sur ce livre remarquable, insérée au Bulletin du Bibliophile de M. Techner, n° 12 de la deuxième série, février 1837.

gneur DE RACAN. — *Paris, Antoine-Urbain Couste-lier*, 1724. Deux vol. in-12.

RAILLERIE universelle. Dédiée à monseigneur l'émi-nentissime cardinal duc de Richelieu (*par le baron* DU PUISET). Seconde édition.—*Paris, Pierre Targa*, 1635. Un vol. in-8°.

RAILLEUR (le), ou la satyre du temps. Comédie. (*Par* Antoine MARESCHAL.) — *Paris, Toussainct Quinet*, 1638. In-4°.

**RAVRIO.**

Mes Délassemens, ou Recueil de chansons, et autres pièces fugitives, composées pour mes amis. Par RA-VRIO. — *De l'imprimerie de Ballard, etc.* (Paris), *janvier* 1805. Un vol. in-8°.

Ce volume, n'ayant été imprimé qu'à un très-petit nombre d'exemplaires, et seulement pour être donné par M. Ravrio à ses amis, ne laisse pas que d'être rare. On a réuni dans celui-ci, aux Délassemens, les trois pièces suivantes du même auteur :

1° Arlequin Journaliste. Comédie-vaudeville en un acte. Représentée pour la première fois à Paris, sur le théâtre de la Cité-Variétés, le 14 thermidor, l'an 5 de la république française, 1er août 1797. Par le C. R***, ou M. R***.—*Paris, Barba, an cinquième de la république* (1797).

2° La Sorcière, comédie-vaudeville, en un acte et en prose ; par le Cen R*****. Représentée, pour la pre-mière fois, au théâtre du Vaudeville, le 28 fructidor an VII. — *Paris, Huet et Charon, an VIII.*

3° La Maison des Fous, comédie en un acte, en prose, mêlée de vaudevilles. Par R*** et CHATILLON. Repré-sentée, pour la première fois, sur le théâtre du Vaudeville, le 19 fructidor an IX. — *Paris*, *Barba*, *an XI* (1803).

## RAYSSIGUIER (DE).

Tragi comédie pastorale, où les Amours d'Astrée et de Céladon, sont meslées à celles de Diane, de Silvandre et de Paris, avec les inconstances d'Hilas. Par le sieur DE RAYSSIGUIER.—*Paris*, *Pierre David*, 1632. Un vol. in–8°.

RE (de) vestiaria libellus, ex BAÏFIO excerptus : addita vulgaris linguæ interpretatione, in adolescentulorum gratiam atque utilitatem. Secunda editio.—*Parisiis*, *ex officina Roberti Stephani*, 1541.

On a relié à la suite :

1° De Vasculis libellus, adolescentulorum causa ex BAIFIO decerptus, addita vulgari latinarum vocum interpretatione. — *Ibid.*, *id.*, 1543.

2° De Re navali libellus, in adolescentulorum bonarum litterarum studiosorum favorem, ex BAYFII vigiliis excerptus, et in brevem summulam facilitatis gratia redactus. Addita ubique, puerorum causa, vulgari vocabulorum significatione. — *Lugduni*, *apud hæredes Simonis Vincintii*, 1537.

3° De Re hortensi libellus, vulgaria herbarum, florum ac fructicum, qui in hortis conseri solent, nomina latinis vocibus effere docens ex probatis authoribus : in adolescentorum gratiam, multo quam antea locupletior factus. Cui nuper additus est alius libellus de cultu et satione hortorum, ex antiquorum sententia. — *Lutetiæ*, *ex officina Rob. Stephani*, 1545. Quatre tomes en un vol. in–8°.

Ces quatre petits Traités, qu'il n'est pas facile de trouver, surtout réunis, et dont M. Barbier n'a probablement pas eu connaissance, puisqu'il n'en fait aucune mention, sont de Charles

Etienne. Mais, comme l'indique le titre, il n'est point, à proprement parler, l'auteur des trois premiers, dans lesquels il n'a fait qu'abréger, en faveur des jeunes gens, ceux de Lazare Baïf, imprimés in-4°, à Bâle, en 1541.

RECHERCHES (les) des Recherches et autres œuvres de Mᵉ Estienne Pasquier, pour la défense de nos roys, contre les outrages, calomnies et autres impertinences dudit autheur (*par* Garasse).—*Paris*, *Sébastien Chappelet*, 1622. Un vol. in–8°. — V. l'art. *Anti-Garasse (l').*

RECUEIL de chansons patriotiques, et autres poésies, publié au profit des veuves et orphelins des immortelles journées de juillet, dédié à la garde nationale de Rouen; par un invalide (*Claude–Bénigne* Délorier). — *Rouen*, 1830. Un vol. in–18.

On a ajouté dans l'exemplaire qui fait l'objet de cette note (ce qui lui donne un mérite tout particulier), une feuille à laquelle l'auteur à cru devoir substituer un carton, à cause de la chanson du *Paradis Perdu*, qui s'y trouvait page 56, et qu'il a remplacée par celle de *la Clé sous la Porte;* plus la copie d'une autre chanson, intitulée *le Tambourin*, accompagnée d'un billet autographe, avec signature, de M. Délorier à M. Delalande, son éditeur, en la lui envoyant. — V. l'art. *Chansons d'un Invalide.*

RECUEIL de comédies nouvelles. (*Par la marquise* de Gléon.) —*Paris*, *Prault*, 1787. Un vol. in–8°.

Ce recueil, tiré à petit nombre, contient trois comédies en prose, intitulées : *L'Ascendant de la Vertu*, ou la Paysanne philosophe; la Fausse sensibilité, et le Nouvelliste provincial. Elles sont précédées d'un avertissement que l'on attribue à M. le marquis de Chastellux.

RECUEIL de diverses pièces curieuses de ce temps. — 1649. Un vol. in–4°.

Ce recueil, imprimé à Rouen, est très-rare aujourd'hui. Il se compose, ainsi que trois autres sous le même titre et portant la même date, reliés à la suite, d'une grande quantité d'opuscules faisant partie de ce qu'on appelle les *Mazarinades*. On y a joint, dans ce volume, plusieurs autres pièces du même genre, tant en prose qu'en vers, qui ne sont pas moins rares. Voici les titres de ces dernières, toutes également imprimées à Rouen en 1649 :

1° RECUEIL *des pièces secrètes de ce temps ;*

2° LES RAISONS *ou les motifs véritables de la deffense du parlement et des habitans de Paris. Contre les perturbateurs du repos public, et les ennemis du roy et de l'estat ;*

3° LETTRE *de la cour de parlement de Paris, envoyée au parlement de Normandie ;*

4° TRÈS-HUMBLE *Remontrance du parlement au roy et à la reyne régente ;*

5° RELATION *fidèle de ce qui s'est passé au parlement, depuis le 10 febvrier 1649 jusques au 1ᵉʳ de mars ensuivant ;*

6° LES ADVIS *héroïques et importants donnez à Mᵉ le prince de Condé par Monsieur de Chastillon, revenu de l'autre monde : par l'autheur des Triolets ;*

7° LA SANGLANTE *dispute entre le cardinal Mazarin et l'abbé de la Rivière. Le visage de bois au nez du Mazarin et son exclusion de la conférence de Ruel. Et la supplication faite au roy pour avancer le procez des partisans et financiers ;*

8° ALMANACH *de la cour, qui dit tout. Pour l'année 1649. Fait par maistre François Vaultier, grand spéculateur des choses présentes ;*

9° LE PARTISAN *tenté du désespoir par le démon de la Maltaute, qui lui reproche les crimes de sa vie, et cause son repentir. Dialogue ;*

10° DÉCISION *de la question du temps. A la reyne régente ;*

11° LE GAZETIER *désintéressé, et le Testament de Jules Mazarin ;*

12° LA DÉCLARATION *de Monseigneur le prince de Conty, et de Messieurs les généraux. Enregistrée au parlement pour l'exécution de l'arrest du 8 janvier dernier, contre le cardinal Mazarin. Pour le soulagement des peuples et de la paix générale, du samedi 20 mars 1649 ;*

13° DEUX *Dialogues entre le roy de bronze et la Samaritaine, sur les affaires du temps présent ;*

14° LE FUNESTE *Hoc de Jules Mazarin. Et le De Profund sur les regrets qu'il fait au roy et aux princes de sa vie ;*

15° LETTRE *à Monsieur le cardinal, burlesque. La Guerre civile, en vers burlesques ;*

16° LES DERNIÈRES *barricades de Paris. En vers burlesques. Avec autres vers envoyez à Monsieur Scarron, sur l'arrivée d'un convoy à Paris ;*

17° Lettre *du soldat François au cavalier Georges : ensuitte de la lettre à M. le cardinal, burlesque ;*

18° Le Prince *endormy, le Prince éveillé. Et le burlesque* On *de ce temps, qui sait tout, qui fait tout et qui dit tout;*

19° La Déroutte *des troupes de Mazarin veue en songe et présentée à Monseigneur le duc de Beaufort. En vers burlesques. Ensemble le Rabais du pain ;*

20° Le Qu'en dira-t-on *de Mazarin. Avec le remerciment des imprimeurs et colporteurs, aux autheurs de ce temps. En vers burlesques. Et la lettre de l'inconnu ;*

21° Le Nocturne *enlèvement du roy hors de Paris, fait par le cardinal Mazarin, la nuict des Roys. Avec le troisième Babillard. Coq-à-l'asne du sieur Voiture, ressucité: au preux chevalier Guichéus. Alias, le maréchal de Gramont, sur les affaires du temps. En vers burlesques ;*

22° L'Adieu *de Mazarin, burlesque ;*

23° Les Triolets *du temps, selon les visions d'un petit-fils du grand Nostradamus. Faits pour la consolation des bons François. Et dédiez au parlement ;*

24° Le Caresme *des Parisiens pour le service de la Patrie.*

25° Apologie *des Normans au roy. Pour la justification de leurs armes ;*

26° La Fureur *des Normans contre les Mazarins ;*

27° Remerciment *des imprimeurs à Monseigneur le cardinal Mazarin ;*

28° Récit *véritable de tout ce qui s'est fait au procez du roy de la Grand'Bretagne : son arrest et la manière de son exécution. Avec la harangue faite par Sadite Majesté sur l'eschaffaut. Traduit de l'anglois en françois par J. Ango, interprète de ladite langue. Sur l'imprimé à Londres, par François Coles;*

29° Le Courrier *François, apportant toutes les nouvelles véritables de ce qui s'est passé, depuis l'enlèvement du roy* (avec les suites, au nombre de douze), *tant à Paris qu'à Saint-Germain-en-Laye;*

30° Le Courrier *de la Cour, portant les nouvelles de S. Germain, depuis le* 15 *mars* 1649 *jusqu'au* 23 ;

31° Panégyrique *royal, ou le triomphe de la paix, sur le retour de messieurs les députez du parlement, avec ce qui s'est passé de plus mémorable. Dédié au Roy ;*

32° Le Secret *de la paix à la reyne ;*

33° Déclaration *du roy, donnée sur les mouvemens arrivés en sa province de Normandie. Lue, publiée et enregistrée à Rouen en parlement, le neufième avril mil six cent quarante-neuf.*

**RECUEIL** de diverses pièces, servant à l'histoire de

Henri III, roy de France et de Pologne; dont les titres se trouvent en la page suivante. — *Cologne, Pierre Du Marteau* (Hollande, Elzevir), 1663. Un vol. in–12.

Ce recueil contient :

1° JOURNAL *du règne de Henri III, composé par M. S. A. G. A. P. D. P.* (M. Servin, avocat général au parlement de Paris, ou plutôt extrait par lui des Mémoires de Pierre DE L'ETOILE);

2° Le DIVORCE *Satyrique, ou les Amours de la reyne Marguerite de Valois, sous le nom D. R. H. Q. M.* (Par Pierre-Victor PALMA CAYET);

3° L'ALCANDRE, *ou les Amours du roy Henry-le-Grand, par M. L. P. D. C.* (M^{me} la princesse DE CONTY). *Sur l'impression de Paris de l'an* 1651;

Et 4° la CONFESSION *de M. Sancy, par L. S. D. A.* (le sieur D'AUBIGNÉ), *auteur du Baron de Feneste.*

Plus, trois petites pièces en vers ajoutées après le mot *fin*, qui semble terminer le volume, au bas de la page 453.

RECUEIL d'opuscules en vers et en prose. — *Paris, F. Didot, an XII* (1804). Un vol. in-8°.

Ce petit volume est très-rare, M. DE CRAMAYEL, auteur des opuscules qu'il renferme, ne l'ayant fait imprimer qu'à très-petit nombre et seulement pour en faire des cadeaux.

RECUEIL de Maximes véritables et importantes pour l'institution du roy. Contre la fausse et pernicieuse politique du cardinal Mazarin, prétendu sur–intendant de l'éducation de Sa Majesté. (*Par* Claude JOLY.) — *Paris* (Hollande), 1653. Un vol. in–12.

RECUEIL de pièces choisies, tant en prose qu'en vers; rassemblées en deux volumes. — *La Haye, Vanlom, Pierre Gosse et Albers*, 1714. Deux vol. in-8°.

RECUEIL de pièces concernant l'instance pendante au Conseil, entre le chapitre de l'Eglise Métropolitaine de

Rouen, et la Cour des Aides, et les officiers du bailliage et présidial. Au sujet du privilége appelé le privilége de S. Romain.—*(Rouen)*, 1737. Un vol. in–12. —V. l'art. *Plaidoyers.*

**RECUEIL** de pièces fugitives. — Un vol. in–8°.

On lit sur le dos de ce précieux volume : *OEuvres de N. manuscrit.* Indépendamment de cette indication, le ton et le style des pièces qu'il contient, ainsi que les noms des personnes auxquelles elles sont adressées, font aisément reconnaître qu'elles sont de M. le duc DE NIVERNOIS. Il est même probable que ce livre lui a appartenu, et qu'il y avait réuni celles de ses poésies que certaines raisons qu'il est facile de deviner, en les lisant, ne lui auraient pas permis de faire entrer dans la collection de ses œuvres, destinée au public. Aussi sont-elles toutes inédites, à l'exception de deux ou trois chansons qui ont paru, peut-être à l'insu de l'auteur, dans les Mémoires de Bachaumont, je crois, ou quelqu'autre recueil du même genre.

**RECUEIL** de pièces pour servir à l'histoire du jacobinisme dans la ville de Rouen. — *Rouen*, 1800. Un vol. in–8°.

On a réuni sous ce titre, imprimé exprès pour ce volume certainement unique, plusieurs pièces publiées séparément, et dont il n'est aucune qui ne soit aujourd'hui très-rare : telles que les rapports des différents commissaires nommés par les sections de la commune de Rouen, pour la recherche des crimes et délits des membres du district et du comité révolutionnaire, de celui de surveillance, et du bureau des accaparements ; les réponses de quelques-uns de ces membres aux imputations dont ils ont été l'objet, etc., etc.

**RECUEIL** de plusieurs pièces servans à l'histoire moderne, dont les tiltres se trouvent en la page suivante. —*Cologne, Pierre du Marteau,* 1663. Un vol. in–12.

Ce recueil, que l'on peut regarder comme destiné à faire suite à celui de *Diverses pièces, etc.,* mentionné ci-dessus sous la même date et avec la même indication de lieu et de libraire, contient :

1° DISCOURS *d'une trahison tramée contre le roy Henry IV en l'an* 1604 ;

2° Négociation *faite à Milan avec le feu prince de Condé en* 1609 ;

3° La Retraite *de Monsieur en Flandres et son retour* ;

4° L'emprisonnement *de Puylaurens, la retraite de Monsieur à Blois ; son accommodement* ;

5° Convocation *de l'arière-ban pour le siége de Corbie* ;

6° Mémoires *de ce qui s'est passé en l'affaire de monsieur Legrand* ;

7° Mémoires *de monsieur de Fonterailles, de ce qui s'est passé à la cour pendant la faveur de monsieur Legrand* ;

8° Instruction *du procès et exécution de messieurs Legrand et de Thou* ;

9° Mémoire *touchant les affaires du comte de Soissons et les ducs de Bouillon et de Guise* ;

10° Motifs *de la France pour la guerre d'Allemagne et quelle y a esté sa conduite* ;

11° Lettre *d'un estranger au sujet de la paix entre la France et l'Espagne.*

RECUEIL de quelques pièces curieuses concernant la philosophie de monsieur Descartes. — *Amsterdam, Henry Desbordes*, 1684. Un vol. in-12.

Cet exemplaire, ayant appartenu à M. Formont, ami de Voltaire, est revêtu de sa signature, et contient une note de sa main, indiquant que ce recueil a été fait par M. Bayle. Ce que M. Barbier a confirmé dans son Dictionnaire des Anonymes, n° 15549, où se trouvent les noms des auteurs des différents opuscules dont il se compose.

RECUEIL de quelques pièces nouvelles et galantes, tant en prose qu'en vers ; dont les titres se trouvent après la préface. — *Cologne, Pierre du Marteau* (Hollande, Elzevir), 1667. Un vol. in-12.

RECUEIL des pièces les plus curieuses qui ont esté faites pendant le règne du connestable M. de Luyne. Comme se veoit par la table suivante.... Quatriesme édition, augmentée des pièces les plus rares de ce temps. — 1628. Un vol. in-12.

REGNIER (mathurin).

1. Les Satyres et autres œuvres du sieur Regnier,

augmentez de diverses pièces cy–devant non imprimées. — *A Rouen , et se vendent à Paris chez Louis
Billaine* , 1667. Un vol. in–12.

II. Œuvres de Regnier (*avec les commentaires de*
Brossette). — *Londres* (Paris), 1750. Deux tomes
en un vol. in–12.

III. Œuvres de Mathurin Regnier. — *Paris , stéréo-
typie d'Héran, an XIII.*–1805. Un vol. in–12, *pap.
vél.*

IV. Œuvres de Mathurin Regnier , avec les commentaires revus , corrigés et augmentés , précédées de
l'Histoire de la satire en France , pour servir de discours préliminaire. Par M. Viollet Le Duc. —
*Paris, Th. Desoer* , 1822. Un vol. in–18.

RELATION contenant l'Histoire de l'Académie Fran-
çoise , par M. P. (*Pelisson*). Seconde édition. —
*Jouxte la copie imprimée à Paris chez Augustin
Courbé* (Hollande , Elzevir), 1671. Un vol. in–12.

REMONTRANCES du parlement de Rouen au roi au
sujet de M. Outin , curé de S. Godard , précédées du
Récit historique des faits inouis qui y ont donné lieu ;
et suivies de pièces au sujet d'un procès entre le comte
d'Eu et le Bailliage d'Argentan. — *Amsterdam , aux
dépens de la Compagnie* , 1755. Un vol. in–12.

REMONTRANCES très humbles au roy de France et
de Pologne Henry troisiesme de ce nom, par un sien
fidelle officier et subject (*Niccolas* Rolland), sur les
désordres et misères de ce royaume, cause d'icelles, et
moyens d'y pourvoir à la gloire de Dieu et repos universel de cet estat. Avec une table des principales
matières contenues en ce livre. — 1588. Un vol.
in–8°.

REPRÉSENTATIONS (des) en musique anciennes et modernes (*Par Claude-François* MENESTRIER). — *Paris, Réné Guignard*, 1681. Un vol. in-12.

## RESNEVILLE (DE).

Les Traverses du sieur DE RESNEVILLE. Et ses OEuvres poétiques. — *Paris, Toussainct du Bray*, 1624. Un vol. in-8°.

## REY (J.).

Etudes pour servir à l'histoire des Châles, par J. REY, fabricant de cachemires, membre de la Société d'encouragement pour l'industrie nationale, et de plusieurs Sociétés savantes. — *Paris, l'auteur, Potey, etc.*, 1823.

On a relié à la suite :

1° Mémoire sur la nécessité de bâtir un édifice spécialement consacré aux expositions générales des produits de l'industrie ; par M. REY, membre du comité général des manufactures, du jury central de 1827 et fabricant de châles à Paris. — *Paris, Bachelier, juin* 1829.

2° Le Meunier de Sans-Souci, en mai 1829. Conte historique (*en vers par le* MÊME).

3° Les quatre Sources de la Reuss au Saint-Gothard. Par M. REY, de la Société de Géographie, des Sciences Naturelles, des Antiquaires de France, etc. — *Paris, A. Pihan de la Forest*, 1835.

Et de plus, un billet autographe, avec signature, de l'auteur.

## RICHER (EDMOND).

Emundi RICHERII doctoris theologi Parisiensis libellus de ecclesiastica et politica potestate. Necnon ejusdem libelli per eumdem Richerium demonstratio. Ecclesia est politica monarchia, ad finem supernaturalem instituta ; regimine aristocratico, quod omnium optimum, et naturæ convenientissimum est, temperato a summo animarum pastore Domino Nostro Jesu Christo. — *Parisiis*, 1660. Un vol. in-12.

## RIGOLEY DE JUVIGNY (JEAN-ANTOINE).

La Décadence des Lettres et des Mœurs, depuis les Grecs et les Romains jusqu'à nos jours. Par M. RIGOLEY DE JUVIGNY, conseiller honoraire au parlement de Metz, de l'Académie des Sciences et belles Lettres de Dijon. Dédié au Roy. — *Paris*, *Mérigot*, 1787. Un vol. In-8°.

On a inséré à la fin de ce volume une lettre autographe, avec signature, de l'auteur. — V. l'art. *Lacroix du Maine.*

## RIKEL (DENIS).

Dionysii RIKEL carthusiani de vita et moribus canonicorum liber. Accessit ordo ad recipiendum canonicorum ex antiquis cartulariis et registris capituli ecclesiæ parisiensis. — *Coloniæ Agrippinæ*, *sumptibus Cornelii ab Egmont*, 1670. Un vol. in-12.

## ROCHES ( Mesdames DES ).

Les OEuvres de Mesdames DES ROCHES, de Poétiers, mère et fille. Seconde édition. Corrigée et augmentée de la tragi-comédie de Tobie et autres œuvres poétiques. — *Paris*, *Abel l'Angelier*, 1179 ( par erreur pour 1579).

On a relié à la suite :

Les secondes OEuvres de mesdames DES ROCHES, de Poictiers, mère et fille. — *Poictiers*, *Nicolas Courtois*, 1683. Deux tomes en un vol. in-4°.

Les mêmes.

A la suite desquelles on a relié, au lieu des *Secondes œuvres* :

1° La Puce de madame des Roches, qui est un recueil de divers poèmes grecs, latins et françois, composez par plusieurs doctes personnages aux grans jours tenus à Poitiers, l'an 1559. — *Paris, Abel l'Ange-lier*, 1583.

2° Les Missives de mesdames des Roches, de Poitiers, mère et fille : Avec le ravissement de Proserpine, prins du latin de Clodian et autres imitations et meslanges poëtiques.—*Ibid., id.*, 1586. Trois tomes en un vol. in–4°.

## ROCQUIGNY ( adrien DE ).

La Muse chrestienne du sieur Adrian de Rocquigny. Revue, embellie et augmentée d'une seconde partie par l'autheur. — 1634. Un vol in–4°.

## ROLAND ( marie–jeanne PHLIPON, Femme ).

Appel à l'impartiale postérité, par la citoyenne Roland, femme du ministre de l'intérieur, ou Recueil des écrits qu'elle a rédigés, pendant sa détention, aux prisons de l'Abbaye et de Sainte–Pélagie ; imprimé au profit de sa fille unique, privée de la fortune de ses père et mère, dont les biens sont toujours séquestrés. — *Paris, Louvet* (1794). Quatre parties en un vol. in–8°.

Ce recueil, peu facile à trouver aujourd'hui complet, a été donné au public par M. Bosc-d'Antic, intime ami de l'auteur. Quoiqu'il soit imprimé sur un papier et avec des caractères qui en rendent la lecture pénible, on le préfère aux deux éditions postérieures publiées sous le titre de *Mémoires* ou d'*OEuvres* de M^me Roland, parce qu'il contient plusieurs passages retranchés de ces dernières éditions, par égard pour certains personnages, plus ou moins, en faveur aux époques où elles ont paru.

**RONSARD** (pierre de).

Les Amours de P. de Ronsard vandomois, nouvellement augmentées par luy. Avec les continuations desdits amours, et quelques odes de l'auteur, non encor imprimées. Plus, le Bocage et Meslanges dudit P. de Ronsard. — *Rouen, Nicolas le Rous*, 1557. Un vol. in-8°.

**ROQUE** ( gilles–andré de la ).

Traité de la noblesse, et de toutes ses différentes espèces. Nouvelle édition, augmentée des traités du blason des armoiries de France : de l'origine des noms surnoms : et du ban et arrière–ban. Par Mr de la Roque. — *Rouen, Pierre le Boucher et Jorre*, 1734. Un vol. in–4°.

**ROTROU** ( jean ).

I. La Doristée, tragi–comédie du Sr Rotrou.—*Paris, Anthoine de Sommaville*, 1635. In-8°.

II. La Bague de l'oubly. Comédie par le sieur Rotrou. Dédiée au roy.—*Paris, François Targa*, 1635. In-8°.

III. La Diane, comédie. Par le sieur Rotrou. Dédiée à monsieur le comte de Fiesque (*plus* autres œuvres du mesme autheur).—*Ibid., id., même année* .In-8°.

IV. Hercule mourant. Tragédie de Rotrou.— *Paris, Anthoine de Sommaville*, 1636. In-4°.

V. L'heureuse Constance, tragi–comédie de Rotrou. —*Ibid., id., même année.*In-4°.

VI. Les Occasions perdues. Tragi–comédie de Rotrou. —*Ibid., id., même année.* In-4°.

VII. Les Menechmes. Comédie de Rotrou. — *Ibid., id., même année.* In-4°.

VIII. La Célimène, comédie de Rotrou. — *Paris, Toussainct Quinet*, 1637. In-4°.

IX. Le Filandre, comédie de ROTROU. — *Paris , Anthoine de Sommaville , 1637.* In–4°.

X. La Pélerine amoureuse: Tragi-comédie de ROTROU. — *Ibid., id., même année.* In–4°.

XI. L'Innocente Infidélité , tragi-comédie de ROTROU. —*Ibid., id., même année ,* 1637. In–4°.

XII. Les Sosies , comédie de ROTROU. — *Ibid., id., même année.* In–4°.

XIII. Laure persécutée. Tragi–comédie de M^r ROTROU. —*Ibid., id.,* 1639. In–4°.

XIV. La Belle Alphrède, comédie. De ROTROU. — *Ibid., id. et Toussainct Quinet ,* 1639. In–4°.

XV. Les Captifs ou les Esclaves, comédie , de M^r de ROTROU. — *Ibid., id.,* 1640. In–4°.

XVI. Clarice ou l'Amour constant. Comédie de M^r de ROTROU. — *Ibid., id. et Augustin Courbé ,* 1643. In–4°.

XVII. Dom Bernard de Cabrère , tragi–comédie de ROTROU. — *Ibid.,id.,* 1647. In–4°.

XVIII. La Florimonde , comédie. Dernier ouvrage de M^r de ROTROU. — *Ibid., id.,* 1655. In–4°.

XIX. Venceslas , tragédie en cinq actes, par ROTROU ; représentée, pour la première fois , en 1647 , et réimprimée sur le manuscrit des comédiens du roi en 1774. — *Paris, veuve Duchesne.* In–12.


ROUEN littéraire , essai en forme de dialogue *(en vers).* — 1800.

On a relié à la suite :

1° MON APOLOGIE , dialogue entre un membre du Lycée et l'auteur de Rouen littéraire *( en vers ).* — *Mars* 1800.

2° NOUVEAU Pot-Pourri, contenant la petite Histoire

d'un grand chapitre. (*A l'occasion d'un mandement du Chapitre Métropolitain de Rouen*). — Un vol. in–12.

Ces trois opuscules, n'ayant pas survécu aux circonstances qui les ont inspirés, ne peuvent plus être recherchés aujourd'hui que par les amateurs jaloux de ne rien laisser échapper de ce qui a quelque rapport avec l'histoire particulière ou la littérature locale de la ville de Rouen. Mais comme ils ont été imprimés à un très-petit nombre, ils sont d'une extrême rareté, et c'est ce qui fait maintenant tout leur mérite.

**ROUEN**. Revue monumentale, historique et critique, par **E.-D.** (*Eustache* DELAQUÉRIÈRE), membre de plusieurs Sociétés littéraires et archéologiques. — *Rouen, imprimé par D. Brière*, 1835. Un vol. in–18.

On a joint à cet exemplaire, un des trois tirés sur papier de couleur, une lettre autographe, avec signature, de l'auteur.

## ROUGET DE LISLE (JOSEPH).

Essais en vers et en prose. Par Joseph ROUGET DE LISLE. — *Paris, P. Didot l'aîné*, 1796. Un vol. in–8°.

Ce volume, sur le titre duquel se trouve un hommage au citoyen Bourgouin, contient de plus une lettre autographe, avec signature, de l'auteur.

## ROULLIARD (SÉBASTIEN).

La magnifique Doxologie du Festu. Par Mᵉ Sébastian ROULLIARD de Melun, advocat en parlement. — *Paris, Jean Millot*, 1610. Un vol. in–8°.

## RUTILIUS (CLAUDE).

Cl. RUTILII Numatiani Galli itinerarium, integris Simleri, Castalionis, Pithœi, Sitzmanni, Barthii, Graevii, aliorumque animadversionibus illustratum. Ex musæo Th. J. Ab. Almeloveen.—*Amstelaedami, apud Joannem Wolters*, 1687. Un vol in–12.

## RYER ( PIERRE DU ).

I. Alcimédon, tragi–comédie, par P. DU RYER, secrétaire de Monseigneur le duc de Vandosme.—*Paris, Antoine de Sommaville*, 1635. In–4°.

II. Les Vendanges de Suresne, comédie, par P. DU RYER, secrétaire de Monseigneur le duc de Vandosme.— *Ibid.*, *id.*, 1636. In–4°.

III. Clarigène, tragi–comédie, par P. DU RYER, secrétaire de Monseigneur le duc de Vendosme. — *Ibid.*, *id.*, 1639. In–4°.

# S.

## SAADI ( MUSLADINI ).

Gulistan ou l'Empire des roses, traité des mœurs des rois, composé par Musladini SAADI, prince des poètes persiens. Traduit du persan par M***. — *Paris, Prault père*, 1737. Un vol. in–12.

Cette traduction, publiée pour la première fois en 1704, est attribuée à D'ALÈGRE par MM. Barbier et Brunet, qui n'en citent que la première édition.

## SABLIERE ( ANTOINE DE RAMBOUILLET DE LA ).

Madrigaux de Monsieur DE LA SABLIÈRE. Nouvelle édition. — *Paris, Duchesne*, 1758. Un vol. in–16.

Imprimé en noir, avec encadrement, filets et fleurons rouges.

## SAINT–AMANT ( MARC–ANTOINE–GÉRARD DE ).

I. Moyse sauvé, idyle héroïque du sieur DE SAINT-AMANT. A la sérénissime reine de Pologne et de

Suède. — *Paris*, *Augustin Courbé*, 1653. Un vol. in-4°.

II. Les OEuvres du sieur DE SAINT-AMANT. Reveuës, corrigées, et augmentées en cette dernière édition. Divisées en trois parties. — *Rouen*, *vefve Louis Dumesnil*, 1668. Un vol. in-12.

## SAINT-DISDIER ( T.-L.-E.-D.-M.-S. DE ).

La Ville et la république de Venise. Par le sieur T. L. E. D. M. S. DE ST-DISDIER. Troisième édition, reveuë et corrigée par l'autheur. — *Amsterdam*, *Daniel Elzevier*, 1680. Un vol. in-8°.

Ce petit volume se joint ordinairement à ceux d'Amelot de la Houssaye sur le même sujet, dont on peut le regarder comme la suite. — V. l'art. *Amelot de la Houssaye*.

Le catalogue de M. Guilbert de Pixérécourt contient, sous le n° 1995, une note très-curieuse de M. Charles Nodier, sur une prétendue quatrième édition de ce livre, publiée par Adrien Moetjens, à La Haye, en 1685.

## SAINT-GELAIS ( MELLIN DE ).

I. OEuvres poëtiques de Mellin DE S. GELAIS. — *Lyon*, *Antoine de Harsy*, 1574. Un vol in-8°.

Cette édition, la première que l'on ait faite des œuvres de ce poëte, est la plus rare et la plus recherchée. Mais elle est moins complète que la suivante, due à M. de la Monnoye, auteur de la notice placée en tête du volume.

II. OEuvres poëtiques de Mellin DE S. GELAIS. Nouvelle édition. Augmentée d'un très-grand nombre de pièces latines et françoises. — *Paris*, 1719. Un vol. in-12.

## SAINT-MARS ( LOUIS-SÉBASTIEN-HYACINTHE DESDOUITZ DE ).

Essai d'un Dictionnaire d'Etymologies gauloises, divisé en trois parties; la première offre les origines de la pluspart des noms locaux des divers cantons , rivières, ruisseaux, forêts , montagnes , villes , bourgs et autres endroits de Normandie ; la seconde présente celles des noms locaux du Vexin français et de quelques-unes de nos provinces de France ; et la troisième contient les étymologies d'une foule de mots et de noms de toutes les espèces. Par M. DE ST-MARS. Seconde édition. Avec privilège de S. M. Louis XVI, du 16 mars 1785. — *Rouen , Fs Mari.* Un vol. in-8°. — V. l'art. *Nostradamus.*

## SAINT-PIERRE ( JACQUES-BERNARDIN-HENRI DE).

La Chaumière Indienne, par Jacques-Bernardin-Henri DE SAINT-PIERRE. — *Paris, P. Fr. Didot le jeune,* 1791. — Un vol. in-18.

Exemplaire sur papier vélin , non moins remarquable par la richesse de sa reliure que par la beauté de son exécution, auquel on a ajouté une lettre autographe , avec signature, de l'auteur, par laquelle il annonce l'envoi de son livre à M. Descamps, directeur de l'école de dessin et de peinture à Rouen, dont il avait été l'élève.

## SAINT-PROSPER (A.-J.-C.).

L'Observateur au XIXe siècle , ou de l'homme dans ses rapports moraux , et de la société dans ses rapports politiques. Par A.-J.-C. SAINT-PROSPER , auteur d'une vie de Louis XVI, etc. Quatrième édition. — *Paris , N. Pichard ,* 1825. Deux tomes en un vol. in-12.

A la fin duquel on a inséré une lettre autographe, avec signature , de l'auteur.

## SAINT-VICTOR (J.-B. DE).

OEuvres poétiques de J.-B. DE SAINT-VICTOR. ( *Première édition complète, contenant* l'Espérance , poème , huitième édition ; le Voyage du Poète,

poème , troisième édition ; traduction des odes d'A-
nacréon , quatrième édition ; etc. , etc. ) — *Paris ,
Charles Gosselin* , 1822. Un vol. in–18.

Auquel on a joint un billet autographe, avec signature, de
l'auteur.

## SAINTE–MARTHE (GAUCHER–SCÉVOLE DE).

Les OEuvres de Scévole DE SAINTE MARTHE. Dernière
édition. — *Poitiers , Jean Blanchet* , 1600. Un vol.
in–12.

## SAINTE–PALAYE (JEAN–BAPTISTE DE LA CURNE DE).

Mémoires sur l'ancienne chevalerie , considérée comme
un établissement politique et militaire. Par M. DE LA
CURNE DE SAINTE-PALAYE , de l'Académie Françoise,
de celle des Inscriptions et Belles-Lettres, et des
Académies de Nancy et de la Crusca. — *Paris, Nic.
Bonav. Duchesne et veuve Duchesne* , 1759 *et* 1781.
Trois vol. in – 12. — V. l'art. *Amours du bon vieux
tems (les)*.

Sur le titre du troisième volume, publié vingt-deux ans après
les deux premiers (par M. Ameilhon), on lit, de plus : *Contenant :* 1° *Le Vœu du Héron ;* 2° *La Vie de Mauny ;* 3° *Le
Roman des trois chevaliers de la Camise ;* 4° *Mémoires historiques sur la chasse, dans les différens âges de la monarchie.*

## SALLENGRE ( ALBERT–HENRI DE).

Histoire de Pierre de Montmaur, professeur royal en
langue grecque dans l'Université de Paris. Par M. DE
SALLENGRE. — *La Haye , Chr. van Lom , P. Gosse
et R. Alberts* , 1715. Deux vol. in–8°. — V. les art.
*Eloge ( l' ) de l'yvresse ; Mémoires de littérature* , et
*Pièces échapées du feu.*

**SALLUSTE ( C. SALLUSTIUS** crispus**).**

**C.** Sallustius Crispus, cum veterum historicorum frag-
mentis. — *Lugduni Batavorum*, *ex officina Elzeviriana*, 1634. Un vol. in–12.

**SANCTORIUS.**

La Médecine statique de Sanctorius, ou l'art de se
conserver la santé par la transpiration, traduite en
françois, par feu M. le Breton, médecin de la Faculté
de Paris. —*Paris, Claude Jombert*, 1722. Un vol.
in–16.

**SARASIN (** jean-françois**).**

Les œuvres de Mr Sarasin. Contenant les traitez suivans : la conspiration de Valstein contre l'empereur.
S'il faut qu'un jeune homme soit amoureux, dialogue. La vie de Pomponius Atticus. La Pompe fu-
nèbre de Voiture et diverses poésies. Discours sur
la tragédie et remarques sur l'amour tyrannique de
M. *de Scudery.* Histoire du siége de Dunkerque. Opinions du nom et du jeu des échets. — *Paris, la veuve
Sébastien Marbre–Cramoisy*, 1696. Un vol. in–12.

**SATIRÆ** duæ Hercules tuam fidem sive Munsterus
hypobolimæus. Et Virgula divina. Cum brevioribus annotatiunculis, quibus nonnulla in rudiorum gratiam
illustrantur. Accessit his accurata Burdonum fabulæ
confutatio. Quibus alia nonnulla hac editione accedunt. — *Lugduni Batavorum, apud Ludovicum
Elzevirium*, 1617. Un vol. in–12.

Ce petit volume, relatif à la querelle qui eut lieu entre Gaspard Scioppius et Joseph Scaliger sur l'origine de ce dernier,
étant un des premiers ouvrages imprimés par les Elzevirs, est
aujourd'hui fort rare.

Ce motif et le silence gardé à son sujet par MM. Brunet,
Bérard, etc., m'engagent à en donner ici une description détaillée.

Il contient : 1° Douze feuillets liminaires non chiffrés, y compris le titre ; 2° De la page 1 à 102, la pièce intitulée : *Hercules tuam fidem* ; 3° Deux feuillets non chiffrés, sur le premier desquels est une dédicace ironique, en style lapidaire, à Gaspard Scioppius, et sur le second le titre de l'opuscule intitulé : *Virgula divina, sive apotheosis Lucretii Vespillonis*, occupant l'intervalle des pages 107 à 147 ; 4° Un autre feuillet non chiffré, contenant le titre de la pièce suivante ; 5° *Vita et parentes Gasp. Schoppii, à Germano quodam contubernali ejus conscripta*, de la page 151 à 176, y compris les annexes ; 6° *Confutatio stultissimæ Burdonum fabulæ, auctore J. R.* (JANO RUTGERSE), *Batavo, juris studioso*, de la page 177 à la page 509, y compris des fragments de lettres, une pièce de vers et des notes qui se trouvent à la suite. Le verso de la page 509, non chiffré, contient quelques errata et une note ; suit une feuille non chiffrée sur le recto de laquelle on lit le titre de la pièce suivante ; 7° Enfin, à la page 513, portant par erreur le chiffre 603, commence une lettre de Casaubon, intitulée : *Isaaci Casauboni epistola ad Georgium Michaelem Lingelshemium, in qua de nupero quodam Scioppi libello agitur*. Cette pièce se termine au milieu de la page 519, qui, par suite de la première erreur, est chiffrée 619. Suivent une page et dix feuillets non chiffrés (contenant des fragments de lettres, deux pièces de vers et des errata), sur le verso de la dernière desquelles se lit : *Lugduni Batavorum typis Isaaci Elzeviri, anno* 1617. Ce qui confirme l'observation de M. Bérard sur Louis Elzevir, premier du nom, qu'il est porté à ne considérer que comme libraire, assurant qu'il ne paraît pas certain que ce chef de la famille ait été imprimeur.

**SATIRIQUES** du xviii<sup>e</sup> siècle (*par* COLNET). — *Paris, Colnet, an* viii *et an* ix. Sept tomes, en quatre vol. in-8°.

Ce recueil, devenu rare, est d'autant plus recherché, qu'il contient plusieurs pièces qu'on ne trouve point ailleurs, et dont quelques-unes sont de nature à n'être jamais réimprimées.

**SATURNALES** (les) françoises, roman-comique : intéressant par la diversité et la nouveauté des caractères critiques, et par quelques pièces de théâtre qui n'ont jamais paru. — *La Haye, Gosse et Neaulme*, 1737. Deux tomes en un vol in-12.

M. Barbier, en indiquant Jean François DE LA BAUME comme auteur de ce livre, observe que les *trois* comédies qu'il contient sont attribuées à Thomas CROQUET. Je crois devoir faire ici une autre remarque, c'est que M. Barbier s'est trompé en ne parlant que de trois comédies. Les Saturnales françoises en contiennent quatre, toutes en prose, qui sont *le Médisant*, en trois actes ; *les Effets de la prévention*, en un acte ; *le Triomphe de l'Amitié*, en trois actes, et *l'Inégal*, en un acte.

J'ajouterai que dans le catalogue des livres provenant de la bibliothèque de M. L. D. D. L. V. (M. le duc de la Vallière), ces quatre comédies sont mentionnées sous le n° 3070, comme *fragmens ou pièces extraites d'autres livres*.

**SATYRE** Ménippée de la vertu du catholicon d'Espagne ; et de la tenue des estats de Paris. A laquelle est adjouté un discours sur l'interprétation du mot de higuiero d'infierno, et qui en est l'autheur. Plus le regret sur la mort de l'asne ligueur d'une damoiselle, qui mourut durant le siége de Paris. Avec des remarques et explications des endroits difficiles. — *Ratisbonne, Mathias Kerner* (Hollande, Elzevir), 1664. Un vol. in-12.

LA MÊME. Dernière édition, divisée en trois tomes, enrichie de figures en taille-douce, augmentée de nouvelles remarques et de plusieurs pièces, qui servent à prouver et à éclaircir les endroits les plus difficiles, avec des tables très-amples des matières.— *Ratisbonne, les héritiers Mathias Kerner*, 1752. Trois vol. in-8°.

**SATYRES** nouvelles (*par* DE SENECÉ). — *Paris, Pierre Aubouyn*, etc. 1695. Un vol. in-12.

Voici comme s'exprime, à l'occasion de ce recueil, M. Auger, dans la notice qu'il a composée pour l'édition des OEuvres complètes de Senecé, publiée en 1805 :

« Il est deux autres ouvrages de Senecé dont les littérateurs » n'ont point parlé parce qu'ils ne les ont point connus ; ce » sont deux satyres intitulées : l'une *les Auteurs*, l'autre *le* » *Nouvelliste*. Elles ont été imprimées une seule fois en 1695

» avec *les Travaux d'Apollon.* Ce très-petit volume est devenu
» si rare, que la bibliothèque impériale elle-même ne le possède
» pas. »

C'est ce qui me détermine à en donner ici une description
détaillée.

Il se compose de 66 pages (non compris le titre, un feuillet
liminaire contenant des stances intitulées : l'*Imprimeur au
lecteur*, et le privilége qui se trouve à la fin), et renferme trois
pièces : *les Travaux d'Apollon*, *poëme satyrique*, commençant à la page 1 et finissant à la page 29 ; *les Auteurs*, *satyre*,
commençant à la page 30 et finissant à la page 45, et *le Nouvelliste*, *satyre*, commençant à la page 51 et finissant à la page
66. Cette dernière pièce est précédée d'un *avis au lecteur* qui
occupe les pages 47, 48, 49 et 50. La page 46 est blanche. Il
est bon d'observer que le titre, au haut des pages, porte l'indication des ouvrages pour le premier et le dernier, et seulement
le mot *satyres* au pluriel pour la satyre *des auteurs*, qui, dans
l'extrait du privilége du roi, en date du 14 décembre 1694, est
appelée *Caprice sur la querelle des auteurs.*

LES MÊMES,

A la suite desquelles on a relié :

1° Satires, ou réflexions sur les erreurs des hommes
et les nouvellistes du temps. (*Par Pierre* DUCAMP
*sieur* D'ORGAS) — *Paris, Gabriel Quinet*, 1690.

2° Satyres nouvelles par M. B***.

3° Apologie de l'équivoque. (*Attribuée à* RACINE *le fils
par Panckoucke, dans l'Art de désopiler la rate,
mais qui paraît être du père* GRENEAU, *doctrinaire.*)

4° *Enfin*, *Satyre* sur les abbesses. —Un vol in–12..

SAUCE–ROBERT (la) ou avis salutaires à M^re Jean
Robert, grand archidiacre de Chartres (*daté à la fin
du* 12 *juin* 1676).

On a relié à la suite :

1° La Sauce–Robert justifiée. — 1679.

2° La Sauce–Robert ou avis salutaires à M^re Jean
Robert, grand archidiacre de Chartres (seconde par-

tie), *daté à la fin du 14 octobre 1678*. —Trois parties
en un vol. in–8°.

Ces trois pamphlets, qu'il est assez difficile de trouver réunis
et d'une belle condition, sont au nombre des ouvrages de B.
Thiers que leur causticité et leur rareté font le plus rechercher. M. Psaume, après en avoir fait la remarque, ajoute :
Cette sauce-Robert « a été un peu amère pour l'auteur, puis-
» qu'elle l'a fait décréter de prise de corps par l'official ; mais il
» a eu l'art de se soustraire à ce décret en fuyant dans un autre
» diocèse » (celui du Mans', où il est mort).

## SAVONAROLE.

Sermones reveren. P. Fatris Hieronymi Savonarole in
aduentu Domini super archam Noë, nusquam antehac impressi. Quorum titulos pagella sequens indicat.
— *Venitiis, ex officina diui Bernardini cum gratia
et privilegio*, 1536. Un vol. in–8°.

## SAUTELET (nicolas–balthasar).

Analyse synthétique et théorie de la langue française.
Par N.-B. Sautelet. Exposition de la méthode. —
*Cologne, Dumont-Schauberg*, 1833. Un vol. in–8°.

Cet exemplaire, du très-petit nombre de ceux imprimés sur
grand papier vélin, contient, outre un hommage écrit de la
main et souscrit de la signature de l'auteur, une lettre autographe du même, à l'occasion de son ouvrage.

## SAY (jean–baptiste).

Petit volume contenant quelques apperçus des hommes
et de la société. Par Jean–Baptiste Say, de l'Académie impériale de Saint-Pétersbourg. — *Paris, Déterville*, 1817. Un vol. in–18.

A la fin duquel on a ajouté une lettre autographe, avec signature, de l'auteur.

## SCARRON (paul).

Œuvres de Scarron. Nouvelle édition, plus correcte

que toutes les précédentes. — *Paris, Jean-François Bastien*, 1786. Sept vol. in-8°.

Dans l'Essai d'un complément au nouveau Dictionnaire portatif de bibliographie de M. F.-I. Fournier, précédé d'une notice
bibliographique sur ce Dictionnaire, par M. L.-J. Hubaud,
membre de l'Académie de Marseille, et inséré dans le tome 12
des Mémoires de cette Académie publié en 1814, on lit, à l'occasion de cette édition des OEuvres de Scarron, la note suivante :

     « Cette édition n'est pas entière; il y manque *les Mazarinades.*
» — Fausse assertion provenant de moi, dit M. Hubaud, et
» que, par cette raison, il est d'autant plus de mon devoir de
» corriger. Trompé par un exemplaire imparfait, et plein de
» l'idée qu'à Paris la censure n'avait pas dû permettre la réim-
» pression d'une pièce aussi effrénée et aussi obscène, je crus un
» peu trop à la légère que l'édition était et devait être tron-
» quée. M. Fournier a eu le tort de s'en être trop fié à mon
» exactitude et de s'en être rapporté aveuglément à moi. »

     Sur quoi je remarquerai :

     1° Que M. Hubaud, et, d'après lui, M. Fournier, ont commis
une autre erreur en n'indiquant pas la satyre de Scarron sous
son véritable titre, *la Mazarinade* et non *les Mazarinades ;*
ce dernier titre ne s'appliquant, comme on le sait, qu'à la collection plus ou moins volumineuse des pamphlets, tant en prose
qu'en vers, publiés contre Mazarin ;
     Et 2° que l'édition des OEuvres de Scarron offre une omission
plus importante, celle de la pièce intitulée : *les Boutades du
capitan Matamore*, que M. de Beauchamps et l'auteur de la
Bibliothèque du Théâtre-François indiquent sous son nom. —
V. l'art. *Boutades (les).*

## SCHONBORNER ( GEORGES ).

Georgii SCHONBORNERI politicorum libri septem. Editio ad ipsius authoris emendatum exemplar nunc
primum vulgata. — *Amsterodami, ex-officina Elzeviriana*, 1660. Un vol. in-12.

## SCUDERY (GEORGES DE).

I. Ligdamon et Lidias, ou la ressemblance. Tragi-comédie. Par Monsieur DE SCUDERY. ( *Suivi* d'autres

œuvres du même autheur. ) — *Paris*, *François Targa*, 1631. Un vol. in–8°.

II. La Comédie des comédiens, poëme de nouvelle invention. Par Monsieur DE SCUDERY. — *Paris*, *Augustin Courbé*, 1635. Un vol. in–8°.

III. L'Amour tyrannique, tragi-comédie. Par Monsieur DE SCUDERY. — *Paris*, *Augustin Courbé*, 1639. In–4°.

Cette pièce est précédée du Discours de la tragédie, ou remarques sur l'Amour tyrannique de Monsieur de Scudéry. Dédiées à l'Académie Française, par Monsieur ( SARASIN *sous le nom de* ) SILLAC D'ARBOIS.

IV. L'Amant libéral. Tragi–comédie, par Monsieur DE SCUDERY. — *Sur l'imprimé à Paris*, *chez Augustin Courbé*, 1647. In–12.

V. Alaric, ou Rome vaincüe. Poëme héroïque. Dédié à la sérénissime reyne de Suède. Par Mr DE SCUDERY, gouverneur de Nostre Dame de la Garde. — *Imprimé à Rouen*, *et se vend à Paris chez Augustin Courbé*, 1659. Un vol. in–12.

VI. LE MÊME,

*Suivant la copie de Paris. A La Haye*, *chez Jacob van Ellinckhuysen*, 1685. Un vol in–12.


## SECOND ( JEAN ).

Johannis SECUNDI opera. Aurate recognita ex-museo P. Scriverii. — *Lugduni Batavorum apud Franciscum Hegerum*, 1631. Un vol. in–12.


## SELECTI Normaniæ Flores ( *par Marie–André* DE CHALIGNY.)

On a relié à la suite :

Eminentissimo Francisco de Joyeuse, olim rothomagensi archiepiscopo atque uni e purpuratis Ecclesiæ

principibus, quum illius cineres e sacello semina-
rii de Joyeuse, Napoleonis munificentia Rothomagi
imperatorio lycæo nuper annexi, pie ac solemniter in
Lycœi templum efferrentur, sub auspiciis eminentis-
simi Stephani–Huberti Cambacérès, rothomagensis
archiepiscopi, unus e purpuratis Ecclesiæ principibus,
e gallicis senatoribus, nec non e primoribus honorificæ
legionis torquatis, etc., carmen; auctore J<sup>e</sup>-F<sup>o</sup>-G<sup>mo</sup>
FERET, tertii et quarti ordinis professore in rothoma-
gensi imperatorio lycæo.—*Rothomagi, apud Renault,*
*etc.*, 1809. Un vol. in–8°.

Les deux opuscules réunis dans ce volume offrent un intérêt
de localité qui les fera toujours rechercher des amateurs de livres
relatifs à la Normandie. Mais le premier, déjà signalé comme
très-rare dans les Curiosités littéraires de M. Frédéric Pluquet, acquiert un nouveau prix par l'addition, dans l'exemplaire dont il s'agit ici, de quatre pièces inédites écrites en entier de la main de l'auteur; savoir : une en vers français adressée
à M. l'abbé de Saint-Gervais, doyen du chapitre de Rouen, et
trois en vers latins, sur M<sup>me</sup> du Boccage et les peintres Restout
et Deshayes.

## SENANCOURT (DE).

Libres Méditations d'un solitaire inconnu, sur le déta-
chement du monde, et sur d'autres objets de la morale religieuse; publiées *(ou plutôt composées)* par
M. DE SENANCOURT. — *Paris, P. Mongie aîné,*
1819. Un vol. in–8°.

On a ajouté à la fin de ce volume une lettre autographe, avec
signature, de l'auteur.

## SENAULT (JEAN–FRANÇOIS).

De l'Usage des passions. Par le R. P. J. F. SENAULT,
prestre de l'Oratoire, dernière édition. — *Suivant*
*la copie imprimée à Paris* (Leyde, Elzevir), 1643.
Un vol. in–12.

Cette édition est absolument la même que celle publiée en

1658, avec un nonveau titre gravé portant l'indication de Leyde, chez Jean Elzevier, et à laquelle on a ajouté une dédicace à M. Huygens.

## SENECÉ ( ANTOINE BAUDERON DE ).

**Epigrammes et autres pièces de M. DE SENECÉ, premier valet de chambre de la feue reine, avec un Traité de la composition de l'épigramme. — *Paris, Pierre-François Giffart*, 1717. Un vol. in-12. — V. l'art. *Satyres*.**

## SEPMAINE ( la ) d'argent. Contenant l'histoire de la seconde création ou restauration du genre humain. — *Sédan, Jean Jannon*, 1632. Un vol. in-8°.

Ce poème, fait à l'imitation de celui de Dubartas, a pour objet, comme le titre l'indique, la restauration du genre humain, ou, selon les expressions de l'auteur dans sa préface, la vie, la mort et passion, la résurrection et l'ascension du rédempteur du monde. Son extrême rareté l'a soustrait aux recherches si actives de M. l'abbé Gouget. M. Barbier n'en fait non plus aucune mention. N'ayant pu trouver de renseignements sur son auteur chez aucun des autres biographes ou bibliographes que j'ai consultés, je supposai qu'à l'exemple de quelques écrivains de la même époque, il avait pu cacher son nom anagrammatisé dans ce vers qui termine le poème :

Puisque pour te chanter j'aspire au BEL ART D'ANGE.

M. Charles Nodier, à qui j'écrivis pour lui faire part de ma conjecture, me répondit à ce sujet :

« Je n'ai vu qu'une fois la Semaine d'Argent, qui est un livre
» rare, et j'en ai une idée fort vague. Je ne doute pas cependant
» que l'auteur s'appelât *Abel d'Argent*, et qu'il ait joué sur
» son nom dans le titre de son livre, comme *Yver* dans le *Printemps d'yver*. *Abel d'Argent* est l'anagramme de *bel Art
» d'Ange*.

## SERIA ET JOCI. Ou recueil de plusieurs pièces sur divers sujets ( *par Jean LEMYÈRE sieur DE BASLY* ). — *Caën, Jean Cavelier*, 1662. Un vol. in-12.

M. Barbier qui, à l'exemple de Huet, ne fait aucune mention de cette édition, mais en cite seulement une autre de 1664, donne improprement à l'auteur les noms de *Bably Lemyre*. Ce qui ne peut être qu'une erreur de copiste ou une faute d'impression.

**SERMON** pour la consolation des cocus, suivi de plusieurs autres, comme celui du curé de Colignac, prononcé le jour des Rois; celui du R. P. Zorobabel, capucin, prononcé le jour de la Magdelaine. — *Amboise Jean Coucou, à la Corne de Cerf*, 1751.

On a relié à la suite :

Sermon d'un cordelier à des voleursqui lui demandaient de l'argent ou la vie. — 1752.

Cocu (le) consolateur (*par* CARON). — *L'an du cocuage* 5810.

On peut consulter sur ce recueil de facéties les Nouvelles recherches bibliographiques pour servir de supplément au Manuel du Libraire et de l'amateur de livres de M. Brunet, au mot *Sermon*.

**SÉVÈRE** ( SULPITIUS SEVERUS),

Sulpitii Severi Opera omnia quæ extant, ex optimis editionibus accurate recognita.— *Ludg. Batavorum, ex officina Elzeviriana*, 1635. Un vol. in–12.

**SÉVÈRE** (P. CORNELIUS SEVERUS).

L'Etna de P. Cornelius SEVERUS et les sentences de Publius SYRUS, traduits en françois (*par J.* ACCARIAS DE SERIONNE), avec des remarques, des dissertations critiques, historiques, géographiques, etc., et le texte latin de ces deux auteurs à côté de la traduction. — *Paris Chaubert et Clousier*, 1736. Un vol. in–12.

Ce livre, cité comme étant peu commun, contient, outre une gravure représentant *le mont Gibel, dit Ætna*, une carte de la *Sicile*, par le sieur Placide Augústin Déchaussé, géographe du roi.

## SEXTUS EMPIRICUS.

Les Hipotiposes ou Institutions pirroniennes de SEXTUS EMPIRICUS en trois livres. Traduites du grec avec des notes qui expliquent le texte en plusieurs endroits *(par* HUART). — 1725. Un vol in-12.

## SEYSSEL (CLAUDE DE).

La Grand'Monarchie de France, composée par Messire Claude DE SEYSSEL, lors évesque de Marseille, et depuis archevesque de Thurin, adressant au roy très chrestien Françoys premier de ce nom. La loy salicque, première loy des Françoys. — *On les vend en la rue neufue Nostre Dame, à l'enseigne Sainct Iean Baptiste, contre Saincte Geneuiefue des Ardens, par Denys Ianot, libraire imprimeur.* Un vol. in-8°.

On lit à la fin :

« Ce présent livre a esté acheué d'imprimer à Paris, par » Denys Ianot, le dernier jour de décembre ( *de l'année* 1541, » *dont le millésime se trouve placé en tête du titre*). Pour » Galliot du Pré, libraire juré en l'Université de Paris. »

LE MÊME (*avec une légère variante dans le titre*). — *Paris, Galiot Dupré*, 1557. Un vol in-8°.

## SINAPIUS (JOANNES).

Declamatio adversus ignaviam, et sordes eorum, qui literas humaniores negligunt, aut contemnunt, eo quod non sint de pane lucrando. Authore Jo. SINA-PIO. — *Parisiis venit in œdibus Ægidii Gormontii,* 1531. Un vol. in-8°.

**SONGE** de Pòliphile, traduction libre de l'italien (*de Francesco* Columna), par J.-G. Le Grand, architecte des monumens publics et membre de plusieurs sociétés littéraires. — *Paris, imprimerie de Didot l'aîné. An XIII*–1804. Deux vol. in–18.

Ces deux volumes, très-bien exécutés, ont été imprimés à petit nombre, ce qui fait qu'on les rencontre rarement.

**SONGE** (le) du Vergier, lequel parle de la disputation du clerc et du chevalier. — (Paris), *Jehan Petit.* Un vol. in–4°.

On n'est pas d'accord sur le nom de l'auteur de ce livre, attribué par les uns *à Raoul de Presles*, et par d'autres à *Charles-Jacques de Louviers*. M. Lenglet-Dufresnoy assure qu'il doit être de *Philippe de Maisières*. M. de la Monnoye soutient au contraire, et avec plus d'apparence de raison, qu'il est sorti de la plume de *Jean de Vertus*, ce qui n'a pas empêché M. Camus de prétendre, depuis, dans ses lettres sur la profession d'avocat, qu'il a été composé par *Jean de Lignano*, docteur en théologie de la Faculté de Paris.

**SONNET** (THOMAS), sieur DE COURVAL.

Satyre contre les charlatans, et pseudo médecins empyriques. En laquelle sont amplement descouvertes les ruses et tromperies de tous theriacleurs, alchimistes, chimistes, paracelsistes, distillateurs, extracteurs de quintescences, fondeurs d'or potable, maistres de l'élixir, et telle pernicieuse engeance d'imposteurs. En laquelle d'ailleurs sont réfutées les erreurs, abus et impiétez des iatromages, ou médecins magiciens qui usent de charmes, billets, parolles, charactères, invocations de démons et autres détestables et diaboliques remèdes, en la cure des maladies. Par Mᵉ Thomas Sonnet, sieur de Courval, docteur en médecine, et gentilhomme Virois. — *Paris, Iean Milot,* 1610. Un vol. in–8°.

**SOPHYLE** ou de la philosophie ( *par* HEMSTERHUIS ). — *Paris* (Harlem), 1778. Un vol. (*justification in-18 tiré sur papier fort)* grand in-12. — V. l'art. *Aristée.*

**SOTTIE** à dix personnages. Jouée à Genève en la place du Molard, le dimanche des Bordes, l'an 1523.

Et à la suite :

Sottie jouée le dimanche après les Bordes, en 1524, en la Justice. Pour ce que le dimanche des Bordes faisait gros vent, fut continuée ladite sottie. Et joua la grand mère maistre Pettremand, grand joueur d'espée, etc. — *Lyon, Pierre Rigaud.* (Paris, Caron). Un vol. in–8°.

On trouve une analyse succincte de ces deux Sotties dans l'Analectabiblion de M. le marquis de Roure, tome 1er, page 327.

**SOUPIRS** (les) de la France esclave, qui aspire après la liberté. — 1689. Un vol. in–4°.

On peut consulter sur ce livre très-rare de cette édition, dont même quelques bibliographes ont mis en doute l'existence, les excellentes observations de M. Charles Nodier, dans ses Mélanges tirés d'une petite bibliothèque, pages 356 à 361.

**SPHERE** (la) de la lune, composée de la teste de la femme, par Mademoiselle de B****. — *Paris, Antoine de Sommaville,* 1652. Un vol. in–8°.

Peu commun. Dans le Dictionnaire Bibliographique attribué à Cailleau, et dans le nouveau Dictionnaire portatif de Bibliographie de Fournier, ce volume est indiqué sous la date de 1632. Mais c'est sans doute une faute d'impression échappée au premier, dont l'article aura été, sans plus d'examen, comme arrive souvent, copié par le second.

**STIMMIMACHIE** (la), ou le grand Combat des médecins modernes touchant l'usage de l'antimoine.

15

Poème histori comique, dédié à Messieurs les médecins de la Faculté de Paris. Par le sieur C. C. ( CARNEAU *Célestin).* — *Paris, Jean Pasle*, 1656. Un vol. in-8°.


# T.


**TABLEAU** du siècle, par un auteur connu. — *Genève* (Paris), 1759. Un vol. in-12.

M. Barbier, partageant l'erreur des auteurs de la France Littéraire, de Desessarts, etc., avait attribué, en 1806, cet ouvrage au comédien Laval ; mais, mieux informé depuis, il l'a restitué, en 1824, à son véritable auteur, M. DE NOLIVOS DE SAINT-CYR. Il indique cette édition, qui est la seule bonne, comme étant assez rare, et donne pour un caractère distinctif auquel on peut la reconnaître, l'épître dédicatoire adressée, selon lui, au *chancelier* Maupeou ; ce qui est inexact, puisque M. de Maupeou ne devint chancelier que plusieurs années après la publication de l'épître dont il s'agit, en tête de laquelle on ne lui donne que le titre d'*ancien premier président au parlement de Paris.* M. Barbier aurait pu ajouter que cette dédicace est signée *De*, suivi d'un nombre d'étoiles égal à celui des lettres dont se compose le nom de *Nolivos.*


**TAILLEPIED** (F. NOEL).

I. Recueil des antiquitez et singularitez de la ville de Rouen. Avec un progrez des choses mémorables y advenues depuis sa fondation jusques à présent. Par F. N. TAILLEPIED, lecteur en théologie. — *Rouen, Raphaël du Petit Val*, 1587. Un vol. in-8°.

II. Traicté de l'apparition des esprits. A scavoir, des ames séparées, des fantosmes, prodiges et autres accidens merveilleux, qui précèdent quelquefois la mort des grands personnages, ou signifient chan—

gement de la chose publique. Par F. N. Taillepied, lecteur en théologie. — *Paris, Jean Corrozet,* 1627. Un vol. in-12.

TERNET ( claude ).

Le Martyre de la glorieuse Ste-Reine d'Alyse. Tragédie composée par maitre Claude Ternet, professeur ès-mathématiques, et arpenteur juré pour le roi au Chalonnois. Dédiée à monseigneur l'évêque d'Autun. — *Troyes; Pierre Garnier.* Un vol. in-8°.

Peu commun.

THÉATRE de campagne ou les débauches de l'esprit : recueil contenant des pièces plaisantes, ou espèces de parades jouées sur des théâtres bourgeois. Avec des vaudevilles, et les airs notés. — *Londres et Paris, Duchesne,* 1755. Un vol. in-8°.

On a réuni dans ce volume cinq pièces imprimées séparément, chacune avec un titre particulier, et une pagination différente. Ces pièces sont :

1° L'Eunuque, ou la fidèle Infidélité, parade en vaude-villes ;

2° Agathe, ou la chaste Princesse, tragédie ;

3° Sirop au cul, ou l'heureuse Délivrance, tragédie héroï-merdifique ;

4° Le Pot de chambre cassé, tragédie pour rire et comédie pour pleurer ;

5° Enfin, Madame Engueule, ou les Accords poissards, comédie-parade, etc.

Nicolas Racot, dit Grandval, est auteur de celles indiquées sous les numéros 2, 4 et 5. Les deux autres sont de Charles François Grandval, son fils, plus connu par ses succès comme acteur au Théâtre-Français. La tragédie du Pot de chambre cassé est précédée d'un discours préliminaire attribué à MM. de Morand, Guernet et Gobier.

M. Barbier, à l'occasion de ce recueil, observe dans son Dictionnaire des Anonymes, tome 3, n° 17708, que *l'Eunuque porte pour date* 1755, *à Montmartre*, après avoir dit qu'on lit sur *le titre imprimé* de la tragédie d'*Agathe* la date de 1756, ce qui, ajoute-t-il, va assez mal avec la date de 1755 du titre général. Ces deux remarques prouvent qu'il a été fait plusieurs éditions des pièces dont il s'agit, ou qu'on y a ajouté, postérieurement à la publication de la première, de nouveaux frontispices. En effet, dans l'exemplaire cité ici, le titre de l'Eunuque porte la date de 1750, et celui de la tragédie d'Agathe, *gravé* et non pas *imprimé*, ne contient aucune indication d'année.

**THÉATRE** d'un inconnu. — *Paris, Duchesne,* 1765. Un vol. in–12.

M. Barbier, en indiquant ce livre dans son Dictionnaire des ouvrages anonymes, n° 17727, ajoute au titre ( *ou trois comédies de Galdoni traduites en françois par* SABLIER ) ; mais il y a inexactitude dans cette énonciation. En effet, ce volume ne contient qu'une imitation en vers de la *Serva Amorosa* sous le titre de la *Suivante Généreuse*, la traduction en prose de la même pièce sous celui de la *Domestique Généreuse*, plus une traduction, aussi en prose, de la comédie des *Mécontents*.

**THÉATRE FRANÇOIS** (le) contenant. Le Trébuchement de Phaëton. La Mort de Roger. La Mort de Bradamante. Andromède délivrée. Le Foudroyement d'Athamas. Et la Folie de Silène. — *Paris, Paul Mansan et Claude Colet,* 1624. Un vol. in–8°.

Cette édition, la première qui ait été faite de ce recueil, est bien plus rare que celle imprimée l'année suivante chez Guillaume Loyson, par suite de la cession que Paul Mansan lui fit le 15 février 1625 du privilége par lui obtenu le 10 octobre 1623.
L'auteur de la Bibliothèque du Théâtre-François paraît n'avoir connu que cette dernière. M. de Beauchamps, qui garde également le silence sur celle dont il s'agit ici, en mentionne une autre, dont il n'indique point la date, qui aurait été publiée par Ribou en un vol. in-12.

**THÉATRE FRANÇOIS**, ou recueil des meilleurs pièces de théâtre. — *Paris, P. Gaudouin, Nyon père,* etc., 1737. Douze vol. in–12,

**THÉOPHILE** (THÉOPHILE **VIAUD**, *plus connu sous le nom de*).

Les OEuvres de THÉOPHILE, divisées en trois parties. Première partie contenant l'Immortalité de l'ame, avec plusieurs autres pièces. La seconde, la tragédie de Pirame et Thisbé, et autres meslanges. Et la troisième, les pièces qu'il a faites pendant sa prison. Dédiées aux beaux esprits de ce temps. Reveuës et corrigées en cette dernière édition de plusieurs fautes notables. — *Paris, Nicolas Pepingué*, 1662. Un vol. in–12.

M. Philippon de la Madelaine, dans son article sur cet auteur (Dictionnaire portatif des Poètes français), lui attribue, à tort, une tragédie de *Socrate mourant.* Cette erreur provient sans doute de ce qu'il a pris pour une tragédie le *Traité de l'immortalité de l'ame, ou la mort de Socrate*, en prose mêlée de vers, et en forme de dialogue, entre Socrate et ses amis.

**TIPHERNUS** (PUBLIUS-GREGORIUS).

Hoc volumine hæc continentur. P. Gregorii TIPHERNI, poetæ illustris, opuscula. Francisci OCTAVII, poetæ elegiæ. Ejusdem epistolæ amorum ad Juliam. SULPITIÆ carmina LXX ( quæ fuit Domitiani temporibus ) nuper Georgii Merulæ opera, in lucem edita. Cornelii GALLI poetæ tum clarissimi tum vetustissimi elegiarum fragmenta. Pomponii GAURICI neapolitani elegiacon. — ( *Argentoraci, ex officina Schvreriana, mense julio*, 1509. ) Un vol. in–4º.

Très-rare.

**TILLOT** (DU).

Mémoires pour servir à l'Histoire de la fête des foux, qui se faisoit autrefois dans plusieurs églises. Par Mr DU TILLOT, gentilhomme ordinaire de S. A. R. Monseigneur le duc de Berry. — *Lausanne et Genève*, 1751. Un vol. in–8º.

TIMOCLÉE, ou la Générosité d'Alexandre, tragi-
comédie. — *Paris, Charles de Sercy,* 1658. In–12.

Très-rare.

L'auteur de cette tragi-comédie, qui a échappé aux investigations de M. Barbier, se nommait J. Morel, comme l'indiquent
sa signature au bas de l'épître dédicatoire, et deux pièces de vers
composées en son honneur. C'est donc par une erreur que l'on
ne peut attribuer qu'au typographe, et que je n'en crois pas
moins devoir signaler ici, que, dans le troisième volume de la
Bibliothèque du Théâtre-François, page 53 du texte, et à la
table alphabétique des auteurs, il se trouve indiqué sous le
nom de Marel.

TISSOT (p.-f.).

Baisers et élégies de Jean second, avec le texte latin,
accompagnés de plusieurs morceaux de Théocrite,
d'Anacréon, de Guarini et du Tasse, traduits en vers
français; suivis de quelques Baisers inédits : par P.-F.
Tissot. — *Paris, Fain et Cie, septembre* 1806. Un
vol. in–12.

A la fin duquel se trouve une lettre autographe, avec signature, de M. Tissot.

TOMBEAU (le) de Jacques Molai, ou le Secret des
conspirateurs, à ceux qui veulent tout savoir. Œuvre
posthume de C. L. C. G. D. L. S. D. M. B. C. D. V.
(*Suivi d'une* Lettre à l'auteur du Tombeau de Jacques
Molai, *signée des initiales* V. P. )

On a relié à la suite :

1° Initiés (les) anciens et modernes, suite du Tombeau
de Jacques Molai, œuvre posthume par le C. C. L.
C. G. D. L. S. D. M. B. C. D. V. — *Paris, marchands
de nouveautés, an IV.* Un vol. in–8°.

2° Conspiration ( de la ) qui a obligé Louis XVIII de
quitter son royaume; des conséquences que ses ennemis voudraient en tirer, et publication d'une pièce inédite découverte, en 1785, dans une loge de francs-ma-

çons, à Venise. Par un ancien membre de l'assemblée constituante (*M. le président* DE FRONDEVILLE). — *Londres*, *L. Deconchy et R. Juigné*, 1815. Un vol. in–8°.

M. Barbier, qui a, je ne sais sur quel fondement, ajouté un *C* et un *L* aux initiales, déjà si nombreuses, sous lesquelles M. CADET GASSICOURT a cru devoir se déguiser en publiant le *Tombeau de Jacques Molai*, et sa suite, les explique ainsi : *Cadet Gassicourt, D.... L.... successeur de M. B. Cadet Devaux.* Mais je préfère à cette interprétation peu satisfaisante celle qui m'a été donnée par une personne à portée de mieux connaître les intentions de l'auteur et qui m'a assuré que les initiales dont il s'agit, signifient *Charles Louis Cadet Gassicourt, De La Section Du Mont Blanc, Condamné De Vendémiaire.*

TOMBEAU (le) de Jacques Molai, ou Histoire secrète et abrégée des initiés anciens et modernes, des templiers francs-maçons illuminés, etc., et Recherches sur leur influence dans la révolution française, suivi de la Clef des loges. Seconde édition. — *Paris, Desenne, an V de l'ère française*. Un vol in–18.

Cette seconde édition, avouée par l'auteur, qui a signé l'avis placé en tête du volume, contient les deux opuscules ci-devant mentionnés, ainsi que la lettre qui se trouve à la suite du premier, fondus ensemble dans un autre ordre, avec plusieurs changements et augmentations.

TRACAS (le) de Paris en vers burlesques. Contenant la foire S. Laurent, les Marionnettes, les Subtilités du Pont–Neuf, le Départ des coches, l'Intrigue des servantes, le Pain de Gonesse, l'Affèterie des bourgeoises de Paris, le Vin d'Espagne, les Mauvais lieux qu'on fait sauter, les Crieurs d'eau–de–vie, les Aveugles, les Gobelins, les Etrennes. Et divers autres descriptions plaisantes et récréatives. (*Par François* COLLETET. ) — *Troyes et Paris, veuve Nicolas Oudot*, (1714). Un vol. petit in–12.

TRAGIQUES (les) donnez au public par le larcin de

Promethée. — *Au dézert, par L. B. D. D.* 1616.
Un vol. in–4°.

On lit sur le titre de ce volume cette note évidemment écrite
à l'époque de sa publication : *Imprimé à la Rochelle où il a
esté achepté*, et sur un feuillet détaché, en regard du titre, cette
autre d'une écriture plus moderne :

« Dans le catalogue des livres du marquis de Saint-Philippe,
» imprimé à La Haye en 1726, in-8°, on dit que ce livre, qui
» contient les funestes événements des règnes de Henri III et
» Henri IV pour fait de religions, a esté bruslé dans son temps
» ce qui le rend rare.
» J. G. Schelhornius amœni ates litterariæ, tome 3, page 473.
» Il y en a une autre édition in-8° moins estimée ; elle est
» sans date, mais postérieure à celle-ci. On y a mis le nom de
» l'autheur *Théodore Agrippa*, Sʳ D'AUBIGNÉ.

TRAITÉ des eunuques, dans lequel on explique toutes
les différentes sortes d'eunuques, quel rang ils ont
tenu, et quel cas on en a fait, etc. On examine principalement s'ils sont propres au mariage, et s'il leur
doit être permis de se marier. Et l'on fait plusieurs
remarques curieuses et divertissantes à l'occasion des
eunuques, etc. Par M*** D***.—*Imprimé l'an* 1707.
Un vol. in–12.

M. Charles ANCILLON, auteur de ce traité, a cru devoir déguiser son nom sous celui de d'Ollincan (qui en est l'anagramme) au bas de l'épître dédicatoire, adressée à M. Bayle,
et publiée après sa mort.

TRAITÉ des causes physiques et morales du rire rela-
tivement à l'art de l'exciter. — *Amsterdam, Marc-
Michel Rey*, 1768. Un vol. in-8°.

On attribue dans le Catalogue des curiosités bibliographiques,
par le bibliophile voyageur, 3ᵉ année, ce traité peu commun, à
M. POINSINET DE SIVRY.

TRAITÉ des restitutions des grands, précédé d'une
lettre touchant quelques points de morale chrestienne. — 1665. Un vol. in–12.

Ce traité est généralement attribué à *Cl.* Joly. Cependant, après l'indication manuscrite de ce nom sur mon exemplaire, on lit d'une autre main : *ou Armand* de Bourbon, *prince* de Conty. *Brochard*, *n°* 446. Une autre note qui se trouve sur la garde de la couverture porte : *Filleul*, *n°* 228. *Ce livre est très-instructif, quelques personnes seulement le trouvent trop sévère. Cette édition fait collection avec les Elzeviers.* J'ajouterai que M. Bérard le mentionne comme sorti de leurs presses.

**TRAITTÉ** de la politique de France, par Monsieur P. H. marquis de C. ( *Paul* Hay , *marquis* de Chastelet ). Reveü, corrigé et augmenté d'une seconde partie.—*Utrecht*, *Pierre Elzevier*, 1670. Deux parties en un vol. in–12.

Je crois devoir faire observer ici que la seconde partie a un titre particulier, portant :

Traitté de la politique de France. Seconde partie. Par Monsieur P. H., marquis de C. — *Cologne*, *Pierre du Marteau*, 1670.

Cette différence dans les deux titres, qui a échappé au savant auteur de l'Essai Bibliographique sur les éditions des Elzevirs, me fait présumer que la première partie pourrait bien être le même livre cité par lui, à la date de 1669, sous la rubrique de Cologne, Pierre du Marteau, dont on n'aurait fait que changer le frontispice l'année suivante.

Du reste, l'exemplaire qui fait l'objet de cette note est en tout conforme aux indications données par M. Bérard, auxquelles on peut seulement ajouter que la feuille du titre de la seconde partie compte dans sa pagination, et que cette seconde partie se compose de quelques additions à six chapitres de la première, occupant les pages 3 à 14 inclusivement, et d'un *Mémoire pour messieurs les M*es *des requêtes départis dans les provinces*, commençant à la page 15 et finissant à la page 65 et dernière.

**TRISTAN** ( François ), *surnommé* l'Hermite.

I. Panthée, tragédie. De Monsieur de Tristan. —*Paris*, *Augustin Courbé* , 1639. In–4°.

II. Le Parasite comédie. Par M^r Tristan. — *Ibidem*, *idem* , 1644. In–4°.

III. La Folie du sage. Tragi—comédie, par M<sup>r</sup> DE TRIS-
TAN. — *Paris, Toussainct Quinet*, 1645. In-4°.

IV. La Mort de Chrispe, ou les Malheurs domestiques
du grand Constantin. Par le S<sup>r</sup> TRISTAN L'HERMITE.
— *Paris, Cardin Besongue*, 1645. In-4°.

V. Les Vers héroïques du sieur TRISTAN L'HERMITE.
— *Paris, l'autheur, Jean-Baptiste Loyson*, etc.,
1648. Un vol. in-4°.

VI. Les Amours de feu M<sup>r</sup> TRISTAN et autres pièces
très—curieüses. — *Paris, Gabriel Quinet*, 1662. Un
vol. in-12. — V. l'art. *Marianne (la)*.

TROIS livres (les) des Météores avecques autres œuvres poëtiques. Au roy de France et de Pologne (*Par
Isaac* HABERT).—*Paris, Jean Richer*, 1585. Un vol.
in-12.

TURRIN ( CLAUDE ).

Les OEuvres poétiques de Claude TURRIN Dijonnois,
divisé en six livres. Les deux premiers sont d'élégies amoureuses, et les autres de sonets, chansons, éclogues, et odes. A sa maîtresse. — *Paris,
Jean de Bordeaux*, 1572.

On a relié à la suite :

Diversitez poétiques. Par le sieur DU VIEUGET. — *Paris, Pierre Billaine*, 1632. Deux tomes en un vol.
in-8°.

Un avis de l'imprimeur au lecteur, placé à la fin des OEuvres
poétiques de Claude Turrin, indique que l'on est redevable de
leur publication à *Maurice Privey*, secrétaire de M. des Ar-
ches, maistre des requêtes du roy, et à *François d'Amboise*,
Parisien, dont l'un a remis la copie du livre, et dont l'autre y
a corrigé, avant l'impression, plusieurs choses, tant pour le sens
que pour les vers.

# V.

**VÆNIUS** ( ERNEST ).

Tractatus physiologicus de pulchritudine. Juxta ea quæ
de sponsa in Canticis Canticorum mystice pronun-
ciantur. Authore Ernesto Vænio. — *Bruxellis, typis
Francisci Foppens*, 1662. Un vol. in–8°.

**VALENTIN** (G.–T. DE).

Le Franc Bourgeois comédie, dédiée à Son Altesse
Electorale de Bavière. Par G.–T. DE VALENTIN. —
*Bruxelles, Antoine Claudinot*, 1706. Un vol. in-12.

Cette comédie, la seule que l'on connaisse de l'auteur, est
très-rare, et l'on en trouve difficilement des exemplaires bien
conservés.

**VERA ET FIGUEROA** (JEAN–ANTOINE DE).

Histoire de l'empereur Charles V, par Dom Jean–Antoine DE VERA ET FIGUEROA, comte de la Roca, etc.,
traduite de l'espagnol en françois, par le sieur DU-
PERRON LE HAYER, etc. Revue et corrigée par A. F.
D. M. et Ch. DE WAL. — *Bruxelles, François Foppens*, 1667. Un vol. in-12.

**VÉRONE** (FRANÇOIS DE).

Apologie pour Jehan Chastel Parisien, exécuté à mort,
et pour les pères et escholliers, de la Société de Jésus, bannis du royaulme de France. Contre l'arrest du
parlement, donné contr'eux à Paris, le 29 décembre,
anno 1594. Divisé en cinq parties, par François DE
VÉRONE, Constantin. — *L'an* 1610. Un vol. in-8°.

On a relié à la suite dans le même volume :

De jure magistratuum in subditos ; et officio subditorum
 erga magistratus : tractatus brevis et perspicuus , his
 turbulentis precipue temporibus , quibus per Satanam ,
 suaque organa , omnia sursum deorsum volvuntur et
 vertuntur , etc. , cum magistratuum , tùm subditorum
 ordini apprime necessarius. E gallica in latinam
 translatus linguam. Cum indice triplice , questionum
 scilicet , et objectionum quibus hic respondetur ,
 rerum item memorabilium et notatu dignarum. —
 *Francofurti , typis Wolffgangi Richteri , MDCIIX*
 ( 1612 ). Un vol. in–8°.

On lit sur le titre de l'apologie pour Jehan Châtel , à la suite
de l'épigraphe :

 « L'occasion de ceste deuxième impression , conforme en
 » tout et pour tout à la première , se trouve à la préface au lec-
 » teur , et après icelle les traictez y adjoustez ; le tout pour mons-
 » trer évidemment , et par leurs propres escripts , les doctrines
 » damnables et infernales des jésuites. »

En effet , il paraît que cette édition , publiée quinze ans après
la première , qui parut en 1595 , l'a été avec des intentions bien
différentes de celles dans lesquelles l'ouvrage avait été composé.
Il passe généralement pour être du fameux Jean BOUCHER , connu
par ses sermons et plusieurs écrits non moins violents en faveur
de la Ligue. Cependant on lit dans une note qui le concerne
(Satyre Ménippée , édition de Ratisbonne , 1752 , tome 2 , page
55) : « On a prétendu qu'il n'était pas l'auteur de tous les ouvrages
 » qu'on lui attribue ; témoin l'apologie de Jehan Chastel , que
 » Hospinianus attribue à *François* Véron, *jésuite* [1] , qui a depuis
 » été chassé de cette société à cause de son effronterie et de ses
 » insolences. »

Cette seconde édition de l'Apologie de Jean Châtel est la plus
estimée. Les pièces qu'elles contient de plus que la première ,
au nombre de quatre , sont :

1° EFFETS *épouvantables de l'excommunication de Henry de
 Valois et de Henry de Navarre , où est contenu au vrai*

---

[1] On peut remarquer l'inexactitude de cette note sur l'auteur réel ou prétendu, qui s'appelait *Vérone*, et non *Véron*, et était *Constantin*, au lieu de
*jésuite*. D'ailleurs, si , comme le dit M. le Duchat, l'apologie pour Jean Châtel
parut d'abord en latin , ne serait-il pas possible qu'elle fût de Jean Boucher , et
que François de Vérone n'en ait été que le traducteur?

*l'histoire de la mort de Henry de Valois, et que Henry
de Navarre est incapable de la couronne de France;*

2° **LETTRE** *de l'illustrissime cardinal Montalte, escrite sur le
commandement de nostre S. Père le pape, au consul général de la saincte union, traduite selon le style françois;*

3° **DISCOURS** *par lequel il est monstré qu'il n'est loisible au
subject de médire de son roy, et encore moins d'attenter
à sa personne;*

*Et* 4° **LES SOUPIRS** *de la France sur la mort du roy Henry
IV et la fidélité des François.*

**VICOMTE** (le) de Barjac, ou Mémoires pour servir à
l'histoire de ce siècle (*Par le marquis* DE LUCHET).
— *Dublin, de l'imprimerie de Wilson,* 1784. Un
vol. *(justification in–18, tiré sur papier fort)* in–4°.

Cet exemplaire est probablement le seul que l'on ait tiré de
ce format.

**II. LE MÊME. — Deux vol. in–18.**

Il est facile de reconnaître, en comparant ces deux éditions,
que la seconde est une contrefaçon de la première. Cependant
la clef qui s'y trouve lui donne un mérite particulier. Car les
exemplaires qui la contiennent sont assez rares.

**VICTRICE** (SAINT).

Discours de S. VICTRICE évêque de Rouen, à la louange
des saints et de leurs reliques, traduit en françois sur
un ancien manuscrit de la célèbre abbaye de S. Gal
près du lac de Constance, et suivi du texte latin.—
*Auxerre, F. Fournier,* 1763. Un vol. in–8°.

On doit la publication de ce discours à J. André MIGNOT,
grand-chantre d'Auxerre, auteur de la préface, et la traduction
à M. l'abbé MOREL.

**VIE** (la) de Lazarille de Tormes, ses fortunes, et ses
adversitez. Traduite en vers françois par le sieur de
B***.— *Paris, Louis Chamoudry,* 1653. Un vol.
in–4°.

**VIEUGET** (le sieur DU).

Les Adventures de Policandre et de Basolie. Tragédie.
A l'Altesse Sérénissime de Madame la princesse de
Carignan. Par le sieur DU VIEUGET. — *Paris, Pierre
Billaine*, 1632. Un vol. in-8°. — V. l'art. *Turrin.*

**VILLON** (FRANÇOIS).

I. Les OEuvres de François VILLON. — *Paris, Antoine
et Urbain Coustelier*, 1733. Un vol. in-8°.

II. OEuvres de François VILLON : avec les remarques de
diverses personnes (*Clément* MAROT, *Eusèbe* DE LAU-
RIÈRE, LE DUCHAT *et* FORMEY). — *La Haye, Adrien
Moetjens*, 1742. Un vol. in-12.

**VINGTRINIER** (ARTHUS-BARTHÉLEMY).

Notice sur les prisons de Rouen, par M. VINGTRINIER,
docteur en médecine, chirurgien adjoint des prisons
de Rouen, memb. de plusieurs Sociétés. Mémoire
dont la Société libre d'Emulation de Rouen a arrêté
l'impression. — *Rouen, F. Baudry*, 1826. Un vol.
in-8°.

Une lettre autographe, avec signature, de l'auteur, insérée à
la fin de ce volume, ajoute un nouveau mérite à celui qu'il
avait déjà d'être un des deux seuls exemplaires tirés sur papier
de couleur.

**VITALIS** (JEAN-BAPTISTE).

Cours élémentaire de teinture sur laine, soie, lin,
chanvre et coton, et sur l'art d'imprimer les toiles ;
par J.-B. VITALIS, docteur ès-sciences de l'Université de France, ancien professeur de chimie technolo-
gique à Rouen ; membre de plusieurs Académies et
de plusieurs Sociétés savantes, chevalier de l'ordre
royal de la Légion-d'Honneur. — *Paris, Galerie
Bossange père*, 1823. Un vol. in-8°.

On a joint à ce volume une lettre autographe, avec signature, de l'auteur.

Je crois devoir observer ici qu'il ne faut pas confondre Jean-Baptiste Vitalis avec son homonyme *Antoine Vitallis*, ainsi que l'a fait M. Lefevre-Duruflé, qui, par suite de cette erreur, lui a attribué, dans son Hermite en Normandie, les fables données au public par ce dernier.

## VOITURE (VINCENT).

Les OEuvres de Monsieur DE VOITURE, contenant ses lettres et ses poésies, avec l'histoire d'Alcidalis et de Zélide. Nouvelle et dernière édition. Augmentée de la conclusion de l'histoire d'Alcidalis et de Zélide. — *Paris, Michel Gaignard et Claude Robustel*, 1713. Deux vol. in–12.

VOYAGE d'Espagne (*par François* AARSENS DE SOM-MERDICK), contenant entre plusieurs particularitez de ce royaume, trois discours politiques sur les affaires du protecteur d'Angleterre, la reine de Suède et du duc de Lorraine. Reveu, corrigé et augmenté sur le M. S. Avec une relation de l'estat et gouvernement de cette monarchie (*attribuée à* SAINT-MAURICE), et une relation particulière de Madrid. — *Cologne, Pierre Marteau*, 1666. Un vol. in–12.

M. Bérard, dans son Essai Bibliographique sur les éditions des Elzevirs, a fait sur ce volume une note très-étendue, à laquelle on peut ajouter qu'au haut de la page 43, où se trouve l'historiette dont il fait mention, on lit D'ESPGNE au lieu D'ESPAGNE. Ce qui, indépendamment des autres caractères, suffirait pour distinguer cette édition d'une autre bien moins recherchée, portant la même date, et indiquée par M. Barbier sous celle de 1667.

# W.

## WAINS-DESFONTAINES (THOMAS).

Concours académiques 1836–1837. Poésies par Th.

Wains-Desfontaines, membre de la Société d'Emulation de Rouen, de l'Académie royale de la même
ville, des académies de Falaise, Evreux, etc. —
Alençon, *Poulet Malassis*, 1837. Un vol. in–8°.

Cet exemplaire, un des six imprimés sur papier rose, contient une lettre autographe, avec signature, de l'auteur.

## Y.

YVER (JACQUES).

Le Prin–temps d'Yver : contenant cinq histoires, dis-
courues par cinq journées, en une noble compagnie,
au chasteau du Prin–temps : par Jacques Yver,
seigneur de Plaisance et de la Bigottrie gentilhomme poictevin. Veu et corrigé de nouveau. *Rouen,
Pierre Calles*, 1599. Un vol. in–12.

www.ingramcontent.com/pod-product-compliance
Lightning Source LLC
Chambersburg PA
CBHW070812270326
41927CB00010B/2391